이 선 넘지 말아 줄래요?

이 선
넘지
말아 줄래요?

나를 지키는 거리두기의 심리학

송주연 지음

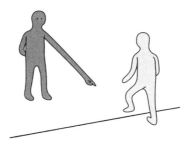

한밤의책

/

당신은 스스로를 지키는 걸 배운 적이 있나요?

반려견 은이와 아파트 산책을 하고 있을 때였다. 은이는 신이 나서 아파트 정원 이곳저곳 냄새를 맡고 다녔다. 비 온 뒤여서 풀 냄새가 꽤 싱그러웠다. 그때 맞은편에서 등산복 차림의 한 남자가 마주 오고 있었다. 좁은 길이었기에 나는 은이의 목줄을 더욱 짧게 잡았고 조심스럽게 지나가려 했다. 그런데 남자가 대뜸 우리를 향해 이렇게 말했다.

"아니, 왜 아파트에서 개를 키워? 개는 마당 있는 데서 키워야지. 사람 다니는 길에서 개랑 뭐 하는 건지. 아줌마, 애나 잘 키워!"

다짜고짜 반말로 훅 선을 넘는 이 남자의 말에 나는 너무 당황했다. 어이가 없었고 화가 났고 억울했다. 그런데 내 입에서는 이런 말이 나왔다.

"죄송합니다."

나는 얼른 방향을 바꿔 은이를 재촉해 집으로 돌아왔다.

자꾸만 떠오르는 나를 지키지 못했던 순간들

그의 행동은 반려인들에 대한 일종의 혐오 표현이었다. 말투 역시 무례하기 짝이 없었다. 집에 돌아오니 분노로 심장이 쿵쿵 뛰는 게 느껴졌다. 나는 이 상황을 남편과 친구들에게 털어놓았고 이들은 "별 이상한 사람이 다 있네"라며 위로해줬다. 그 남자에 대한 분노는 친밀한 사람들의 공감 덕에 조금씩 가라앉았다.

문제는 그다음이었다. 밤이 되자 적절하게 대처하지 못한 나 자신의 모습이 자꾸만 떠올랐다. 누가 봐도 억울한 상황에서 "죄송하다"라고 말해버린 내 모습이 너무나 부끄러웠다.

그 후 며칠간 자려고 누울 때마다 이 일이 생각났다. 꼬리에 꼬리를 무는 생각은 비슷한 경험을 계속해서 불러냈다. 그동안 살아오면서 불쑥 침범해오는 사람들에게 "죄송하다", "미안하다"라고 먼저 사과를 해버린 수많은 순간들이 머릿속을 가득 채웠다. '왜 나는 무조건 미안하다고 먼저 해버리는 거지?' 억울한 기억들이 계속 떠올라 잠을 이룰 수 없었고, 이런 일 때문에 잠을 못 자고 있는 나 자신에게 화가 났다.

한동안 나는 잠 못 이루는 밤을 보내면서 내 마음을 들여다봤다. 그리고 나의 마음 깊은 곳에 '착하게 살아야 한다'는 생각이 숨어 있음을 발견했다. 어릴 때부터 숱하게 들어온 "남을 배려하라"는 말들은 '착한 사람은 타인의 기분을 상하지 않게 한다'는 신념이 되어 내 안 깊숙이 자리 잡고 있었다. 나는 착하게 살기 위해 갈등 상황에서 일단 "미안하다"며 상대방의 기분을 맞추고 살아왔던 것이다.

하지만 나를 지키지 못했던 순간들이 떠오를 때마다 자꾸만 화가 났다. 게다가 그 분노의 화살은 나를 향했다. 나는 '착해야 한다'는 통념에 젖어 나를 공격하는 이들에게 적절하게 대응하지 못했고, 이런 나자신을 탓하고 있었다.

스스로를 지키는 법을 배우지 못한 우리들

그렇다면 나는 왜 선을 넘는 사람들에게 "No"라고 말하지 못했던 걸까? 왜 침해를 당해도 남을 배려하는 것이 착하게 사는 것이라 여기며 살아온 걸까? 나를 화나게 하는 사람들보다 나 자신을 더 탓하는 이유는 무엇일까? 그날 이후 이런 의문을 품고 지내던 나는 교육학자이자 이주민 지원 활동가인 이향규의 책 《후아유》에서 그 답을 찾을 수 있었다. 책에는 다음과 같은 구절이 나온다.

> "많은 아이들이 이런 일을 당했을 때 자기를 지키기 위해 무엇을 하라고 배워 본 적이 없다. 생각해보면 나 자신도 제대로 배운 적이 없다."

바로 이거였다. 나는 살아오는 내내 나 자신을 지키는 법을 배운 적이 없었다. 나는 초중고등학교 그리고 대학과 대학원 박사과정까지 무려 20년이 넘는 시간을 학교에서 무언가를 배우면서 지냈다. 하지만 그 긴 시간 동안 나를 괴롭히는 내면의 상처들과 거리를 두는 법에 대해선 들어본 적이 없었다.

다른 사람들과의 관계에서도 마찬가지였다. "다른 사람에게 잘해라"

라는 말은 많이 들었지만, 누군가 나를 침해했을 때 대처하는 법은 아무도 알려주지 않았다. 또한 우리 사회에 퍼져 있는 편견에 가까운 통념들을 당연한 것으로 배워왔다. 부당한 관습일지라도 이에 적응할 때 칭찬과 보상이 돌아왔다. 나는 나를 지키는 법, 그러니까 나를 힘들게 하는 것들과 선을 긋고 거리를 두는 법을 전혀 모른 채 살아왔던 것이다.

가만히 돌아보니 지난 15년간 내가 만나온 내담자들 역시 그랬다. 사람들이 심리적 고통을 호소하며 상담실을 찾는 이유는 자신을 옥죄는 과거의 상처와 강박적인 생각들, 내가 나로 사는 것을 막아서는 사람들, 사회의 부당한 통념과 편견들로부터 자신을 지켜내지 못했기 때문이었다.

나는 믿을 수가 없었다. 박사과정까지 공부한 심리학에서도 이런 것들을 가르쳐주지 않았다니 뭔가 잘못 배워온 것 같았다. 그래서 심리학 이론서들을 다시 찬찬히 읽기 시작했다. '나를 지키는 법'에 초점을 두고 책을 읽자, 익숙한 것들이 새롭게 보였다. 심리학에서는 이미 오래전부터 심리적 경계를 만들고 타인과 적절한 거리를 두며 나를 지키는 것이 정신건강의 핵심이라고 말해오고 있었다.

많은 저명한 심리학자들은 불쑥불쑥 침범해오는 생각들과 거리를 두라고 조언한다. 또한, 나와 타인의 감정을 잘 구분하는 것이 성숙한 태도라고 이야기한다. 최근엔 사회의 통념과 편견이 마음에 미치는 영향을 알아차리고 이로부터 스스로를 지키는 것이 중요하다고 강조하고 있다.

그런데도 우리는 그동안 이런 것들을 '나를 지키는 것'이 아닌 '남과 관계를 잘하고 사회에 적응하는 것'에만 적용해왔던 것이다. 이는 아마도 집단 안에서의 역할과 타인에 대한 배려를 무척 중요시하는 한국적인 시각 때문일 것이다. 하지만 나보다는 타인에게 초점을 두고 자신의 고유성을 억누른 채 세상의 통념에 따르도록 하는 이런 풍조들은, 많은 이들에게 자책과 분노, 우울과 불안의 시간을 선사해왔다. 나와 내가 만나온 내담자들이 그랬듯 말이다.

이 책은 이렇게 '나를 지키는 법을 배우지 못했다'는 깨달음에서 시작됐다. 나의 일상과 내담자들의 사연을 '나를 지키는 선 긋기'라는 관점으로 재조망했다. 책은 크게 세 부분으로 구성된다.

1장은 내 안의 것들과 선을 긋는 법을 이야기한다. 나 자신과 선을 그어야 한다는 말이 이상하게 들릴 법도 하지만, 사실 우리를 가장 힘들게 하는 건 자기 자신이다. 과거의 일들이나 스스로 만들어낸 당위 속에 나를 가두는 것은 나를 지키지 못하게 하는 대표적인 원인들이다. 이런 것들과 거리 두는 법을 먼저 살펴보았다.

2장은 타인과의 관계에서 나를 지키는 것에 관한 이야기이다. 혼자일 수밖에 없으면서도 관계 속에서만 생존할 수 있는 우리는 많은 관계에 휘둘리며 살아간다. 내가 나로서 존재하는 것을 방해하는 관계들과 선 긋는 법을 살펴보았다.

3장은 우리 사회의 통념과 편견들로부터 나를 지키는 법을 다룬다. 사회 문화적 조건들은 공기처럼 우리를 감싸고 있기에 인식하기 쉽지 않지만, 실은 우리 삶에 막중한 영향을 미치고 있다. 사회에서 요구하는 '~답게'와 선을 긋고 보다 나답게 사는 법을 생각해보았다.

　이 책을 쓰면서 나는 며칠간 잠 못 이루게 했던 그 남자에게 해 줄 말을 찾았다. 다시 비슷한 상황이 일어난다면 나는 정중하고도 단호한 말투로 이렇게 말해줄 것이다.

　"선생님의 생각은 잘 알겠습니다. 하지만 지금 제 선을 넘으셨습니다."

　그리고는 그 사람이 내뱉는 말이나 분노에 휘둘리지 않고 계속해서 나의 길을 걸어갈 것이다. 이 책을 집어 든 당신도 마지막 페이지를 덮을 때쯤엔 조금 더 당당하고 편안하게 이 말을 할 수 있게 된다면 정말 좋겠다.

　"이 선 넘지 말아 줄래요?"

|1장|
내 삶을 가로막는 나와의 선 긋기

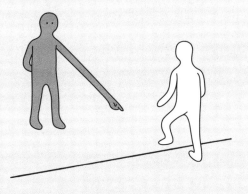

1장

내 삶을 가로막는 나와의 선 긋기

01

남을 대하듯
나를 대하라

2018년 가을이었다. 나는 당시 캐나다 밴쿠버에 머물고 있었다. 새로운 환경에서 여행하는 기분으로 지내는 즐거움도 있었지만, 그 시기 나를 사로잡고 있던 감정은 내가 실재하지 않는다는 느낌, 그러니까 공허감 같은 것이었다. 한국에서의 공부와 일을 모두 접고 낯선 곳에 머무는 일은 자꾸만 나 자신이 누구인지 헷갈리게 했다. 내가 누구인지, 무엇을 하는 사람인지 도무지 감이 오지 않았고 나는 이런 내가 한심하게 느껴졌다. 그날도 공허한 마음으로 멍하니 라디오를 틀어놓고 있는데 이런 소리가 들려왔다.

"I have come to love myself for who I am and who I was and who I hope to become."

방탄소년단의 UN 연설문 중 일부였다. 캐나다 뉴스 채널을 통해 어렴풋이 영어로 접한 이 문장을 좀 더 명확히 이해하기 위해 나는 한국 인터넷 사이트를 곧바로 검색했다.

"저는 제 모습을 있는 그대로 사랑하게 되었습니다. 과거의 제 모습도, 앞으로 되고 싶은 나의 모습도 사랑하게 되었습니다."

과거와 현재 그리고 미래라는 시간의 흐름 속에서 나 자신을 이야기하는 이 문장은 내 마음에 와서 꽂혔다. 당시 나는 현재의 나를 낯설어하고 있었다. 하지만 과거의 내가 누구였는지 그리고 앞으로 어떤 내가 되어갈 것인지를 생각하니, 지금의 내가 그 연속선상에 있는 것처럼 느껴졌다. 헤매고 있는 지금의 나 역시 과거와 미래를 이어주는 소중한 나였다. 수고하며 살아온 내가 대견하게 느껴졌다. 그러자 텅 비었던 마음이 조금은 메워지는 듯했다.

방탄소년단이 전한 "있는 그대로의 나 자신을 사랑하세요"라는 메시지는 꽤 강력했나 보다. 한국은 물론 캐나다의 언론들도 이 메시지가 전 세계의 젊은이들에게 좋은 영향을 미치고 있다는 소식을 속속들이 전해왔다. 이 연설문은 이후 학교에서 수업용으로도 활용되었다고 하니, 자아정체감을 형성해야 할 시기에 있는 청소년들에게도 큰 힘이 되었을 것이다.

나 자신에 대한 사랑을 일깨운 덕에 나는 캐나다에서의 시간을 무사히 보내고 귀국할 수 있었다. 귀국 후 나는 곧바로 상담심리사라는 나의 사회적 정체감을 회복했다. 그리고 다시 내담자들을 만나기 시작했을 때 은근 기대를 했었다. 세상에 널리 울려 퍼진 "나 자신을 사랑하라"는 메시지 덕분에 나에 대한 사랑을 이야기하는 것이 조금은 쉬워질 것이라고 말이다. 물론 방탄소년단의 메시지 한 번에, 그들의 노래 몇 곡에 사람들이 자기 자신에 대한 사랑을 모두 회복하는 것은 불가능하다. 하지만 2010년 이후 10년 가까이 사람들의 마음을 사로잡은 '자존감'이라는 키워드, SNS와 유튜브를 통해 매우 빠르고 널리 퍼져나간 자기 사랑에 대한 메시지들이 사람들에게 선한 영향력을 행사했으리라 믿었다.

'나를 사랑해야 한다'는 함정

하지만 예상은 빗나갔다. 상담실을 찾은 사람들은 자신에 대한 사랑이 중요함을 알고 있었지만, 이것이 오히려 독이 되곤 했다. 내담자들 중 상당수는 '나 자신을 사랑해야 한다'는 당위에 사로잡혀 나 자신을 사랑하지 않는 나를 탓하고 있었다. 이들은 나를 사랑해보려고 노력하는데 도무지 내가 예쁘게 보이지 않는다며 의기소침해했다. 어떤 내담자는 나를 사랑하기 위해 내가 사랑하고픈 모습이 되고자 스스로를 밀어붙이고 있었다. 그는 "완벽한 내 모습이 되면 나를 사랑할 수 있을 것 같다"며 애쓰고 있었는데 이상하게도 그럴수록 점점 더 불안해진다고 호소했다. 또 다른 내담자는 자신의 행동 하나하나를 검열했다. 이들은 자신의 행동을 평가하는 주변의 시선에 주목하면서, 누군가에게 조금이라도 좋지 않은 평가를 받을 때마다 "나를 사랑하기가 힘들다"며 자책했다.

많은 사람들이 나 자신을 더욱 사랑하기 위해 애쓰고 있는 것만은 분명했다. 하지만 이상하게도 이런 노력들은 자신을 사랑하게 만들기는 커녕 더 불편하고 불안하고 때로는 우울하게 만들었다.

도대체 왜 이런 일이 벌어진 걸까? 나는 이들의 마음을 함께 탐험하면서 공통점을 찾아낼 수 있었다. 바로 거리와 경계의 문제였다. 정말 좋아하는 친구나 연인을 떠올려 보자. 상대방의 코와 내 코가 맞닿을 정도로 얼굴을 가까이 대고 있다면 어떨까? 아마 그 사람의 얼굴이 잘 보이지 않을 것이다. 서서히 멀어져 어느 지점에 이르렀을 때야 비로소 그의 얼굴 전체가 눈에 들어온다. 조금 더 멀리 떨어진다면 그의 몸까지 보이게 될 거다. 바로 이 거리, 상대방의 전체 모습을 볼 수 있는 그 지점에 이르러서야 우리는 그 사람을 온전히 인식하고 바라볼 수 있다.

누군가를 사랑한다는 것은 바로 이 전체의 모습 그러니까 장점과 단점을 모두 가진 통합된 존재로서 바라볼 때 가능하다. 그러기 위해서는 전체의 모습을 조망할 수 있는 거리를 확보해주는 경계선이 반드시 필요하다. 그 경계선 밖에서 바라보아야 그가 보인다. 내가 사랑하는 그 사람이 너무 좋다고 얼굴을 바짝 붙이고 바라본다면, 그의 눈과 코만 보인다든지 혹은 얼굴에 난 뾰루지 하나만 보일 것이다. 어쩌면 뾰루지 하나가 보기 흉해서 그가 싫어질지도 모를 일이다.

그런데 우리는 나 자신을 어떻게 바라보고 있을까? 내가 느끼는 순간의 감정들, 밀려드는 걱정들, 그리고 내가 한 행동들은 경계선 너머에서 거리를 두고 이해되기보다는 그 자체가 그냥 내가 된다. 꽉 막힌 고속도로 위에서 갑자기 화장실이 가고 싶어졌던 경험을 떠올리면 쉽게 이해가 될 것이다. 화장실에 가고 싶다는 욕구를 느끼기 시작한 순간부터 다른 것들은 다 잊고 만다. 여행에 대한 기대감, 여행의 목적과 계획들, 내가 어떤 일을 하는 누구였는지에 대한 것들은 아무것도 떠오르지 않는다. 그저 빨리 휴게소에 들려서 욕구를 해소하고 싶은 마음만 가득하다. 차가 막히는 상황이 더욱 화가 날 뿐이다. 즐거운 여행길이 '화장실에 가고 싶다'는 욕구에 사로잡히면서 짜증스러운 길이 되고 마는 것이다.

이처럼 사람들은 나 자신의 감정이나 욕구, 걱정들과는 거리를 두고 바라보지 못한다. 어떤 욕구나 감정, 걱정이 밀려왔을 때 우리는 종종 그것에 사로잡히게 되고 충족되지 않은 욕구, 불편한 느낌, 걱정스러운 생각들은 나 자신이 되어버린다. 결국 나 자신을 온전한 한 사람이 아닌 내가 느끼는 감정이나 행동, 혹은 현재 겪고 있는 어려움만으로 인식하게 되는 것이다. 이렇게 자신과의 경계가 무너질 때 우리는 스스로를 사랑하기는커녕, 통합된 전체로서의 모습을 알아차리는 것조차 쉽지 않다.

나와 거리를 두어라

많은 사람들이 저마다의 다양한 문제들을 호소하며 상담실을 찾는다. 하지만 이들이 호소하는 문제와 증상들을 조금만 달리 보면 이런 공통적인 외침이 들려온다.

"나를 사랑하고 싶은데 잘 안 돼요. 어떻게 해야 하나요?"

이를 위해 우리는 자신과 적절한 경계를 만들 줄 알아야 한다. 나를 괴롭히는 과거의 상처, 마음에 들지 않는 행동들, '이래야 한다'는 나에 대한 신념들과 적절하게 선을 그을 수 있을 때, 그리고 그 선 너머에서 나를 바라볼 때 온전한 나의 모습을 볼 수 있게 된다. 이렇게 나의 전체를 바라볼 수 있게 되었을 때, 비로소 나 자신을 사랑하게 될 것이다.

　무기력감과 우울감을 호소하며 상담실을 찾았던 한 내담자가 떠오른다. 무기력한 상태로 집에서 유튜브 영상을 보며 하루를 보내는 자신을 무척이나 탓했던 이 내담자가 어느 날 내게 이렇게 말했다.

　"선생님. 어제 친구에게 전화가 왔는데 자기가 엄청 한심하다는 거예요. 우울하고 무기력해서 잠자다 깨면 유튜브를 보고 그러다가 먹고 또 자고 그러면서 하루를 보냈대요. 저랑 똑같잖아요. 근데 제가 걔한테 뭐라고 했는지 알아요? '오늘 하루도 버티느라 고생했다 친구야' 이랬어요. 저랑 똑같은데. 근데 왜 저는 제 자신한테는 그 말을 못 해주는 걸까요?"

　바로 이런 거다. 그 내담자와 친구 사이에는 경계가 있었다. 경계 너머 적절한 거리를 두고 친구의 이야기를 들었기에 애쓰고 있는 친구의 마음을 읽을 수 있었고, 그가 호소하는 문제와 그를 일치시키지 않고 통합적으로 이해할 수 있었다. 때문에 격려의 말을 건넬 수 있었던 것이다. 하지만 자기 자신과는 적절한 거리를 유지할 수 없었기에 무기력한 내 모습만 보였고, 스스로를 격려하기는커녕 다그치기만 했던 것이다.

　나는 이 내담자에게 그 친구의 어떤 면들이 애쓰는 것 같냐고 물었다. 내담자는 친구의 애쓰는 모습들을 조목조목 이야기했다. 나는 그 이야기를 듣고 지금 자신도 그렇게 하고 있지 않냐고 되물었다. 내담자는 비로소 상담까지 받으면서 우울감과 무기력을 이겨내려 노력하는 자신의 모습을 볼 수 있었다. 그리고 마침내 "고생했다 친구야"라고 스스로를 다독여줄 수 있었다. 이 내담자가 서서히 무기력에 빠져나온 것은 당연한 수순이었다.

이처럼 자신이 겪고 있는 문제들과 적당한 선을 긋고 그 선 밖에서 거리를 두고 스스로를 바라볼 수 있을 때, 나를 진정으로 사랑할 수 있게 된다. 나를 내가 아끼는 친구나 이웃, 존경하는 사람 대하듯 조금 멀리서 바라봐 주는 것이다.

1장에서는 온전한 나를 바라보지 못하게 막는 과거의 상처, 결점, 내가 원치 않는 행동이나 생각과 선을 긋고 나를 거리두고 바라보는 법에 대해 이야기한다. 나 자신과의 경계를 바로 세우고 온전한 나를 느끼는 것은, 타인과의 관계에서 나를 지키고 사회적 편견과 차별로부터 스스로를 지켜내, 나답게 살아가는 데 초석이 되어 줄 것이다.

"네 이웃을 너 자신처럼 사랑해야 한다."

예수가 전한 이 말은 오랫동안 사랑의 정석으로 받아들여져 왔다. 자신을 사랑하는 것이 우선이고 이를 바탕으로 이웃을 사랑해야 한다는 의미다. 하지만 나에 대한 사랑이 넘쳐나는 요즘 이상하게도 사람들은 나보다는 남을 더 사랑하는 듯이 보인다. 남에게는 친절하고 너그러우면서도 나 자신에게는 가혹하며, 자신을 남의 시선으로 평가하고 이에 맞춰 스스로를 다그친다. 이를 나에 대한 사랑이라 착각하는 사람들이 너무나 많다. 그래서 나는 감히 이 명제를 뒤집으려 한다.

진정으로 나 자신을 사랑하기 위해서는 네 이웃을 대하듯 너 자신을 사랑해야 한다.

내 안의
어린아이로부터 벗어나기

그녀는 오늘도 후회 가득한 얼굴로 상담실에 들어와서는 "선생님, 제가 또 그러고 말았어요"라며 이야기를 시작했다.

은행에 근무하다 지금의 남편을 만나 결혼한 지은 씨. 그녀는 남편을 지극히 사랑하고 아이에게도 참 잘한다. 일에서 느끼는 성취감도 좋았지만, 아내와 엄마로 살아가는 삶이 좋아 출산 후 육아휴직을 쓰다가 완전히 퇴직했다. 식구들을 돌보고 가정을 가꾸는 일을 그녀는 즐거워했다. 가족 이야기를 할 때면 입가에 미소가 절로 번지는 지은 씨. 그녀에게는 일주일에 몇 번씩 지옥이 찾아온다.

이번엔 남편이 물건을 잘못 사온 것이 화근이었다. 식구들을 위해 불고기를 만들고 있는데 간장이 부족하더란다. 지은 씨는 남편에게 간장 좀 사다 달라고 부탁을 했고, 남편은 흔쾌히 집 앞 슈퍼에서 간장을 사왔다. 그런데 남편이 간장을 내민 순간 그녀의 표정은 돌변했다.

"아니, 왜 이걸 사 왔어? 내가 쓰는 브랜드를 아직도 몰라? 왜 아직도 일일이 말을 해줘야 아는 거야? 같이 산 시간이 7년인데 내가 어떤 간장 브랜드로 요리를 하는지는 알아야지!"

갑자기 기분이 망쳐진 그녀는 요리를 하다 말아버렸고, 화목했던 가족의 일요일은 그렇게 냉랭한 가운데 끝이 났다. 6살 난 아이 역시 시무룩해졌다.

지은 씨가 상담실을 찾은 건 바로 이런 문제 때문이었다. 자신은 분명 남편을 사랑하고 별다른 불만을 갖고 있지도 않은데, 이렇게 아주 작은 일에 갑자기 화가 난다는 것이었다. 그녀는 자신의 분노 때문에 가정의 화목함이 깨어질까 봐 불안해하며 자책하고 있었다.

아마도 지은 씨와 같은 경험을 한두 번씩은 해봤을 것이다. 별일도 아닌 일에 크게 화를 낸 뒤 '내가 왜 그랬지?' 하면서 후회하는 일 말이다. 평소에 나라면 그러지 않았을 텐데 도무지 이해할 수 없는 방식으로 말과 행동이 튀어나올 때가 누구나 있긴 하다. 하지만 지은 씨는 그 정도가 심했고, 특히 남편을 상대로 이런 일이 자주 발생했다. 지은 씨 스스로도 납득하기 힘든 이런 일들은 대체 왜 생기는 걸까?

마음 깊은 곳에 있는 상처받은 내면 아이

심리학자 존 브래드쇼의 이론에 따르면 이는 내 안에 살고 있는 상처받은 내면 아이가 작동하기 때문이다. 사람에겐 성장하면서 각 시기

별로 꼭 충족해야 할 심리적 욕구들이 있다. 하지만 이런 욕구들을 완전하게 충족하는 것은 불가능하다. 때로는 심리적 욕구가 크게 좌절되는 시기를 겪기도 하는데, 이때 우리 마음의 어떤 부분은 자라지 못하고 상처받은 어린아이처럼 웅크린 채 있게 된다. 특히 매우 중요한 욕구들이 외면당했거나 트라우마를 경험했다면, 우리의 내면은 깊은 상처를 간직한 채 성장하지 못하고 멈춰서게 된다. 브래드쇼는 이렇게 어른이 되지 못한 채 우리의 마음 깊은 곳에 살고 있는 심리적 아이를 '상처받은 내면 아이'라고 불렀다. 몸은 자라나고 다른 부분들은 모두 어른이 되더라도, 상처받은 내면 아이는 계속해서 그 나이에 멈춰선 채 마음 어딘가에서 숨어 지낸다. 그러다 충족되지 못한 욕구나 당시의 트라우마를 연상시키는 일이 발생하면 불쑥 튀어나와 자신의 존재를 알린다.

상담실에서 지은 씨와 나는 이 상처받은 내면 아이를 탐색해 들어갔다. 지은 씨의 어머니는 오랫동안 우울증을 앓던 분이셨다. 임신하기 전부터 아버지와 불화를 겪었던 지은 씨의 어머니는 임신으로 인해 결혼을 어쩔 수 없이 유지해야 한다고 믿었다. 주 양육자였던 어머니는 항상 지은 씨 곁에 있었지만, 자신의 우울한 마음에 갇힌 나머지 지은 씨의 마음을 읽어주거나 정서적인 욕구를 해결해 주는 것엔 소홀할 수밖에 없었다. 일에만 몰두했던 아버지 역시 지은 씨의 정서적 욕구에는 별 관심이 없었다. 그녀의 어린 시절은 전적으로 양육자가 자신의 마음을 읽어주고 욕구를 해결해 주는 '공생단계'부터 수월치 않았다.

대상관계 심리학자 마가렛 말러에 따르면, 아기는 태어나서 6개월 정도 주 양육자와 공생하는 듯한 기분을 만끽하고, 이를 토대로 점차 자신과 양육자가 다른 사람임을 알아간다. 여기서 중요한 것이 바로 마음을 온전히 이해받는 경험이다. 신생아 시절 나의 욕구가 온전히 충족되는 경험이 있어야, 타인과 내가 분리된 존재임을 알아갈 때도 신뢰를 잃지 않고, 서로 다른 마음을 가지고 있다는 것을 잘 받아들일 수 있다.

그런데 지은 씨는 부모로부터 온전히 이해받는 이런 경험을 거의 하지 못했다. 지은 씨의 심리적 아이는 이 단계에 멈춰 섰고, 그녀는 평생토록 누군가가 내 마음을 알아주기를 갈망하며 살아왔던 것이다. 지금의 남편을 만났을 때 지은 씨는 이 사람이라면 내 마음을 모두 알아줄 거라고 생각했다. 사실 사랑에 빠질 때 우리는 종종 이런 착각을 하고, 사랑하는 이와 내가 완전히 하나가 된 듯한 일체감을 느낀다. 하지만 대부분의 경우 시간이 지나면서 아이가 엄마와 분리되어 가듯, 상대방과 나는 다른 사람임을 알아차리고 상대방이 나의 모든 욕구를 해결해주리라는 비현실적인 믿음을 버리게 된다.

물론 지은 씨도 이런 것쯤은 알고 있었다. 지은 씨의 성인 자아는, 타인은 나와 다른 마음을 가지고 있으며, 남들이 내 마음에 드는 행동을 알아서 해주는 것이 아니라는 것을 이해하고 있었다. 하지만 마음 깊은 곳에서 아직도 슬퍼하고 있는 상처받은 내면 아이는 달랐다. 눈물을 가득 머금고 있는 이 어린아이는 마음을 완벽하게 이해받지 못하는 일이 생길 때마다 불쑥 눈물을 터뜨리며 화를 내곤 했다. 특히 자신이 사랑하고 의지하고 있는 남편이 마음을 몰라주었을 때 더욱 화가 났다. 아이가 다른 누구보다도 엄마에게 더 많은 투정을 부리듯 말이다.

이날은 남편이 지은 씨가 늘 쓰는 간장 브랜드를 몰라준 것이 화근이 됐다. 지은 씨에게 남편은 마음을 온전히 이해받고 싶은 대상이었고, 간장 브랜드를 몰랐다는 것은 남편이 자신에게 관심이 없는 것으로 받아들여졌다. 무의식적이고 자동적으로 활성화된 이런 생각은 지은 씨 안의 어린아이를 울렸고, 이것이 이해할 수 없는 분노로 표출되었던 것이다. 지은 씨는 이런 자신의 모습이 너무나 싫은 나머지 지금까지 그녀가 잘해온 것들은 모두 잊은 채 스스로를 탓하고 있었다.

상처받은 내면 아이를 대하는 법

이처럼 마음 깊은 곳에 살고 있는 상처받은 내면 아이는 성인이 된 우리의 일상에서 불쑥불쑥 튀어나와 삶을 방해한다. 마치 얼굴에 난 뾰루지 하나 때문에 내 얼굴 전체가 못나 보이듯, 이런 상처받은 내면 아이의 모습을 발견했을 때 우리는 종종 자신의 못난 모습에 사로잡힌다. 그리고 자책과 불안, 우울, 두려움 등 여러 가지 심리적 어려움을 겪는다. 상처받은 어린아이가 현재의 나를 지배한 나머지 나 자신을 온전히 이해하지도, 사랑하지도 못하는 상황이 벌어지는 것이다.

지은 씨의 경우엔 상처받은 내면 아이가 평소엔 잠자코 있다가 특정한 상황에서만 튀어나왔다. 하지만 어떤 경우에는 이 내면 아이가 삶 전체를 지배하기도 한다. 우울하고 무기력하고 불안한 상태로 상담실을 찾는 내담자들 중 상당수는 상처받은 내면 아이에게 일상의 많은 시간을 통제당하고 있었다. 심리학 서적이 대중화된 요즘 사람들은 자신들이 현재 겪고 있는 문제가 어린 시절에서 연유했음을 이미 잘 알고 있다. 그리곤 상담실을 찾아 이렇게 말한다.

"저희 부모님은 공부만 강요하셨어요. 그래도 부모님 말 잘 듣고 착하게 지냈는데, 결국 지금 전 제가 뭘 하고 싶은지도 모르는 사람이 되어버렸어요. 제가 뭘 할 수 있겠어요."

"저는 부모님의 불화를 보고 자랐어요. 엄마 아빠가 매일 싸우는 모습만 봐서 그런지 사람들을 만날 때마다 그들이 제게 화를 낼까 봐 자꾸 눈치를 봐요. 제가 불안하게 지내는 건 당연해요."

이들은 상처받은 내면 아이가 현재 겪고 있는 어려움의 원인임을 잘 간파하고 있었다. 아마도 이들의 말은 맞을 것이다. 어린 시절 우리가 받았던 상처와 미해결된 욕구들은 결코 사라지지 않는다. 하지만 기억해야 할 건 그 누구도 완벽하게 자신의 욕구를 충족시키면서 성장하지 않는다는 점이다. 아이의 욕구를 충족해 주는 부모들 역시 사람이기에 아이의 욕구에 완벽하게 조율하는 것은 불가능하다. 세상은, 사람들이 자신의 모든 욕구를 채우면서 있는 그대로 사랑받고 자라도록 허락하지 않는다. 때문에 각각의 사람들은 상처받은 내면 아이를 가지고 있다.

여기서 중요한 건, 어떤 사람들은 자신의 상처받은 과거나 내면 아이의 영향을 덜 받으며 현재를 살아가지만, 어떤 이들은 과거의 상처에 사로잡혀 지금의 나를 사랑하지 못한 채 살아간다는 것이다. 이들의 차이는 무엇일까? 바로 과거의 상처 혹은 상처받은 내면 아이와 적당한 선을 긋고 경계 너머에서 자신을 바라볼 수 있느냐 없느냐의 차이다. 지은 씨와 나는 과거의 상처들과 선을 긋고 상처받은 내면 아이를 성장시키는 방법을 찾아 나섰다. 이 여정에 각자의 상처받은 내면 아이를 비춰보며 함께해 주길 바란다.

03

과거의 상처와
거리두는 법

과거의 상처들과 선을 긋기 위해 가장 먼저 해야 할 일은 상처받은 내면 아이의 존재를 인정하는 것이다. 우리는 처음 몇 회기에 걸쳐 지은 씨의 어린 시절과 살아온 이야기들을 탐색했고, 온전히 이해받는 경험을 하지 못해 울고 있는 상처받은 내면 아이를 발견해 냈다.

상처받는 내면 아이의 존재를 인식한 후 해야 할 일은, 그 상처받은 아이가 충분히 슬퍼할 수 있도록 도와주는 것이다. 지은 씨는 어린 시절 주 양육자였던 어머니와 무심했던 아버지에게 받고 싶었지만 받지 못한 것들을 마음껏 털어놓았다. 어떤 경험들은 너무나 깊이 남아 있어 입 밖에 내놓기가 두렵기도 했고 때로는 말을 꺼내기도 전에 눈물부터 나기도 했다. 하지만 마음속의 일들을 말로 표현하는 것은 무척 중요한 작업이다. 내면 깊숙이 간직한 일들을 입 밖으로 꺼내는 것만으로도 과거의 일들과 거리가 생겨나기 때문이다.

나는 지은 씨의 상처받은 내면 아이가 마음껏 울면서 슬픔을 실컷 표현하도록 도와주었다. 지은 씨가 한 말들에 공감하면서 "힘들었구나. 그땐 그럴 수밖에 없었을 거야"라고 반복해서 이야기해 주었다. 이런 작업을 통해 지은 씨는 자신의 내면 아이가 품고 있던 상처들을 밖으로 끄집어낼 수 있었다.

여기서 중요한 것은 상처받아 울고 있는 어린아이가 해왔던 모든 일들이 타당한 것이었음을 인정해 주는 것이다. 정말로 그렇다. 어린 시절 우리가 택한 방법들 혹은 우리가 지닌 바람들은, 그 당시에 살아남기 위해서 반드시 필요한 것들이었다. 다만 성인이 된 지금 그 방법이 더 이상 어울리지 않을 뿐이다. 나는 지은 씨의 말하지 않고도 온전히 이해받고 싶은 그 마음은 누구나 가지고 있는 마음이라고, 한 번도 이해받아 보지 못한 어린아이는 그렇게 오랫동안 아파할 수 있다고 말해주었다.

상처받은 내면 아이가 충분히 슬픔을 표현하고 위로받고 나면 자연스럽게 성인으로서 겪는 현실을 받아들일 준비가 된다. 지은 씨의 경우 말하지 않는 마음은 아무도 알아주지 않는다는 것, 누구도 자신의 욕구를 대신 충족해 줄 수 없다는 것, 남편은 절대 나의 어린 시절 부모가 되어줄 수 없다는 것을 서서히 받아들이기 시작했다. 사실 이런 것들은 이미 머리로는 다 알고 있는 것들이었다. 하지만 이를 마음으로 받아들이는 것은 이해와는 별개다. 지은 씨는 슬픔을 표현한 후에야 이런 것들을 진심으로 수용하기 시작했다. 수용하면 자각이 일어난다.

남편이 자신이 원하는 대로 하지 않았다고 화가 날 때 '어, 내가 또 이러네?'라고 알아차릴 수 있는 힘이 생기는 것이다.

내면 아이의 부모가 되어주기

자각이 생겨나면 마음속 내면 아이를 거리두고 바라보게 된다. 이전엔 내면 아이가 화가 날 때마다 마치 그게 전부인 양 여겨졌다면 이젠 다르다. 매몰 상태에서 벗어나 그 아이를 바라보고 느낄 수 있게 된다. 이렇게 성인이 된 나의 자아와 내면 아이 사이에 바라볼 거리를 만들게 되면, 내면 아이를 달래줄 수 있게 된다. 내가 나의 내면 아이에게 부모가 되어주는 단계로 나아가는 것이다. 스스로에게 어린 시절 부모로부터 듣고 싶었던 말들을 해줄 수 있다면, 충족되지 못한 욕구를 채워갈 수 있게 되고 더 이상 결핍에 시달리지 않아도 된다.

지은 씨는 상담실에서 내면 아이에게 부모가 되어 해주고 싶은 말들을 연습했다. 아이가 불쑥불쑥 튀어나와 투정을 부릴 때마다 "지금 네 마음을 이해받지 못하는 것 같아 야속하지? 다른 사람들은 네 마음을 잘 모르는 게 당연해. 하지만 이제 괜찮아. 내가 네 마음을 알아줄게"라고 상처받은 내면 아이를 달래주기 시작했다.

그럼 내면 아이에게 좋은 부모가 되려면 어떻게 해야 할까? 이때 필요한 것은 성인이 된 나는 더 이상 나약한 어린아이가 아니라, 스스로 자신의 욕구를 충족하고 살아갈 수 있는 힘을 가진 존재임을 기억하는 것이다. 성인이 되어 스스로 성취해 낸 여러 가지 일들을 떠올리고 목록을 작성해 보는 것이 도움이 된다. 지은 씨의 경우 남편에게는 떼를 썼지만, 다른 사람들에게는 자신이 원하는 것을 명확히 설명하고 해결해왔던 일들을 기억해냈다. 또 어린아이가 투정 부릴 때 말고는 아내로서, 엄마로서 주어진 역할들을 멋지게 해내고 있음도 마음에 새겼다. 지은 씨는 엄마로서 자기효능감을 가지고 있었고 이를 기억해 스스로에게도 좋은 부모가 되어줄 수 있다는 자신감을 가질 수 있었다.

물론 이런 과정이 한 번의 통찰로 이루어지지는 않는다. 끊임없이 반복해서 인식하고 다독이는 노력이 필요하다. 때로는 노력에 실패해 자괴감에 빠지기도 한다. 하지만 내가 내 안의 어린아이를 발견하고 그 아이와 거리를 두게 되었다는 것만으로도 변화는 이미 시작되고 있었다. 지은 씨는 상담을 하는 6개월의 시간 동안 차츰 변화해갔다. 그리고 상담을 마쳐갈 때쯤 이렇게 말했다.

"어제 남편이 아이스크림을 사 왔는데 글쎄 제가 먹고 싶었던 건 쏙 빼고 사 온 거예요. 또 막 화가 나려고 했어요. 그때 제가 속으로 '지금 네 마음을 남편이 모르는 것 같아 서운하지? 하지만 괜찮아. 남편은 네가 될 수 없어. 내가 네 마음을 알아줄게' 이렇게 말하고 나니 화가 가라앉는 거예요. 이런 내가 참 자랑스러워요."

내면 아이와 거리두기

지은 씨의 경우만이 아니다. 내가 원하지 않는데도 한없이 우울감과 무기력 속으로 빨려 들어갈 때, 왠지 모르게 불안해 마음이 초조해질 때, 나도 모르게 분노가 치솟을 때, 우리는 상처받은 내면 아이의 지배를 받게 된다. 하지만 내면 아이가 '나는 아무것도 할 수 없어'라고 투정 부릴 때마다 무기력에 빠져들고, '나는 부모의 사랑을 못 받았으니까 우울할 수밖에 없다'며 떼쓸 때마다 우울해한다면, 성인이 된 온전한 나로 살아가는 것은 불가능해진다. 과거가 아닌 현재의 나로 온전히 살아가려면, 내면 아이와 거리를 두고 스스로 그 아이의 부모가 되어주어야 한다.

　중요한 것은 바로 이 상처받은 내면 아이는 결코 사라지지 않는다는 것이다. 과거는 상처를 포함해 우리가 살아온 과정이고 그런 일이 있었다는 사실은 절대 사라지지 않는다. 하지만 그 과거의 상처에 매몰되어 살아가느냐, 아니면 거리를 두고 인식하며 보다 통합된 나 자신으로 살아가느냐는 지금 여기서 선택할 수 있다. 독일의 심리치료사 다미 샤르프는《당신의 어린 시절이 울고 있다》에서 이렇게 설명한다.

"한 번 부러진 다리는 절대로 안 부러졌던 다리가 될 수 없다. 엑스레이를 찍어보면 다리가 부러졌던 흔적은 평생 남아 있다. 하지만 잘 치료하면 뛰는 데 전혀 문제가 되지 않고 오히려 부러졌던 부분이 더 단단해질 수 있다."

　과거의 상처들도 그렇다. 이미 받은 상처는 결코 되돌릴 수 없다. 보기 흉하다고 보지 않고 밀어낼수록 상처받은 내면 아이는 더 깊이 숨어들었다가 삶에서 불쑥불쑥 튀어나와 현재의 삶을 방해한다. 하지만 부상을 입은 우리의 신체가 치료 후 더 단단해지는 것처럼, 우리의 마음도 상처에서 치유되면서 더 단단해질 수 있다. 상처받은 내면 아이의 존재를 받아들이고 스스로 이 아이의 부모가 되어줄 수 있다면 말이다.

그러기 위해 우리는 내 안에 살고 있는 상처받은 어린아이에게 관심을 기울여야 한다. 친한 친구가 힘들어하면 무슨 이유인지 궁금해하며 위로를 보낸다. 하지만 자신이 힘들어할 땐 이상하게도 이유를 묻고 위로하기는커녕 스스로를 탓하곤 한다. 이제는 친한 친구를 대하듯 나를 대해주자. 내 안의 어린아이가 투정 부리고 싶을 때는 언제인지, 울고 싶어질 때가 지루할 때인지, 인정받지 못했을 때인지, 두려울 때인지 관심을 갖고 들여다보자. 언제 내 안의 어린아이가 힘들어하는지를 파악하면, 어린아이가 투정부리는 것을 미연에 방지할 수 있고 좀 더 손쉽게 달래줄 수 있다. 이를 위해 스스로에게 이렇게 물어보자.

"오늘은 기분이 어땠니?"

매일 잠들기 전 아주 잠깐만 시간을 내어 이 질문을 던져보는 것이다. 그리고 기분이 어땠는지, 어떤 일이 마음을 상하게 했는지 돌아보는 거다. 여력이 된다면 작은 노트를 하나 마련해 매일 기록해보는 것도 좋다. 이 질문은 아주 간단하지만 나의 감정이나 행동을 거리두고 바라보게 한다. 아마도 과거의 상처에 사로잡혀 있을수록, 내 안에 살고 있는 내면 아이와 밀착되어 있을수록, 이 질문에 답하는 게 어려울 것이다. 하지만 일단 매일 묻다 보면 조금씩 나의 기분을 언어로 표현하는 것에 익숙해진다. 감정을 언어로 표현할 수 있을 때 우리는 매몰된 감정에서 빠져나올 수 있다. 그럴 때 우리는 과거의 상처에 사로잡히지 않고, 그러니까 내 안의 어린아이의 투정에 휘둘리지 않고, 지금 온전한 나 자신을 느끼며 살아갈 수 있을 것이다.

04

아픔에서 벗어나
진짜 내 모습을 찾다

상처받은 내면 아이는 숨어 지내다 불쑥불쑥 튀어나오기도 하지만, 때로는 이 아이가 성인인 우리의 삶 전체를 지배하기도 한다. 성장 과정에서 반복되는 외상에 노출되거나 주 양육자로부터 방치나 학대에 가까운 상처를 입었을 경우, 특정 메시지를 내면화해서 살아올 수밖에 없었을 때, 내면 아이는 우리가 성인으로 살아가는 것 자체를 방해한다. 이럴 때 몸은 어른이 되었을지라도 우리의 내면은 어린 시절에 머문다. 현재 성인이 된 자신의 모습으로 살지 못하고 겁먹고, 두려워하며, 슬퍼하고 있는 어린아이의 모습으로 살아가게 되는 것이다.

2020년 큰 사랑을 받았던 김수현, 서예지, 오정세 주연의 tvN드라마 〈사이코지만 괜찮아〉의 주인공들은 상처받은 내면 아이의 지배를 받던 인물들이었다. 자신의 욕구와 충동을 조절하지 못하는 아동문학가 문영(서예지 분). 자폐를 가진 형을 돌보기 위해 자신의 삶을 모두 바친 강태(김수현 분). 엄마가 살해당하는 걸 목격한 뒤 평생을 나비에 대한 공포에 시달리며 살아온 상태(오정세 분). 드라마는 이들이 서로에게 마음을 열면서 상처받은 내면 아이를 만나고 이를 치유해가는 과정을 심리학적인 메타포를 잘 살려서 표현해냈다. 이 드라마의 인물들이 상처받은 내면 아이의 지배에서 벗어나 자신의 진정한 자아를 찾아가는 여정을 살펴본다.

거짓자기를 벗어던진 문영

여주인공 문영은 사이코패스 엄마에게서 양육됐다. 딸을 자신의 작품이라 여기는 문영의 엄마는 어린 문영의 느낌, 생각, 의지 등엔 전혀 관심이 없다. 오직 자신의 욕구대로 행동했을 때만 문영을 인정해 주고, 자신처럼 잔혹하게 타인에게 군림하며, 원하는 것은 살인을 해서라도 충족시키는 사이코패스로 키우려 한다.

문영은 어린 시절 내내 마을에서 멀리 떨어진 숲속의 성에서 이런 엄마와 갇혀 살다시피 한다. 엄마 없이는 생존하기 힘든 어린아이였던 문영은 엄마가 무섭고 숨이 막히면서도 엄마의 메시지를 내면화해버린다. 문영은 두려움에 떨면서도 '강해야 살고 강함은 잔혹한 것이어도 괜찮다'는 메시지를 따라 살아간다.

대상관계 정신분석학자 도널드 위니컷에 따르면, 양육자가 자기 자신에게 몰두한 채 자신의 느낌을 아이에게 강요할 때 아이는 '거짓자기'를 발달시킨다. 진정한 자신의 모습 즉 '참자기'를 숨긴 채 양육자가 요구하는 모습대로 살아가게 되는 것이다.

문영은 두려움에 떨며 엄마의 메시지를 받아들인 내면 아이의 지배를 받으며 살아간다. 오랫동안 문영을 지배해온 이 내면 아이는 문영의 거짓자기가 되어버린다. 문영이 본래 자신의 여리고 섬세한 자아를 드러내고 싶어 할 때마다 "사랑해 우리 딸. 너는 곧 나야"라는 엄마의 목소리가 들려온다. 내면 아이는 다시금 어린 시절 엄마의 지배를 받던 문영의 모습으로 그녀를 되돌려 놓는다.

위니컷은 참자기를 회복하기 위해서는 '안아주는 환경'이 필요하다고 했다. 어릴 적 조율되지 못했던 감정을 반영해 주고 존중해 주는 환경이 만들어질 때, 사람들은 거짓자기를 내려놓고 참자기를 회복해갈 수 있다.

이런 문영에게 나타난 사람이 바로 강태다. 문영이 안전핀이라 부르는 강태는 문영에게 안아주는 환경을 제공해 준다. 강태는 드라마 초반 문영에게 감정을 가라앉히는 법을 가르쳐주고, "지금 정확히 어떤 감정이야?"라고 물으며 잃어버린 감정을 인식하게 도와준다. 강태의 질문들은 문영에게 자신의 내면을 바라볼 수 있는 계기가 되어주었을 것이다.

이후 강태는 문영이 자신의 진짜 모습, 즉 연약하고 돌봄 받고 싶어 하는 참자기를 드러낼 때마다 여기에 반응해 준다. 그리고 어머니의 목소리가 들려와 그녀를 괴롭힐 때마다 그녀를 꼭 안아주며 곁에서 함께해 준다.

강태의 이런 반응들은 문영의 내면 아이가 갖고 있던 두려움을 달래 주었을 것이다. 강태와 문영이 첫 키스를 하는 장면에서 갑자기 어린 문영이 등장하는데, 이는 두려움에 떨면서 엄마의 목소리를 내면화했던 내면 아이가 강태와의 새로운 애착 관계를 통해 치유되고 있음을 상징한 것으로 볼 수 있다.

이렇게 위로받은 내면 아이는 이제 그 두려움을 떨쳐낸다. 문영은 자신이 더 이상 아이가 아님을, 이제는 엄마 없이도 홀로 살아갈 수 있음을, 새로운 가족인 강태와 상태가 곁에 있음을 자각한다. 성인으로서 자신의 힘을 인지한 문영은 가려두었던 가족사진을 들여다보며 과거와 현재를 구분한다. 현재 자신의 진짜 삶과 정서적 학대를 당했던 과거의 삶을 분리시킨다. 그리고 드라마 말미에 찾아와 다시 자신의 뜻대로 문영을 움직이려는 엄마에게 "나도 엄마처럼 아귀가 될 뻔했는데 그렇게 안 돼서 얼마나 다행인지 몰라. … 난 엄마랑 달라"라고 명확히 선을 그으며 현재 자신이 사랑하는 사람과 함께하는 삶을 선택한다.

갇혀 있던 틀에서 벗어난 강태

문영에게 안전핀이 되어 준 강태는 어린 시절부터 자폐증을 앓고 있는 형을 돌봐야 한다고 압박받으며 살아온 인물이다. "엄마가 너 그러라고(형 돌보라고) 낳았어"라는 말은 강태의 마음 깊이 새겨지고, 어머니가 사망한 후에도 강태의 마음에 살아 움직인다. 이에 강태는 스스로를 '돌보는 자'라는 틀 안에 가두고 어릴 적 엄마의 지시를 따랐던 어린아이의 모습으로 살아간다. 강태의 직업이 보호사인 것은 이런 자신에 대한 상이 반영된 것일 테다.

형을 돌봐야 하는 내면 아이의 명령에 따라 살아가고 있는 강태는, 어른이 된 형을 여전히 아기처럼 돌보며 형 때문에 자신은 아무것도 할 수 없다고 생각한다. 이런 강태에게 자유분방한 문영이 나타난다. 자신의 욕구를 억누른 채 살아가는 강태에게 욕망을 있는 그대로 드러내는 문영의 모습은 큰 자극이었을 것이다.

강태는 문영과 함께 지내면서 차츰 자신의 욕망을 알아간다. 드라마 중반 즈음 폭행 사건에 휘말려 병원을 그만두어야 했을 때, 강태는 낙담하기는커녕 문영에게 다가가 "나랑 놀아줘"라며 활짝 웃는다. 이는 엄마 말을 들어야만 했던 착한 내면 아이와 선을 긋고 진짜 나를 발견한 강태가 기쁨을 표현한 장면이라 볼 수 있다.

이렇게 어린 시절의 내면 아이와 선을 그은 강태는 매몰되어 있던 자신의 과거에서 벗어난다. 과거를 거리두고 바라보게 되자, 엄마에 대해 새로운 기억들이 떠오른다. 강태는 비로소 엄마가 형을 돌보라고 하는 동시에 자신을 사랑했음을 깨닫고 자신의 과거를 보다 통합적인 시각으로 바라볼 수 있게 된다. 그리고 마침내 형을 아기가 아닌 형으로 대하기 시작한다.

현재에 살게 된 강태는 위기의 순간에 과거가 아닌 현재를 선택한다. 자신의 어머니를 살해한 자가 문영의 어머니임을 알게 되었을 땐 잠시 괴로워하기도 하지만, 이 역시 과거와 현재를 구분하는 쪽으로 결론 내린다. "너랑 너희 엄마는 달라, 나 죽어도 절대 너 안 떠나. 나한테 넌 내가 어렸을 때부터 좋아한 그냥 고문영이야"라며 문영과 문영의 엄마 사이에 명확한 선을 긋는다. 과거의 것과 현재의 것을 구분하고, 지금 여기서 소중한 것을 선택한 것이다. 나아가 보호사라는 당위를 벗어던지고 자신이 원하는 삶을 찾아 나선다. 더 이상 상처받은 내면 아이의 명령대로 살지 않기로 결심한 것이나 다름없었다.

자신의 트라우마를 극복한 상태

한편 강태의 형, 상태는 나비에 사로잡혀 온 인물이다. 어머니가 살해되는 장면을 목격한 후 살인범에게 "너도 죽일 거야"라는 위협을 들은 상태는 살인범의 옷에 붙어있었던 브로치의 나비 문양에 공포를 느낀다.

자폐 스펙트럼을 가지고 있는 상태는 이 공포를 적절히 해소하지 못하고 오랫동안 악몽에 시달리며 살아온다. 몸은 자랐지만 마음은 여전히 과거에 매여 살았던 것이다. 그러던 상태가 용기를 낼 수 있었던 것엔 문영의 역할이 컸다. 문영은 처음부터 상태를 어린아이로 대하지 않는다. 강태처럼 무조건 맞춰주지 않고 상태와 말다툼도 하며 어른으로 대해준다. 아마 문영의 이런 태도는 상태를 현재에 살도록 도왔을 것이다. 상태는 점차 어른스러워져 간다. 그리고 결정적으로 강태가 자신에게 화를 내며 아이가 아닌 형으로 대해줬던 날, 상태는 진짜로 어른이 된다.

이제 상태는 변하기 시작한다. "강태는 내꺼야"라며 구속했던 태도를 버리고 강태에게 밥을 사주고, 용돈을 주며, 적절한 조언도 해주는 든든한 형이 된다. 늘 도망만 쳐왔던 나비를 마주할 용기도 낸다. 괜찮은 병원의 원장이 "나비가 고대 그리스어로 프쉬케거든. 프쉬케가 뭘 상징하는지 알아? 치유. 이 세상에 무서운 나비보다 치유를 상징하는 좋은 나비가 훨씬 더 많아"라고 말했을 때 상태는 이 말을 깊이 새겨듣는다.

이후 상태는 트라우마 극복의 정석을 보여준다. 조금씩 조금씩 감당할 수 있을 만큼 나비를 그려보며 상처를 마주한다. 그리고 마침내 그토록 무서워했던 돌연변이 나비를 스케치북에 그려낸다. 매몰되었던 과거의 상처를 멀찍이서 바라볼 수 있게 된 것이다. 이렇게 상처받은 내면 아이의 지배로부터 벗어난 상태는 결정적인 순간 문영과 강태를 구해낸다. 더 나아가 삽화 작가로서 살고픈 자신의 욕구를 명확히 인지하고 자신의 꿈을 위해 독립을 선언하기에 이른다.

과거와 선을 긋고 현재를 선택하기

이처럼 이 드라마 속 인물들은 상처받은 내면 아이의 지배를 받으며 살아왔다. 하지만 서로가 서로의 모습을 비춰주고 동시에 안전기지가 되어줌으로써 과거의 상처를 성인이 된 시각에서 조망할 수 있게 됐다. 이들은 자신이 더 이상 어린아이가 아니라 자신의 힘으로 살아갈 수 있는 어른임을 인식하고 현재를 선택했다. 과거와 선을 긋고 지금-여기서 소중한 것을 선택함으로써 드라마의 세 주인공은 모두 행복해질 수 있었던 것이다.

현실에서도 그렇다. 어른이 된 나는 연약했던 어린 시절과는 다름을 인식하고 상처받은 내면 아이를 보듬어 안을 수 있을 때, 진정한 성인으로서의 삶을 살 수 있다.

드라마에서처럼 안전기지가 되어줄 연인이 없는데 어떡하냐고? 안전기지가 반드시 연인일 필요는 없다. 친구든, 선생님이든, 내가 믿는 종교의 성직자든, 있는 그대로의 나를 비춰주는 사람이라면 누구라도 상관없다. 마음에 늘 품는 책 한 구절일 수도, 영화의 한 장면일 수도 있다. 사실 무엇보다 좋은 것은 내가 나 자신의 안전기지가 되어주는 것이다. 내 마음을 있는 그대로 수용해 주고 다독이면서 어릴 적 부모에게 원했던 것을 스스로에게 해준다면, 우리는 어떤 조건에서든 행복하기를 선택할 수 있다. 이럴 때 지워지지 않는 과거의 상처들은 삶의 걸림돌이 아닌 디딤돌이 되어 줄 것이다.

나를 지키는 첫걸음은 이렇게 과거의 상처들과 선을 긋고 거리를 두고 바라보는 것에서 시작된다. 이 과정은 믿을 만한 사람과 함께하면 좋지만 혼자서도 할 수 있다. 그러니 용기를 내어 나의 과거를 선 너머에서 바라보자. 분명 더 나은 현재를 선택할 힘을 얻을 수 있을 것이다.

모든 것이
완벽할 순 없다

'프로크루스테스의 침대'라는 말을 들어본 적이 있는가? 그리스 로마 신화에 등장하는 프로크루스테스는 아테네 교외의 강가에 살았던 노상강도다. 그는 지나가는 사람들을 집에 초대해 쇠 침대에 눕히고는 침대 길이보다 짧으면 다리를 잡아 늘리고 길면 잘라버리곤 했다. 하지만 이 침대는 고정되어 있는 것이 아니라 임의로 길이를 조절할 수 있었다. 때문에 어느 누구도 그 길이에 정확히 맞출 수 없었고 결국엔 죽음을 맞이했다. 이 신화에서 프로크루스테스의 침대라는 말이 생겨났는데, 자기가 세운 일방적인 기준에 다른 사람들의 생각을 억지로 맞추려는 독선과 아집을 뜻한다.

과거의 상처와 더불어 우리를 자기 자신으로 살지 못하게 하는 대표적인 것이 바로 이 프로크루스테스의 침대다. 프로크루스테스가 타인에게 잔혹한 폭력을 행사했다면, 현대를 살아가는 많은 이들은 자기 자신을 폭력적으로 대한다. 스스로에게 완벽한 기준을 제시하면서 이에 도달할 때만 진정한 자기 자신이 된다고 여기고 온갖 노력을 다하는 것이다. 하지만 아무도 정확히 맞출 수 없었던 프로크루스테스의 침대처럼 완벽이란 인간에게는 도달할 수 없는 목표다. 때문에 이 기준에 맞춰 자신을 늘리고 자르며 변형시키다 보면 오히려 자기 자신의 모습을 잃어버리게 된다. 나 자신으로 살아가기 위해서 우리는 이런 완벽하고자 하는 욕구 그러니까 우리 내면의 프로크루스테스의 침대와 선을 그어야 한다.

노력하면 완벽해질 수 있다는 믿음

다훈 씨는 의대에 다니고 있었다. 의대에서 성적도 상위권이라 주어진 길대로 걸어가기만 하면 흔들림 없는 미래가 그를 기다리고 있었다. 그런 그가 상담소를 방문한 건 탈모 때문이었다. 그는 탈모가 시작된 후 남들이 자꾸만 자기를 쳐다보는 것 같아 공부에 집중하기가 어렵다고 하소연했다.

캐주얼한 재킷에 심플한 단화 차림으로 상담실에 들어온 그는 무척 깔끔하고 정돈된 인상이었다. 재킷의 양쪽 소매 끝을 살짝 접어 올려 포인트를 준 것만 보아도 그가 세심하게 스스로를 가꾸고 있음을 알수 있었다. 첫 회기 때 인사를 나누자마자 그는 자기 자신에 대한 개념도를 그려왔다며 내게 보여줬다. 그는 자신을 지적, 환경적, 신체적, 관계적인 면으로 나누어 표현했는데, 그중에서 신체적인 면만 빼고 모두 만족하고 있었다. 그는 학업성적이나 인지적인 면에서 늘 우수하다는 평가를 받아왔고, 부모님의 지지도 확실했으며, 의대 졸업 후 미래에 대한 기대도 높았다. 대인관계 역시 좋은 편이라 주변에 친구들도 많았다.

그런 그에게 신체적인 부분은 눈엣가시였다. 다훈 씨는 오랫동안 작은 키 때문에 스트레스를 받아왔는데 고등학교 때 키가 더 이상 자라지 않음을 알아차린 후 한동안 무척 우울했었다. 그는 노력하면 키가 더 자랄 수 있다고 믿었다. 그래서 매일 새벽에 일어나 줄넘기를 하고 용하다는 한약을 복용했다. 하지만 키는 자라지 않았다. 그는 요즘에도 키가 더 자랐으면 하는 마음을 내려놓지 못하겠다고 했다. 바쁜 의대 본과 생활을 하면서도 키를 키우기 위한 운동을 매일 했고, 키높이 신발을 신으며 조금이라도 더 커 보이기 위해 애썼다. 그런 다훈 씨에게 가족 유전으로 시작된 탈모는 너무나 충격적인 일이었다. 키 때문에 완벽함에 흠집이 났는데 탈모까지 생기다니, 그는 도저히 이런 상황을 받아들일 수 없었다.

다훈 씨는 왜 자신의 신체적 특징을 흠으로 받아들이게 된 것일까? 그의 부모님은 그를 언제나 열렬히 지지해 주셨지만, '노력하면 뭐든지 할 수 있다'는 신념이 강한 분이셨다. 그는 이런 부모님의 신념을 내면화해 열심히 공부했고 대인관계에도 충실했다. 그의 노력들은 대부분 성공을 거뒀고 지금의 그를 있게 했다. 성공 경험들은 열심히 노력하는 것을 통해 자신의 삶을 완벽하게 통제하고 가꾸어 갈 수 있다는 믿음을 키워줬다. 다훈 씨는 외모도 노력하면 더 멋있어질 수 있다고 생각했다. 작은 키도 노력하면 늘릴 수 있고, 유전적으로 내재되어 있던 탈모도 자신의 노력으로 극복할 수 있다고 믿었다. 하지만 성인이 되면 키는 더 이상 자라지 않는다. 유전적으로 물려받은 신체적 특징들 역시 바꿀 수 없다.

심지어 그는 누구보다 신체적, 생물학적, 유전적 조건들에 대해 잘 알고 있는 의대생이었다. 그런데도 다훈 씨는 자신의 타고난 신체적 조건을 바꿀 수 없다는 사실을 받아들일 수가 없었다. 그는 작은 키와 완벽하지 못한 외모 때문에 자신을 못났다고 생각했다. 이는 '다른 사람이 나를 이상하게 보지 않을까'라는 걱정으로 이어졌다. 도서관에서 공부할 때 누군가 자신을 쳐다보면 '머리가 비어가는 걸 보고 비웃을 거다'라는 생각에 심장이 두근거렸다. 이런 걱정에 시달리느라 지난번 시험에서 성적이 조금 떨어졌다. 여전히 상위권이긴 했지만 이전보다 못한 성적을 받게 된 그는 이제 공부도 못하는 나 자신이 더욱 모자라게 느껴졌다. 공부를 열심히 해도 성적이 나오지 않을까 봐 겁이 났다. 결국 공부하는 것을 미루게 되었고, 그런 자신이 한심해서 견딜 수가 없었다.

완벽주의가 부른 자기 비난의 늪

다훈 씨가 호소한 이야기들은 완벽한 나 자신이 되기 위한 노력이 어떻게 스스로를 잃어가게 하는지를 매우 잘 보여주고 있었다. 완벽주의자 다훈 씨는 보다 나은 내가 되고자 하는 마음이 무척 많았지만, 자신의 한계나 단점, 주어진 조건들을 수용하는 법을 모르고 있었다. 때문에 자신에게 주어진 신체적 조건을 수용하고 받아들이기보다 이마저도 뜯어고쳐 완벽해지려 했다. 그런데 완벽한 외모라는 게 정말 있는 걸까? 그가 완벽하다고 생각하는 외모는 배우 박서준과 같은 모습이었다. 그는 미디어에 의해 주입된 기준을 완벽하다고 생각해 이 틀에 자신을 끼워 맞추려 애쓰고 있었다.

그는 완벽주의자들의 특징 중 하나인 성과목표에 집착하는 모습을 보였다. 심리학자들은 목표를 크게 '성과목표'와 '숙련목표'로 분류한다. 성과목표란 수행의 결과를 보여주는 것에 목적이 있다. 성과목표를 추구하는 이들은 겉보기에 괜찮은 성과를 낸 사람들에게 잘 보이는 것을 목표로 삼는다. 그 목표에 도달하는 과정이 아무리 고통스럽더라도 남들의 이목을 생각해 참아낸다. 반면 숙련목표는 다른 사람이 어떻게 보든, 당장의 결과가 어떻든, 내가 즐거울 수 있고 성장할 수 있는지를 더 중요하게 여긴다. 숙련목표를 중시하는 사람들은 결과나 실수에 당황하지 않고 자신이 무언가를 해나가는 과정 자체에서 즐거움을 얻는다. 외모와 성적 등 외적인 것을 중요시하고 타인의 시선을 무척 의식하는 다훈 씨는 전형적으로 성과목표를 추구하고 있었다.

또한 그는 '2차적 혼란'을 경험하고 있었다. 완벽주의적 성향을 가진 사람들은 대체로 '~해야만 한다'는 생각이 강하고 자신만의 기준에 반드시 도달해야 한다고 믿는다. 하지만 이런 기준은 도달하기 불가능한 경우가 많다. 자신이 설정한 목표에 도달하지 못하는 것은 불안을 유발한다. 그리고 불안해하는 자신의 모습 때문에 더욱 불안해진다. 결국 '불안해하면 안 돼. 마음이 이렇게 흔들리면 안 돼'라는 생각으로 자신을 더욱 옭아매고, 이것이 심리적 어려움을 더욱 배가하는 것이다. 인지행동치료에서는 '이렇게 해야 한다'는 생각 자체가 아닌, 과정 중에 겪는 심리적 증상을 거부하면서 생기는 혼란을 '2차적 혼란'이라고 부른다. 다훈 씨는 열심히 공부했지만, 공부에 집중이 되지 않자 점점 불안해졌다. 그러자 '불안하면 안 된다'는 생각에 사로잡혔고, 이로 인해 더 공부에 집중하지 못하는 악순환에 빠져들고 말았다. 2차적 혼란이 그를 더욱 힘들게 만들고 있었던 것이다.

《비폭력 대화》를 쓴 마셜 로젠버그는 완벽주의자들이 '~해야 한다', '~하지 않으면 안 된다'며 스스로를 몰아붙이는 이런 행동 자체가 폭력이라고 했다. 다훈 씨는 보다 완벽한 사람이 되기 위해 노력하는 게 자신을 사랑하는 방법이라 믿었지만, 그가 자신에게 한 것은 사랑이 아닌 폭력이었다. 프로크루스테스의 침대에 자신을 눕히고 자르고 늘리며 스스로에게 고통을 가하는 것과 다르지 않았다. 이런 가운데 그는 점차 자기 비난의 늪에 빠져들었고, 결국 자신의 장점마저 잃어가고 있었다.

알아차리기 힘든 완벽주의의 폐해

사실 다훈 씨처럼 완벽주의적 성향을 가진 사람들이 상담실을 찾는 경우는 흔하지 않다. 이는 사회 분위기와도 관련이 깊은 것 같다. 우리 사회는 자기 자신을 갈고닦아 보다 나은 사람이 되려고 애쓰는 사람들을 칭송한다. 비록 그 기준에 도달하는 과정이 고통스럽다 할지라도, 목표는 높게 잡고 꿈을 크게 꾸는 것이 좋은 것이라는 사고가 팽배해 있다.

아마도 다훈 씨만큼은 아니더라도 노력이 부족한 자신을 한심하다 여기며, 조금이라도 살이 찌면 스스로를 탓하고, 시험에서 실패했을 때 나 자신에게 비난을 퍼부었던 경험쯤은 누구나 가지고 있을 것이다. 많은 사람들은 이처럼 경쟁적이고 완벽주의적인 태도로 인해 스스로를 사랑하고 받아들이는 데 어려움을 겪고 있다. 하지만 한국 사회는 이런 완벽주의적인 노력을 칭송하고 이를 긍정적인 특징으로 간주한다. 때문에 완벽주의적 성향을 가진 사람들은 자신의 성향을 좋은 것이라 여기며 살아오다, 다훈 씨처럼 일상이 엉망이 될 정도로 힘겨워진 후에야 상담실을 찾는다.

　이들이 지난한 자기 비난의 늪에서 빠져나오는 방법은 완벽주의와 선을 긋고 자기 자신을 있는 그대로 받아들이는 것밖에 없다. 하지만 완벽주의를 칭송하는 사회 분위기 속에서 완벽하지 못한 자신의 모습을 수용하는 것은 결코 쉽지 않다. 때로는 '완벽주의적 사고에서 빠져나와야 한다'는 생각 자체가 또다시 자신을 밀어붙이는 기제로 작동하기 때문에 변화는 대체로 더디게 진행된다.

　많은 심리학자들이 오랫동안 완벽주의의 부작용에 대해 연구해왔지만, 완벽주의의 함정에 빠진 사람들을 돕는 데는 어려움을 겪어왔다. 하지만 마침내 심리학자들은 그 방법을 찾아냈다. 자기 자신에 대한 엄격함이나 완벽주의로 인한 자기 비난과 선을 긋고 자신을 지켜낼 수 있는 아주 효과적인 방법 말이다. 바로 '자기 연민' 혹은 '자기 자비'라고 불리는 것이다. 나는 다훈 씨에게 자기 자비를 소개했다. 그리고 자기 자비의 거울에 다훈 씨의 마음을 비춰보기로 했다.

한계를 두려워하는
마음과 선을 그어라

신이시여, 바꿀 수 없는 것은 받아들일 수 있는 평온함과, 바꿀 수 있는 것은 바꿀 수 있는 용기를 주소서. 그리고 이 둘을 구분할 수 있는 지혜를 주소서.

– 라인홀드 니부어(신학자)

내가 늘 마음에 새기고 있는 기도다. '평온의 기도'로 널리 알려진 이 기도문은 진정한 나 자신으로 살아가기 위해 필요한 것들을 매우 잘 담아내고 있다. 삶에서 수용해야 하는 것들과 변화시킬 수 있는 것들을 구분하고 주어진 조건과 한계는 수용하되, 바꿀 수 있는 것들은 내가 원하는 방향으로 변화시켜 가는 것. 이것이야말로 진정한 나 자신으로 살아가기 위해 반드시 필요한 태도다. 하지만 완벽주의를 칭송하는 현대의 많은 사람들은 이 둘을 구분하는 것을 힘겨워한다. 그리고 바꿀 수 없는 것을 받아들이는 평온함을 두려워한다.

이런 두려움에서 벗어나도록 도와주는 개념이 바로 '자기 자비 self compassion'다('자기 연민'이라고 부르기도 하나, 이 책에서는 심리학 연구 문헌에서 일반적으로 사용하고 있는 '자기 자비'라는 용어를 사용하기로 한다). 미국의 심리학자 크리스틴 네프가 명명한 자기 자비는 타인의 고통을 외면하지 않고 도우려는 마음인 자비를 자기 자신에게 행하는 것을 말한다. 즉 자신의 부족함을 인식하거나 어려운 상황에 처해 있을 때, 스스로를 비난하는 대신 자신을 포용적으로 돌보는 것을 의미한다. 김수빈, 정영주, 정영숙의 논문 〈자기 자비와 한국인의 심리 : 국내연구 메타분석〉에 따르면 네프는 자기 자비를 다음과 같이 설명했다.

"모든 인간은 불완전하고 취약성을 가지며, 실패를 겪는다는 보편적
 인 사실을 이해하고, 결함과 괴로움이 곧 자신이라는 과도한 동일
 시를 하지 않는 마음챙김의 태도를 갖는 것."

자기 자비는 우리가 자기 자신을 존중하는 마음이라고 알고 있는 '자존감'과 종종 비교된다. 하지만 자기 자비와 자존감은 여러 가지 면에서 차이가 있다. 자존감은 내가 나 자신을 긍정적으로 평가함으로써 스스로를 괜찮은 사람이라고 느끼는 것을 말한다. 즉 자존감에는 비교와 평가의 개념이 들어가 있다. 때문에 '나 자신을 존중한다'면서 남보다 나은 내가 되려고 애쓰고, 이것이 잘 되지 않을 때 스스로에게 실망하는 부작용을 낳아왔다. 어쩌면 그토록 많은 사람들이 자기 사랑을

실천한다면서 스스로에게 더 가혹해진 것은 바로 자존감에 기반해 자신을 사랑하려 하기 때문인지도 모르겠다. 특히 완벽주의 성향을 가진 사람들은 높은 기준으로 자신을 평가하기 때문에 노력할수록 자존감이 떨어지고 이로 인해 다양한 심리적 문제를 겪는다.

다훈 씨도 그랬다. 다훈 씨는 늘 보다 나은 자신이 되기 위해 애썼다. 완벽해진 내 모습만이 존중받을 가치가 있다고 느꼈고 완벽해질 때 자존감이 향상될 거라 믿었다. 하지만 그럴수록 점점 더 불안해지고 힘들어질 뿐이었다. 반면 자기 자비는 자신을 평가하지 않고 있는 그대로 받아들이면서 사랑하는 것이다. 다훈 씨는 상담실에서 자존감에 대한 집착을 내려놓고 자기 자비를 실천하는 법을 연습했다. 자기 자비를 위해서는 다음의 세 가지 요소를 실천해야 한다.

첫째, 자기 자신에게 친절할 것
둘째, 인간의 보편성을 이해할 것
셋째, 마음챙김의 태도를 가질 것

자기 자신에게 친절하기

첫 번째 단계는 나 자신에게 친절히 대하는 것이다. 친절이라는 단어는 지금까지 주로 타인에게만 사용해왔다. 일하며 응대할 때, 사교적 만남을 가질 때, 누군가를 보살필 때, 사람들은 상대방에게 친절을 베풀기 위해 애쓴다. 여기서 친절을 베푼다는 것은 상대방이 원하는 것을 물어봐 주고, 그것을 충족해 주려 노력하며, 즉시 충족해 주기 힘들 때는 그 마음을 수용해 주는 태도를 말한다.

친한 친구가 오랫동안 준비한 시험에서 원하는 결과를 얻지 못한 상황을 떠올려보자. 그 친구가 "나는 진짜 멍청해. 난 뭘 해도 안 돼"라며 하소연을 하고 있다. 아마도 친구는 자신에게 모진 말들을 퍼부어댈 것이다. 하지만 당신은 그 모진 말들이 진실이 아님을 알고 있다. 자책하는 친구가 안쓰럽게 느껴져 연민의 마음이 올라올 것이다. 아마도 십중팔구 친구에게 "정말 좋은 결과를 얻고 싶었나 보구나"라며 친구가 원하는 바를 읽어주고 "다음에 또 기회가 있을 거야. 시험 하나가 네 인생의 전부는 아니잖아"라며 위로의 말을 건네줄 것이다. 최대한 친절한 태도로 말이다. 하지만 반대로 당신이 열심히 노력한 시험에서 낙제를 했다고 치자. 아마도 이런 친절한 태도는 모두 사라지고 "이런 멍청이. 이거밖에 못하니?"라고 비난의 소리를 퍼부어댈 것이다.

'자기 친절'은 바로 이런 비난의 소리를 멈추고 친구를 친절하게 대했던 그 태도로 나 자신을 대하는 것을 말한다. 지치고 힘들고 화난 자신의 마음을 판단하거나 비난하는 대신 지금 내게 필요한 것이 무엇인지 물어봐 주는 태도다. 마셜 로젠버그는《비폭력대화》에서 나 스스로를 비난하는 것은 '지금 나의 진정한 욕구와 조화를 이루지 못하고 있다'는 것을 의미한다고 했다. 그는 이럴 때 비난하기를 멈추고 "내게 충족되지 못한 욕구가 무엇일까?"라고 질문을 던져보라 조언한다. 이 질문은 나의 기분과 태도 사이에 거리를 만들고 비난을 친절로 바꿔준다.

다훈 씨는 상담하면서 자기 친절을 연습했다. 나는 그에게 '나는 키도 작고 탈모도 있고 이래서 되는 게 없어'라고 비난하고 싶을 때 '내가 키 크고 싶구나. 더 멋진 외모를 갖고 싶구나'라고 욕구를 알아차리는 말로 바꿔보라고 했다. 처음엔 잘 되지 않았지만, 매주 경험한 구체적인 상황들을 하나하나 짚어가고 연습하면서 비난의 목소리가 조금씩 줄어들었다.

그 무렵 나는 그에게 친한 친구가 자신과 똑같은 고민으로 힘들어한다면 뭐라고 말해주고 싶냐고 물었다. 그는 "키가 크지 않아도 넌 참 좋은 친구야"라고 이야기해 줄 거라고 했다. 바로 이 말이 다훈 씨 자신에게 꼭 필요한 말이었다. 하지만 그는 아직 자기 자신에게는 도저히 그런 말을 해줄 수 없을 것 같다고 했다. 대신 그는 내게 반문했다.

"나를 친절하게 대한다는 게 결국 자기 동정하고 비슷한 거 아닌가요? 내가 나를 동정하면 어떻게 발전할 수 있겠어요?"

인간의 보편성을 이해하기

아마도 나를 갈고닦는 것이 매우 중요하다고 믿어온 많은 사람들은 다훈 씨와 같이 반문할 것이다. 하지만 자기 자비는 동정과 다르다. 네프에 따르면, 자기 동정은 '나는 불쌍해'라는 생각에 멈춰서 매몰되는 것이다. 이런 상태에 빠지면 다훈 씨의 말대로 성장으로 나아가기 힘들어진다. 하지만 자기 자비는 '나는 불쌍해'와는 다르다. 자기 자비는 모든 사람이 고통받고 있고, 이는 인간이면 누구나 겪는 보편된 조건임을 받아들이는 태도다.

다훈 씨의 경우 '사람은 그 누구도 완벽하지 못하다'는 사실을 먼저 이해해야 했다. 또한 완벽하려는 마음은 타인의 인정을 받고 싶은 마음에서 비롯되는데, 이런 인정 욕구 역시 사람이면 누구나 갖고 있음을 받아들이는 것이 필요했다. 네프는 이렇게 인간이면 누구나 겪는 고통과 한계를 수용하는 것을 '인간의 보편성에 대한 이해'라고 불렀다. 이렇게 나의 고통을 인간의 조건으로 이해하게 되면 동정이 아닌 수용이 되고 이럴 때 우리는 타인과 연결됨을 느낀다. 그리고 이토록 불완전한 나라도 한번 잘 살아봐야겠다는 마음이 생겨난다.

다훈 씨와 나는 상담실에서 인간의 불완전한 모습에 대한 이야기를 자주 나누었다. 다훈 씨 주변의 인물들도 살펴보았고, 드라마나 영화 속 인물들의 불완전한 모습, 위인전기에 나오는 인물들이 가진 단점과 취약한 모습도 떠올려봤다. 상담자인 나 역시 실수투성이고 타인에게 인정받고 싶어 안절부절못할 때도 있다고 고백했다. 그는 이런 대화와 탐색을 통해 점차 '나만 이렇게 고통을 겪는 게 아니구나. 사람들은 누구나 취약함을 안고 살아가고 있구나'라는 것을 깨달아갔다.

그렇게 상담이 중반을 넘어서던 어느 날 그는 이렇게 말했다.

"며칠 전에 도서관에서 공부를 하는데요. 또 누가 나를 쳐다보고 있는 것 같아 집중이 잘 안됐거든요. 그래서 어떤 놈이 또 날 쳐다보나 살펴보고 있는데 갑자기 풍경이 다르게 보이는 거에요. '아, 이 사람들도 다 애쓰고 있구나. 뭔가 인정받고 싶은 게 있어서 애쓰고 있는 거구나. 다들 힘들지만 열심히 살아가고 있구나' 이런 생각이 들었어요. 그러더니 저를 쳐다보는 것 같았던 그 사람들이 애틋하게 느껴지고 마음이 좀 따스하게 느껴졌어요. 그날은 공부에 집중이 잘 됐습니다."

마음챙김의 태도 갖기

다훈 씨는 자기 친절을 연습하고, 자신이 겪는 어려움은 인간이라면 누구나 겪는 보편적인 것임을 이해한 후, 완벽한 외모에 대한 집착에서 어느 정도 벗어날 수 있었다. 하지만 남들과 비교를 유발하는 현실의 메시지들은 그를 내버려 두지 않았고, 그때마다 완벽한 외모에 대한 생각들이 자꾸만 떠올랐다. 자기 자비를 연습한 후 그는 이런 생각들에 매몰되지는 않았다. 대신 이 생각에 저항하기 위해 애썼다. '자꾸 이런 생각이 들면 안 되는데 나는 왜 자기 자비를 배웠는데도 또 이런 생각을 하고 있지?'라며 자신을 고통스럽게 하는 생각들에 저항을 했다. 그러자 이젠 스스로를 자비롭게 대하지 못하고 있는 자신을 비난하는 악순환에 빠져들었다.

이때 필요한 것이 바로 네프가 말한 자기 자비의 세 번째 요소인 '마음챙김'이다. 마음챙김은 지금 겪고 있는 감정이나 생각, 느낌을 판단하지 않고 있는 그대로 느껴보는 것을 말한다. 네프는 고통에 저항하려는 태도가 오히려 고통을 더 크게 만들며, 저항하지 않고 있는 그대로 바라볼 때 고통을 흘려보낼 수 있다고 했다. 침범해오는 생각들에 저항하지 않고 '아! 내가 이렇구나' 하고 비판단적으로 자각을 하는 것이 마음챙김의 핵심이다.

다훈 씨는 마음챙김을 연습했다. 상담실에서 함께 호흡하며 지금 나의 신체 감각들에 집중해 현재의 나를 느껴보았다. 일상에 돌아가서는 자신을 비난하는 생각이 들 때마다 '이러면 안 돼' 대신 '아, 지금 내가 또 비난하고 있구나'라고 자각하되 판단하지 않는 연습을 계속했다.

그렇게 6개월 정도 시간이 흘렀을 때. 그는 내게 말했다.

"선생님! 전에 저 같은 고민을 하는 친구에게 하고 싶은 말을 제게 해줄 수 있냐고 했죠? 이젠 할 수 있을 거 같아요. '그래, 넌 지금 이대로도 충분히 괜찮아. 키 좀 작고 머리숱이 좀 없으면 어때. 지금 이대로도 넌 참 괜찮아' 이런 말이 이제 떠올라요."

다훈 씨는 이렇게 스스로를 자비롭게 대할 수 있게 됐다. 바꿀 수 없는 신체적 조건을 수용했고, 그러자 의사로서 자신의 미래를 준비하는 데 보다 더 집중할 수 있었다. 상담을 종결하고 석 달 후 다시 만난 추후상담에서 그는 훨씬 자신감 있어 보였다. 그는 다시 좋은 성적을 받기 시작했으며 친구들과의 관계도 더 좋아졌다. 나는 다훈 씨에게 "온전해 보인다"고 말해줬다.

사람에게 완벽함이란 존재하지 않는다. 신이 아니기에 모든 걸 완벽하게 해내는 것은 불가능하다. 하지만 인간으로서의 한계를 겸허히 받아들이고, 나의 단점과 약점들을 수용하며, 이를 토대로 강점과 장점들을 발전시켜 나갈 때 우리는 온전해질 수 있다. 기쁨과 슬픔, 강점과 약점 등 나의 모든 생각과 느낌은 나를 이루는 요소들이다. 이 모든 것이 어우러질 때 비로소 나는 내가 된다. 완벽주의와 선을 긋고 온전해진 다훈 씨의 모습은 참 보기 좋았고 편안해 보였다.

07

부족한 것이
아름답다

자기 자비를 실천하는 것이 어렵다면 이 노래를 음미해보자. 방탄소년단이 2018년 발표한 노래 'Epiphany'는 자기 자비를 통한 진정한 자기 사랑이 어떤 것인지 매우 잘 보여주고 있는 곡이다.

⟨Epiphany⟩

참 이상해
분명 나 너를 너무 사랑했는데
뭐든 너에게 맞추고
널 위해 살고 싶었는데

그럴수록 내 맘속의
폭풍을 감당할 수 없게 돼
웃고 있는 가면 속의
진짜 내 모습을 다 드러내

I'm the one I should love in this world
빛나는 나를 소중한 내 영혼을
이제야 깨달아 so I love me
좀 부족해도 너무 아름다운 걸

I'm the one I should love
흔들리고 두려워도 앞으로 걸어가
폭풍 속에 숨겨뒀던 진짜 너와 만나

왜 난 이렇게
소중한 날 숨겨두고 싶었는지
뭐가 그리 두려워
내 진짜 모습을 숨겼는지

I'm the one I should love in this world
빛나는 나를 소중한 내 영혼을
이제야 깨달아 so I love me
좀 부족해도 너무 아름다운 걸
I'm the one I should love

조금은 뭉툭하고 부족할지 몰라
수줍은 광채 따윈 안 보일지 몰라

하지만 이대로의 내가 곧 나인 걸
지금껏 살아온 내 팔과 다리 심장 영혼을

사랑하고 싶어 in this world
빛나는 나를 소중한 내 영혼을
이제야 깨달아 so I love me
좀 부족해도 너무 아름다운 걸

I'm the one I should love
I'm the one I should love
I'm the one I should love

자존감 향상만으로는 부족한 자기 사랑

노래는 의문을 던지며 시작한다. '참 이상해 분명 나 너를 너무 사랑했는데 뭐든 너에게 맞추고 싶었는데 그럴수록 내 맘속의 폭풍을 감당할 수 없게 돼'라고. 대부분의 시와 노래에 쓰인 언어들이 그렇듯 이 소절의 '너' 역시 여러 가지 의미로 해석할 수 있다. 사랑하는 연인일 수도 있고 추구하는 가치일 수도 있지만, 여기서는 '너'를 자기 자신으로 간주하고 가사를 음미해보려 한다. 그러면 이 구절은 이런 의미가 된다.

'나 분명히 나를 너무 사랑하고 내가 바라는 기준에 맞춰 열심히 살고자 했는데 그럴수록 내 마음은 점점 힘들어져만 가니 참 이상하구나.'

왜 이들은 나를 사랑하는데, 그리고 나를 사랑하기 위해 그토록 열심히 살아왔는데, 점점 더 힘들어진다고 말하는 걸까? 바로 자존감에 기반한 자기 사랑을 해왔기 때문이다. 꽤 오랫동안 사람들을 사로잡아온 자존감이라는 키워드는 자기 사랑의 필수조건처럼 여겨져 왔다. 하지만 앞서 언급했듯 자존감은 자기 평가에 기반한다. 남들과 비교해서 혹은 스스로가 세운 기준과 비교해서 내가 만족스럽게 느껴질 때 우리는 자존감이 높아지는 경험을 한다. 그런데 이 기준은 자의적이고 때로는 너무나 가혹해 도달할 수 없는 경우가 많다. 때문에 사랑하려 하면 할수록 오히려 자존감이 떨어지는 혼란을 겪게 된다. 이런 혼란이 두려워 사람들은 자신의 약점이나 한계를 보는 것을 피하곤 한다.

자신의 약점은 보지 않고 더 높은 점수를 받을 수 있는 강한 모습만을 사랑하는 것은 결국 진정한 나 자신을 만날 수 없게 한다. 방탄소년단은 이어서 '웃고 있는 가면 속의 진짜 내 모습을 드러내'라고 노래한다. 이는 지금까지의 나에 대한 사랑이 '웃고 있는 내 모습'에만 국한되었음을, 하지만 이제는 나의 약점까지 드러내 볼 수 있어야 함을 압축적으로 표현한 것이라 볼 수 있다.

나의 부족함을 탓하지 않기

그렇다면 진정한 자기 사랑의 방법은 무엇일까. 방탄소년단은 놀랍게도 자기 자비를 이야기한다. 고통받는 타인을 돌보듯 나 자신을 돌보고 받아들일 때 진정한 자기 자신으로 살아갈 수 있다고 말이다. 이들의 노래에는 자기 자비의 세 가지 요소인 자기 친절, 마음챙김, 인간의 보편성에 대한 이해가 모두 담겨 있다.

방탄소년단은 먼저 자기 친절에 대해 이렇게 노래한다.

'이제야 깨달아 so love me 좀 부족해도 너무 아름다운 걸.'

이는 자신의 부족함을 탓하지 않고 수용하는 자기 친절의 자세다. 보려 하지 않았던 나의 단점과 약점들을 마주하고 이런 약점을 지닌 자기 자신을 아름답다고 인식할 수 있을 때 우리는 스스로를 비난하는 태도를 버릴 수 있다. 그리고 이렇게 자신을 친절하게 대할 때 이들이 노래하는 것처럼 흔들리고 두려워도 앞으로 걸어갈 힘을 얻는다.

자기 친절의 태도를 갖춘 사람은 자기 자신뿐 아니라 타인에게도 관대하고 수용적으로 대한다. 때문에 이들은 다른 이들과 진실된 교류를 할 수 있다. '폭풍 속에 숨겨뒀던 진짜 너와 만나'는 진실한 나 자신과의 만남을 통해 타인과도 보다 진실하게 교류할 수 있다는 중의적 의미를 지닌 소절이라고 볼 수 있다.

판단하지 않고 지금 현재에 집중하기

다음으로 방탄소년단이 노래하고 있는 자기 자비의 요소는 마음챙김의 자세다. 마음챙김이란 자신과 타인을 비판단적으로 바라보고 지금 현재 여기서 일어나는 일에 집중하는 태도를 말한다. '왜 난 이렇게 소중한 날 숨겨두고 싶었는지, 뭐가 그리 두려워 내 진짜 모습을 숨겼는지'는 타인의 시선을 의식해 스스로를 비판적으로 대해 온 것에 대한 후회가 담긴 소절이다. 평가에 대한 압박감을 내려놓고 비판단적인 자세로 나를 바라보겠다는 다짐이기도 하다.

지금의 나를 있는 그대로 바라보기 시작하자 이렇게 노래하게 된다.

'조금은 뭉툭하고 부족할지 몰라. 수줍은 광채 따윈 안 보일지 몰라. 하지만 이대로의 내가 곧 나인걸.'

이 소절은 그동안 부족하고 광채가 없다고 생각했던 부분들을 나쁘다 여기지 않고 그대로 존중하겠다는 의미를 담고 있다. 어딘지 모양새도 좋지 않고 부족한 점이 많아 남들에게 빛나 보이지 않는 내 모습을 더 이상 판단하지 않겠다는 결심이다.

사실 수시로 평가와 판단이 내려지는 현실 속에서 자신을 있는 그대로 바라보는 것은 쉬운 일이 아니다. 하지만 마음챙김은 자신의 호흡, 신체 감각 등에 집중하는 연습을 통해 나 자신의 모습을 있는 그대로 받아들이도록 돕는다. 먼저 눈을 지그시 감고, 하나에 숨을 들이쉬고, 둘에 숨을 내쉬는 것을 조용히 반복해보자. 지금 호흡하는 나의 숨소리에 주의를 기울이는 것이다. 그러다 문득 다른 생각을 하고 있다면 '아 지금 내가 이런 생각을 하고 있구나' 하고 알아차려 보자. '왜 내가 호흡에 집중하지 못하고 딴생각을 하고 있지?'가 아니라 '지금 내가 이런 생각을 하고 있구나' 하고 그 생각을 흘려보내는 것이다. 이런 연습을 반복함으로써 판단하지 않고 현재에 집중하며 생각과 느낌을 자각하는 마음챙김의 태도를 익혀갈 수 있다. 영화를 보거나 예술 작품을 감상한 후 '이 영화 잘 만들었네'라고 평가하는 대신 '아, 내가 이 부분에서 감동을 받았구나. 이 영화 재밌네'라는 식으로 자신의 느낌을 표현하는 습관을 들이는 것도 비평가적인 태도를 갖는데 도움이 된다.

마음챙김은 자기 자비의 한 요소이기도 하지만, 그 자체만으로도 다양한 스트레스를 줄여주고 보다 건강한 삶을 가능하게 한다. 처음엔 쉽지 않지만 작은 연습들을 통해 마음챙김의 태도를 습관 들여보자. 분명 건강한 변화를 느낄 수 있을 것이다.

시련은 나만의 문제가 아님을 이해하기

다음으로 이 노래에서 주목해보아야 할 부분은 여러 차례 등장하는 'in this world'라는 구절이다. 군이 '이 세상에서'라는 말을 넣지 않고도 나 자신에게 친절하고, 마음챙김의 태도로 살아가자고 이야기할 수 있었을 텐데, 방탄소년단은 'in this world'를 반복한다. 이는 이 세상 속에 내가 속해 있음을, 세상의 많은 다른 사람들처럼 나 역시 나약함을 지닌 한 인간임을 강조하는 부분들이다. 즉 내가 겪는 어려움은 나만의 문제가 아니라 인간이라면 누구나 가질 수밖에 없는 보편적인 조건에서 비롯된다는 자각이다. 이는 네프가 말한 자기 자비의 세 가지 요소 중 하나인 인간의 보편성에 대한 이해와 일맥상통한다.

내가 겪은 어려움과 힘든 상황들, 내가 가진 약점들이 단지 나만의 것이 아니라, 다른 이들도 함께 겪는 보편적인 일이라는 깨달음은 나와 타인을 측은지심을 가지고 대하게 한다. 측은지심은 결국 우리 모두는 연결되어 있음을 알게 해준다. 연결되어 있다는 느낌은 안도감을 제공하는데 이는 심리학자 매슬로가 말한 인간의 기본적인 욕구 중 하나인 소속감의 욕구가 충족되기 때문이기도 하다. 이런 느낌들은 나 자신을 보다 너그럽게 대할 수 있는 토대가 되어준다.

이렇듯 진정한 자기 사랑은 스스로에게 좋은 평가를 내리기 위해 자존감을 올리려고 애쓰는 것과는 다르다. 나의 약점과 단점을 개선해 더 나은 내가 되기 위해 노력하는 것도 때로는 필요하지만, 그보다 나 자신에게 친한 친구가 되어주는 것이 우선이다. 곁에 있는 친한 친구가 자신의 모습에 실망해 괴로워할 때 위로를 건네듯, 나 자신의 실망스러운 모습에 가혹한 잣대를 들이밀지 말고 스스로를 친절하게 대해 주자. 지금 숨 쉬고 움직이는 내 몸의 상태와 다양한 감정들도 기꺼이 느껴보자. 그리고 나 역시 취약할 수밖에 없는 인간의 보편적인 조건 속에 있음을 기억하자.

자기 자비의 자세가 선행될 때 우리는 나 자신을 보다 온전하게 느낄 수 있다. 그럴 때 완벽주의와 자기 비난의 늪으로부터 스스로를 지켜 내고 보다 나다운 모습으로 살아갈 수 있을 것이다.

08

나의 생각과 느낌은
내가 아니다

　나는 마음을 단단히 먹고 그를 맞을 준비를 했다. 접수 면접을 했던 동료의 말에 따르면, 그는 성인인데도 친구 손에 이끌려 상담실을 찾았고, 친구가 그에 대해 이런저런 이야기를 하는 동안에도 무표정하게 입을 꾹 다문 채 앉아있었다고 했다. 접수면접지에는 '무기력하고 아무것도 할 의욕이 나지 않는다'라고 적혀 있었다. 그와 만나기로 한 오전 10시가 조금 넘자 나는 '그가 안 올 수도 있겠구나'라는 생각이 들었다. 스스로 상담을 원하는지도 알 수 없는 데다 무기력에 빠져있다면 상담에 오지 않을 가능성도 있었다.

　이런저런 생각을 하며 그를 기다리고 있는데 마침내 상담소 현관문에 달린 종소리가 들렸다. 그가 온 것이었다. 나는 그렇게 우현 씨와 첫 만남을 가졌다. 그는 '피곤하고 무기력하다. 너무 피곤해서 아무것도 할 수가 없다'고 호소했다. 나는 피곤하다는 것이 구체적으로 어떤 느낌인지 물었다. 그는 졸리고 멍한 느낌이라며, 이 느낌 때문에 아르바이트에서 돌아온 후로는 주로 침대에서 누워있기만 한다고 했다. 그는 이런 자신이 한심해서 견딜 수 없지만 어쩔 도리가 없다고 했다.

그는 반복해서 말했다. "나는 피곤한 사람이에요.", "나는 무기력한 사람이에요." 그러면서 그는 나름대로 그럴듯한 이유를 설명했다.

"어릴 때부터 부모가 싸우는 것만 보고 자랐고 결국 중학교 때 부모님이 이혼을 하셨어요. 그 후 저랑 동생은 엄마에게 가서 몇 달 살다가 아빠에게 가서 몇 달 살기를 반복했어요. 두 분 다 저를 무척 귀찮아하셨거든요. 부모도 저를 사랑해 주지 않는데 제가 뭘 할 수 있겠어요."

나는 무기력한 사람이라는 생각

나는 그의 이야기를 들으면서 안타까움이 밀려왔다. 우현 씨의 경험은 분명 상처가 될 수 있는 것들이긴 했다. 하지만 그의 부모가 이혼을 한 건 무려 10년 전의 일이다. 그럼에도 그는 여전히 그 경험이 현재 그가 겪고 있는 무기력의 원인이라고 생각하고 있었다. 하지만 부모의 이혼과 같은 불행한 사건을 겪었다고 해서 모두가 무기력에 빠져드는 것은 아니다. 우현 씨의 동생만 봐도 그랬다. 그와 함께 자라며 같은 경험을 한 여동생은 고등학교를 열심히 다니는 성실한 학생이고 주변에 친구도 많다고 했다. 동생도 나름대로 어려움을 겪고 있을 수도 있겠지만, 그처럼 무기력에 빠져든 것만은 아님이 분명했다.

만일 같은 경험이 어떤 행동의 원인이 된다면, 그 경험을 한 모든 사람들은 같은 반응을 보여야 할 것이다. 하지만 그렇지 않다. 우현 씨와 그의 여동생만 봐도 알 수 있듯이 같은 부모에게서 태어나 똑같은 것을 경험한다 해도 사람들은 저마다 다르게 반응한다.

그렇다면 사람들이 보이는 반응이나 행동의 원인은 무엇일까? 인지행동치료학파에 따르면 사람들의 특정 반응이나 행동을 유발하는 것은 사건 자체가 아닌 그 사건에 대한 각자의 해석이다. 이런 관점에서 본다면 우현 씨는 부모의 이혼을 무기력함을 유발하는 사건으로 해석했기에 그는 무기력해진 것이었다. 부모의 불화를 보고 자라는 어린 시절 내내 우현 씨는 부모의 이혼을 걱정하며 둘 사이를 좋게 하려 무척 애를 썼을 것이다. 하지만 그는 아무것도 할 수 없었고 그가 가장 두려워했던 결과를 막을 수 없었다. 그는 자신이 무력하다 느꼈다. 아마 이 무력감은 부모님의 이혼에 대한 자연스러운 반응이었을 테다.

무력하다는 느낌이 지속되면 '아무것도 할 수 없다'는 무기력감으로 굳어지게 된다. 무기력은 삶의 순간들을 생생하게 느끼지 못하고 대부분의 흥미와 행동의 동기를 상실한 정서 상태다. 무기력은 감각들을 무디게 해 심리적 고통을 덜 느끼게 한다. 우현 씨는 무기력해짐으로써 부모의 이혼으로부터 오는 충격을 덜 느끼려 했을지도 모른다. 아마도 그는 자신을 보호해 주는 무기력에서 벗어나는 것이 무척이나 두려웠을 것이다.

그렇게 오래도록 그는 무기력한 상태에서 지내왔다. 그리고 만성화된 무기력은 그 스스로를 '나는 무기력한 사람'이라고 정의하게 했을

것이다. 그는 느끼고 말한 것을 자기 자신과 동일시하는 '인지적 융합'
상태에 있었다.

이름 붙인 대로 믿는 우리들

인간은 언어를 사용하는 유일한 동물이다(다른 동물들도 저마다의 언어가 있을지 모르지만, 현재까지 인간이 알아낸 것은 없다). 언어는 인간의 생각에 절대적인 영향을 미친다. 언어학자들과 심리학자들에 따르면, 사람들은 언어를 통해 감정이나 느낌, 사물, 현상, 생각 등을 규정지으려는 본능을 가지고 있다. 어떤 감정이나 생각, 사건이 발생하면 사람들은 그것들에 이름을 붙이려 한다. 이름을 붙이지 못하는 대상은 실체를 알 수 없는 것으로 다가오고, 불확실함은 우리를 불안하게 만든다. 이는 사람의 발달과정에서도 나타난다. 말하기 이전의 아기는 불편함을 느낄 때 모든 것을 울음으로 표현한다. 이는 자신의 감정을 명명할 수 없기에 생겨난 불안의 표시다. 하지만 울음 속 감정을 읽어내주는 양육자를 통해 아이는 차츰 감정의 이름을 배워 간다. 감정을 이름으로 말할 수 있게 되면서 아이의 울음은 현격하게 줄어든다. 마침내 스스로 불안을 조절할 수 있게 되는 것이다.

이처럼 사람들은 언어를 이용해 생각하고 정서를 조절하며 살아간다. 문제는 언어의 힘이 너무나 강력하다는 것이다. 심리학자들은 다양한 실험을 통해 언어의 힘을 증명했는데, 이에 따르면 어떤 사물에 임의적으로 이름을 붙였다 하더라도 일단 명명되고 나면 사람들은 그 사물과 그 이름을 일치시켜 생각한다. 이는 생각이나 감정, 행동에 대해서도 마찬가지다. 자신의 어떤 정서와 행동에 이름을 붙이게 되면 사람들은 자신의 행동을 그 단어와 일치시키고 그럴 때 안정감을 느낀다. 인지행동치료에서는 이렇게 이름 붙인 대로 믿고 행동하는 것을 '인지적 융합'이라고 부른다.

우현 씨는 이를 잘 보여주고 있었다. 그는 스스로를 무기력한 사람이라고 부름으로써 무기력과 자신을 일치시켰다. 실용음악 작곡가가 되고 싶었던 그는 대학의 실용음악학과에 입학했지만, 무기력해서 학교에 잘 나가지 않다가 자퇴를 하고 말았다. 그는 그가 말한 대로 행동함으로써 스스로가 무기력한 사람임을 입증했고, 이런 행동들은 무기력한 사람이라는 그의 생각에 확신을 심어주었다. 정리하자면 그는 어린 시절 불행한 사건을 막을 수 없었던 자신을 무력하다고 느꼈고 이 느낌을 통해 무기력한 사람이라는 자기 개념을 형성했다. 명명된 자기 개념은 그와 일치하는 행동을 하도록 이끈다. 그는 스스로를 무기력하다고 여기고 그에 맞게 행동함으로써 더욱 무기력한 사람이 되고 말았던 것이다.

생각과 느낌은 내가 아니다

이렇듯 사람들은 언어를 통해 자기 개념을 형성한다. '나는 ~한 사람이야', '나는 ~해'라는 말을 하면서 실제로 그런 사람인 것처럼 살아간다. '나는 우울하다'고 생각하는 사람은 실제로 우울한 생활을 하고, '나는 불안한 사람이다'라고 표현하는 사람은 그 말을 함으로써 자신의 불안을 더욱 높인다. 이는 긍정적인 자기 표현에서도 마찬가지다.

'나는 친절한 사람이다'라고 규정지은 사람은, 매사 친절하기 위해 노력하고, 친절하지 않아야 할 순간에도 친절함으로써 스스로를 지키는 데 실패하기도 한다.

하지만 이런 표현들이 정말로 나 자신을 설명해 주는 걸까? 아무리 우울한 사람도 종일 모든 순간에 우울하지는 않으며, 불안한 사람도 항상 불안한 것은 아니다. 스스로를 친절한 사람이라고 규정한 경우에도 그렇다. 정말로 사람이 어떤 상황에서도 친절할 수 있을까? 친절한 사람 역시 화를 낼 수 있다. 하지만 친절하다는 자기 개념에 사로잡혀 스스로를 몰아붙인다면, 그는 오히려 자기 자신에게는 불친절한 사람이 되는 셈이다. 이렇듯 우리가 언어를 통해 만들어낸 자기 개념은 진실이 아닐 때가 많다.

우현 씨도 마찬가지였다. 그는 무기력한 사람이라고 자신을 정의했지만, 내 우려와는 달리 상담소에 스스로 왔다. 그가 많은 시간 무기력하게 보내고 있을지라도 상담소에 오기 위해 집을 나서고 상담실에서 대화에 몰입하고 있는 순간에 그는 무기력하지 않았다. 그런데도 그는 스스로를 무기력한 사람이라고 표현했고, 자신의 다른 면들은 보려고 하지 않았다.

이처럼 '나는 ~다'라는 자기 개념은 내가 느끼고 경험하는 것들을 열린 마음으로 받아들이는 것을 막아선다. 강한 자기 개념을 가지고 있을수록 사람들은 그 개념에 맞는 쪽으로만 경험과 느낌들을 해석하기 때문에 생생하게 현재를 살아가기 힘들다. 하지만 사람은 자기 개념 하나로 규정할 수 있는 존재가 아니다. 우리는 동사와 같은 존재로 매

순간 느끼고 경험하는 것들에 의해 형성되어 간다. 인간중심상담을 창
시한 저명한 심리학자 칼 로저스 역시 "경험에 개방적이게 될 때, 우리
는 진정한 나 자신으로 살 수 있다"고 강조한 바 있다. 하지만 언어로
규정한 자기 개념은 그 개념 안에 나를 가두고 다양한 경험들을 외면
하게 한다. 즉 생생하게 살아가는 것을 방해하는 것이다.

　우현 씨는 '나는 무기력하다'는 자기 개념, 즉 언어가 만들어낸 함정
으로부터 빠져나와 '진짜 나'를 찾아야 했다. 그러기 위해 그는 스스로
를 규정해온 언어들과 선을 긋고, 거리를 두고 바라보는 법을 익혀야
했다. 그는 기꺼이 나와 함께 이 여정을 시작하기로 했다. 사실 이런
여정에 함께 하기로 다짐하고 다음 상담 약속을 잡은 것만으로도 그
는 스스로가 무기력하지 않음을 증명한 셈이었다. '나는 무기력한 사
람'이라는 그의 자기 개념이 얼마나 편협한 것인지 나는 금방 알 수 있
었다.

마음에 갇히지 않고
진정한 삶을 사는 법

온전한 수용을 통해 심리적 어려움을 해결하도록 돕는 '수용전념치료'를 소개한 헤이즈와 스미스는, 공저 《마음에서 빠져나와 삶 속으로 들어가라》에서 사람의 마음을 버스에 비유했다.

여기 버스 한 대가 있다. 버스엔 다양한 사람이 타고 있다. 어떤 승객은 무기력하고 어떤 승객은 불안하고 어떤 승객은 우울하다. 그중 한 승객은 화가 나서 소리를 지르고, 또 다른 승객은 슬프다고 눈물을 흘린다. 아마 기쁘고 즐거운 승객들도 몇몇 있을 것이다. 운전자는 이런 승객들을 태우고 안전하게 운행을 하기 위해 최선을 다하는 중이다. 그런데 화가 난 승객이 너무 큰 소리를 지른다. 운전자는 자꾸만 신경이 쓰인다. 이러다 실수를 해 자신은 물론 다른 승객들까지 위험에 처할까 봐 겁이 난다. 그래서 그를 어떻게 하면 내쫓을 수 있을까 생각하며 운전을 한다. 하지만 정류장이 한 개 두 개 지나가도 그는 내리지 않고, 모두를 힘들게 하는 저 승객을 내리게 할 뾰족한 수가 떠오르질 않는다. 이제 운전자의 신경은 온통 화난 승객에게 쏠린다. 그럴수록 점점 더 짜증이 나고 결국엔 운전자 역시 화난 상태가 된다. 그 화난 손님에게 집중함으로써 스스로 화가 나버린 것이다. 운전자는 더욱 고통스러워진다.

헤이즈와 스미스의 비유를 응용한 이 예시에서 버스 안의 손님들은 우리가 매일 경험하는 다양한 감정들을 의미한다. 운전자는 인생이라는 길을 달리고 있는 우리의 자아다. 사람들은 살면서 다양한 감정들을 경험하지만, 어떤 지점에서 유독 어떤 감정에 관심이 쏠리곤 한다. 대체로 그 감정이 부정적인 것일 때 우리는 그것을 지워버리고자 애를 쓴다. 하지만 이 예를 보라. 화난 승객을 내쫓기 위해, 그러니까 부정적인 감정을 내쫓기 위해 애쓰면 애쓸수록 그 감정은 더 크게 느껴지고 결국, 우리 자신이 그 감정이 되고 만다. 그런데 만일 이 운전자가 그 화난 승객에 대해 '화가 나는 일이 있었나 보구나'라며 적당한 거리를 두고 그를 바라봤다면 어땠을까? 그 승객의 분노가 거슬리기는 했겠지만, 다른 승객들에게도 골고루 관심을 두며 비교적 평화로운 마음으로 운행할 수 있었을 것이다.

이제 달리고 있는 버스를 육교 위에서 내려다본다고 생각해보자. 무기력하고, 화나고, 우울하고, 불안하고, 기쁘고, 즐거운, 다양한 모습을 지닌 손님들을 태운 버스는 이 모든 것을 품에 안고 앞으로 나가고 있을 것이다. 운전자가 그중 어떤 손님이 마음에 안 든다고 그에게 신경 쓰느라 운전에 집중하지 못하는 일만 벌어지지 않는다면 말이다. 물론 버스는 가다가 신호에 걸리거나 또 다른 손님들을 싣고 내리느라 잠시 정차할 수도 있다. 하지만 버스에 탄 손님들이 어떤 상태이든지 운전자는 경로를 따라 앞으로 나아갈 수 있다.

바로 이거다. 우리는 살아가면서 다양한 감정들을 경험하고 이런저런 생각을 한다. 그중 어떤 생각과 감정들은 고통을 유발한다. 때로는 원치 않는 생각이 침범해 들어와 괴로울 수도 있다. 하지만 버스 운전사가 승객들의 감정에 매몰되지만 않는다면 이 모든 승객들을 싣고 앞으로 나아갈 수 있듯, 우리도 다양한 감정들을 지닌 채 앞으로 나아갈 수 있다. 감정들을 내치려 하지 않고 기꺼이 경험하고 품에 안을 수 있다면, 그러니까 수용할 수만 있다면 말이다.

언어를 바꿔라

나는 우현 씨에게 이 버스 이야기를 들려줬다. 우현 씨와 나는 스케치북에 함께 버스를 그렸다. 그리고 상담과 상담 사이 일주일 중 하루를 정해 그날 있었던 일들을 이야기하며 그가 하루 동안 느꼈던 다양한 감정과 생각들을 버스 안에 적어보았다. 예상대로 그의 버스에서는 무기력하고 피곤한 손님이 소란을 피우고 있었다. 하지만 그는 아르바이트에서 돌아와 침대에 눕는 순간 아주 잠시지만 평온함을 느낀다고도 했고, 아침에 일어나 고양이를 쓰다듬으면서 기뻤다고 적었다. 물론 무기력과 피곤함보다는 크기가 아주 작았지만 말이다.

우리는 처음 몇 회기 동안 상담실에서 버스 그림 그리는 일을 반복했다. 몇 회기 간 이런 작업을 반복하면서 그는 차차 알아갔다. 자신이 무기력하고 피곤한 경험을 많이 하고 있기는 하지만, 다른 감정들도 때때로 느끼고 있으며, '힘들다' 하면서도 아르바이트도 가고 고양이랑 놀아주고 밥도 주는 등 일상을 살아내고 있음을 말이다.

　이제 우리는 언어를 바꾸는 작업에 착수했다. 우현 씨는 자신이 100% 무기력하고 피곤한 사람이 아니라는 것은 알 수 있었지만, 여전히 "이번 주에도 계속 피곤해요", "저는 사랑받을 가치도 없어요"라고 자신을 표현하곤 했다. '나는 ~하다', '나는 ~이다'라는 표현들은 그가 여전히 감정이나 정서를 그 자신과 일치시키는 인지적 융합 상태에 있음을 보여주고 있었다. 나는 다르게 말하기를 시도했다. 자기 자신을 특정 감정이나 사고와 일치시키는 말 대신 헤이즈와 스미스가 《마음에서 빠져나와 삶 속으로 들어가라》에 제시한 다음과 같은 말로 표현하도록 했다.

나는 … 라는 생각을 하고 있다.
나는 … 라는 감정을 느끼고 있다.
나는 … 에 대한 기억을 가지고 있다.
나는 … 한 신체 감각을 느끼고 있다.
나는 … 하려는 경향성을 알아차리고 있다.

　나는 그가 상담실에서 "저는 피곤해요"라고 말할 때 "저는 피곤함을 느끼고 있어요"라는 말로 바꿔주었다. "저는 무기력해요"라는 말은 "저는 무기력함을 느끼고 있어요"라고 말하도록 했다. "저는 사랑받을 가치가 없어요"라고 말하고 싶을 땐 "저는 사랑받을 가치가 없다고 생각하고 있어요"로 바꿔달라고 요청했다. 이렇게 나 자신을 규정짓지 않고 상태를 표현하는 말들은 특정한 감정이나 사고와 나 자신을 일치시키는 것을 방지한다. 물론 습관이 된 언어를 바꾸는 것은 한두 번의 연습으로 되는 것이 아니다. 하지만 의식적으로 바꾸어 말하는 것을 반복함으로써 '나는 ~한 사람'이라는 편협한 자기 개념에서 벗어날 수 있게 된다. 상태를 나타내는 표현들은 나 자신의 감정이나 사고와 거리를 갖게 만든다. 이는 언어와 실제를 일치시켜 버리는 인지적 융합 상태에서 빠져나오도록 돕는다(이를 '인지적 탈융합'이라고 한다).

이런 연습을 통해 우현 씨는 '나는 무기력함을 느끼고 있는 것이지, 무기력한 사람은 아니다'라는 것을 점차 깨달아 갔다. 또한 무기력하지 않은 순간들도 있음을 알게 되면서 무기력한 존재라는 자기 개념에서 벗어날 수 있었다.

나의 가치를 찾아라

이렇게 우현 씨는 버스 안에 있는 다양한 승객들, 즉 자신 안에 있는 다양한 감정과 생각들을 적당한 거리를 두고 바라볼 수 있게 됐다. 그는 자신이 무기력한 존재라는 생각이 들 때마다 '이건 현재 느끼고 있는 상태일 뿐이야'라고 스스로에게 말해주었고, 무기력에 사로잡히지 않을 수 있었다. 이제 그는 다양한 감정들을 모두 싣고 앞으로 나아가야 했다. 문제는 어느 방향으로 가느냐였다.

헤이즈와 스미스는 여기서 중요한 것이 자신만의 가치를 찾는 일이라고 했다. 가치란 저마다가 가지고 있는 삶의 방향을 말한다. 즉 버스가 나아가는 경로 같은 것이다. 가치는 방향 그 자체이기 때문에 끝이 없다. 이는 목표와도 다른 개념인데 목표가 가치를 실천하는 길에 놓인 하나의 정류장 같은 것이라면 가치는 그 목적지들을 이어주는 방향을 말한다. 경로가 있어야 버스가 길을 잃지 않고 고유의 노선을 따라갈 수 있듯, 가치를 따라갈 때 고유한 자기 자신으로 살아갈 수 있다. 버스의 노선을 알고 있다면 때로 길을 헤매더라도 얼른 경로로 돌아올 수 있을 것이다. 이처럼 자신만의 가치를 알고 있을 때 장애물을 만나 헤매더라도 다시 자기 자신의 삶으로 돌아올 수 있다.

상담이 중반쯤에 접어들던 어느 날이었다. 우현 씨는 상담실에 오래된 노트 한 권을 가져왔다. 그는 책상 서랍 깊숙이 넣어두고 잊고 있었던 것을 꺼내왔다며 내게 보여줬다. 중학교 때 썼던 일기였는데 삶의 방향, 즉 가치에 대해 고민한 흔적들이 가득했다.

"방 정리를 하다가 이걸 발견했어요. 저는요, 정말 음악이 하고 싶었어요. 음악을 통해서 저처럼 힘들게 살아온 사람들 마음에 기쁨을 주는 일을 하고 싶었거든요. 제가 부모님이 이혼하고 힘들었을 때 음악을 들으면서 잊곤 했거든요. 이거 보세요. 제가 쓴 가사들도 있어요."

그는 어릴 적 이야기를 하며 한동안 눈물을 짓기도 했다. 부모님의 이혼으로 인해 힘겨운 청소년기를 지내면서도 무언가를 꿈꾸었던 자신이 어떻게 이렇게 무기력하게 살아온 건지 속상하다고도 했다. 나는 그의 이런 마음에 공감과 지지를 보냈다. 그렇게 몇 회기가 지나고 그는 이렇게 말했다.

"음악을 통해 누군가에게 힘이 되어주는 사람으로 살고 싶어요. 어쩌면 제가 고생했던 경험들이 더 도움이 될 수도 있잖아요."

그는 이렇게 자신만의 가치를 찾아냈다. 마침내 삶의 방향을 잡은 것이었다.

지금 여기서 할 수 있는 것을 하라

삶의 방향을 잡은 후엔 어떻게 해야 할까? 버스가 경로를 따라 움직이듯 우현 씨도 가치대로, 그러니까 삶의 방향대로 살아내면 될 일이었다. 하지만 무작정 길만 따라가면 내가 제대로 가고 있는지 알 수가 없다. 이때 필요한 것이 바로 작은 목표들이다. 버스가 각 정류장을 이어서 경로를 만들어 가듯, 세부적인 목표들을 정하고 이를 차근차근 이어갈 때 경로는 명확해진다. 그럴 때 우리는 성취감을 느끼고 끝이 없는 가치의 길을 계속해서 추구하는 힘을 얻을 수 있다.

우현 씨와 나는 구체적으로 가치를 실천하는 방법들을 찾아 나섰다. 일단 지금 당장 할 수 있는 것부터 시작하기로 했다. 그는 창고 깊숙이 밀어두었던 기타를 꺼내기로 했다. 그 주에 우리가 잡은 목표는 기타를 꺼내서 잘 보이는 곳에 놓아두는 것. 딱 그것뿐이었다. 다음 주 상담실에 왔을 때 그는 기타를 꺼냈고 방문 옆에 놔두었다고 했다. 다음 목표는 기타를 연주해보는 것으로 정했다. 처음에 우현 씨는 아르바이트를 다녀오고 나면 피곤하다는 느낌이 들어서 기타를 잡는 게 엄두가 안 났다고 했다. 하지만 그는 나와의 약속을 기억해냈고 어느 날 아르바이트에서 다녀온 후 기타를 잡았다. 그러자 그는 이상하게도 피곤함이 줄었다고 했다. 그는 그렇게 저녁이면 기타를 쳤다. 가만히 누워서 무기력하게 있었던 시간이 줄어들었다. 여전히 피곤한 느낌들이 있었고 때로는 만사가 귀찮기도 했지만, 일단 기타를 손에 들면 그런 생각들은 멈춰졌다. 다음 목표로 우현 씨는 자신의 연주 영상을 찍어보겠다고 했다. 그는 자신의 기타 연주 동영상을 찍었고 유튜브에 올렸다. 그걸 조회해 보는 사람은 없었지만, 스스로의 연주를 들으면서 어딘가 뿌듯한 마음이 들었다고 했다.

그렇게 상담이 마무리되어 가던 어느 날. 상담실에 들어오는 우현 씨의 얼굴에 유난히 생기가 돌았다. 그는 예전과 다르게 빠른 말투로 말했다.

"세상에, 어떤 여중생이 마음이 울적했는데 제 연주를 보고는 기분이 나아졌다고 댓글을 달았어요!"

그는 그 어느 때보다 밝은 표정이었다. 마침내 '음악을 통해 누군가에게 힘을 주고 싶다'는 자신의 삶의 방향, 즉 가치대로 살아내기 시작한 것이다. 여전히 그는 무기력하고 피곤하다고 느끼기도 했다. 하지만 그는 그런 감정들을 모두 담은 채로 삶의 길을 묵묵히 걸어갔다. 우현 씨는 상담을 마칠 무렵 실용음악 학원에 등록했다. 음악을 통해 누군가에게 힘이 되어주겠다는 가치를 실천하는 삶으로 더 힘차게 나아갔다.

우리가 상담실에서 한 것은 그가 호소했던 무기력과 피곤을 없애려고 한 것이 아니었다. 우현 씨는 자신의 감정들을 모두 기꺼이 받아들였다. 대신 감정들을 조금 거리를 두고 바라보며 그 감정과 생각들이 나 자신이 아닌 나라는 버스에 태운 손님들이라 생각하는 방법을 익혀갔다. 그러자 자기 패배적인 사고에서 벗어날 수 있었고, 고유한 삶의 방향, 즉 가치를 찾아낼 수 있었다. 그는 자신만의 가치를 따라 살기 위해 지금-여기서 할 수 있는 것들을 목표로 잡았고 차근차근 실행에 옮기며 삶을 변화시켰다.

아마도 우현 씨뿐만이 아닐 것이다. 우리는 지금의 느낌들, 나에 대한 생각들, 때로는 겪고 있는 고통과 나 자신을 일치시키는 오류를 범한다. 하지만 나의 생각과 느낌, 내가 겪는 고통은 결코 내가 될 수 없다. 이것들은 버스 안의 손님처럼 내 안에 있는 것들일 뿐이다. 나의 생각과 감정들을 조금 거리를 두고 바라본다면, 이들을 기꺼이 경험하고 수용해낼 수 있다. 이 모든 것들을 기꺼이 경험하면서 내가 추구하는 삶의 방향, 즉 가치를 따라 살아갈 때, 우리는 마음에 갇히지 않고 진정한 삶을 살아갈 수 있을 것이다. 내 안의 다양한 감정들 중 그 어느 것도 배척하지 않고 생생하게 느끼면서 말이다.

10

직업은 하나의
역할에 불과하다

"너는 꿈이 뭐니?"

"너는 커서 뭐가 되고 싶니?"

우리가 어릴 적부터 숱하게 받아온 질문들이다. 첫 번째 생일을 축하하는 돌잔치의 하이라이트가, 아이가 커서 무엇이 될지를 점쳐보는 돌잡이 행사일 만큼, 우리의 꿈은 아주 어릴 때부터 주변 사람들의 관심을 받아왔다. 이런 질문에 대부분의 사람들은 구체적인 직업으로 답을 한다. 의사, 교사, 과학자, 연예인 등 말이다. 돌아보면 나 역시 교사, 피아니스트, 판사, 기자 등 여러 직업들을 나의 꿈 목록에 올려왔다. 아이러니하게도 지금의 나를 설명하는 상담심리사와 작가는 목록에 없었지만 말이다.

수연 씨에게는 정말 확실한 꿈이 있었다. 어릴 적에 그녀는 사람들이 꿈을 물을 때마다 교사라고 답했다. 중고등학교 때 수연 씨는 국어를 정말 좋아했다. 그녀는 국어교사가 되어 아이들에게 말과 글의 아름다움을 알려주고 싶었고 국어교사가 되기 위해 최선을 다했다. 하지만 사범대학 입학부터가 수월치 않았다. 그녀는 삼수 끝에 사범대학 국어교육과에 입학했다. 대학 시절 내내 열심히 공부했고, 이제 교사가 되기 위한 마지막 관문인 임용고시를 남겨두고 있었다. 하지만 임용고시 패스는 사범대학 입학보다도 어려웠다. 수연 씨가 상담실을 찾은 때는 임용고시에서 4번째 불합격 통보를 받은 시점이었다.

"선생님. 전 정말 죽고 싶어요. 교사가 되지 못하면 제 인생은 의미가 없거든요. 지금까지 그것만 목표로 삼아왔고 미래를 그려봐도 온통 교사라는 그림만 그려지는데 이번에도 시험에 안 됐어요. 부모님은 이제 그만 포기하고, 일단 작은 회사에라도 취업하라고 해요. 엄마가 포기라는 말을 꺼내는데 정말 죽고 싶어지더라고요."

그녀의 호소는 너무나 간절하게 들렸다.

나는 역할이 아니다

수연 씨는 오랜 꿈이었던 교사의 꿈이 좌절되자 살 가치를 느끼지 못했고, 자신이 무슨 일을 저지를지도 모른다는 절박함에 상담실을 찾았다. 그런데 정말 우리는 꿈을 이루지 않으면 살아갈 가치가 없는 것일까? 꿈이라는 것을 특정한 직업으로 한정 지을 수 있을까?

나는 수연 씨의 절망감에 깊이 공감해 주었다. 오랫동안 간절히 원해왔고 노력을 쏟아부은 것을 이루지 못하는 좌절감은 분명 엄청난 고통을 주는 것임이 분명했다.

우선은 지금의 마음을 마음껏 표현하고 이에 공감받는 경험을 통해 정서적인 고통을 진정시킬 필요가 있었다. 나는 내 온 마음을 다해 그녀의 고통에 공감해 주었고, 그녀는 '아무리 노력해도 되지 않는다'는 무력감, 이로 인해 느껴지는 우울감, 자기 자신이 무가치하다고 느껴지는 마음, 나 자신을 잃을까 봐 두려운 마음 등 다양한 생각과 감정들을 이야기했다.

처음 몇 회기 동안 수연 씨는 상담실에서 고통스러운 마음을 털어놓으면서 그 마음만큼이나 공부하는 과정도 힘들었다고 토로했다. 그래서 더 억울하다고 했다.

"정말 이를 악물고 공부했어요. 이번엔 정말 제가 할 수 있는 만큼 최선을 다했다고 믿었는데. 그래서 좋은 결과가 있을 거라고 기대했었거든요. 어떻게 그렇게 오랫동안 노력하고 꿈꿔왔던 것들이 시험 하나 때문에 좌절될 수 있는지 너무 억울해요. 교사가 아닌 제 모습은 정말 상상하기도 싫어요."

수연 씨가 내뱉는 모든 말들은, 그녀가 얼마나 교사이길 바라고 있는지를 보여주고 있었다. 하지만 이런 간절함은 오히려 그녀 자신을 바라보는 시선을 편협하게 만들고 있었다. 수연 씨는 '나는 교사다'라는 생각에 사로잡혀 있었다. 그러니까 그녀의 정체감을 오직 교사에만 집중해서 두고 있었다.

그런데 정말 그녀가 늘 교사일 수 있을까? 설령 임용고시를 통과해

교사가 되었다고 해도 주말이나 퇴근 후에 그녀는 교사가 아니었다. 교사는 그녀가 하고 싶은 역할의 하나일 뿐 교사가 그녀 자신이 될 수는 없었다. 나는 이런 것들을 눈치채고 있었지만, 이를 해석해 주지는 않았다. 대신 나는 수연 씨에게 다음과 같이 물었다.

"교사가 그토록 되고 싶은 이유는 무엇인가요?"

꿈은 나만의 가치를 실천하는 것

수연 씨는 조금은 갑작스러운 질문에 의아한 표정을 지었다. 그러더니 한동안 말을 잊고 깊은 생각에 잠겼다. 침묵의 시간이 흐른 후 그녀는 이렇게 말했다.

"초등학교 5학년 때 선생님이 떠올랐어요. 그때 부모님 사이가 안 좋아서 집에서 너무 힘들었거든요. 그런데 학교에서 늘 따뜻하고 자상하게 말을 건네주는 선생님을 보면서 힘든 마음을 잊을 수 있었어요. 아마 그때부터인 거 같아요. '아이들의 마음을 따뜻하게 품어주는 선생님이 되자' 그렇게 생각했어요. 초중고를 다니는 12년 동안 잠자는 시간을 빼면 학교에서 제일 많은 시간을 보내잖아요. 학교에서 즐거우면 힘든 일도 잘 견뎌낼 수 있을 거라는 생각이 들었어요. 그런데 중고등학교 때 국어 시간이 제일 많잖아요. 제가 국어를 좋아하기도 했지만, 많은 비중을 차지하는 국어 시간이 즐거우면 아이들이 학교에서 좀 더 행복하지 않을까 싶었어요."

나는 그녀의 말을 듣고 이렇게 정리해 돌려주었다.

"그러니까 수연 씨가 원하는 건 아이들을 따뜻하게 품어주고 즐거운 시간을 선사하는 사람이 되는 거였네요. 단지 교사가 아니라요. 모든 교사가 아이들에게 즐겁고 따뜻한 시간을 선사하는 건 아니잖아요."

수연 씨는 고개를 끄덕였다.

"맞아요. 저는 단순히 교사가 되려고 한 게 아니에요. 아이들이 따뜻하고 즐거운 시간을 보내도록 돕는 것, 그래서 아이들이 사랑받을 만한 가치가 있다고 느끼도록 돕는 것. 그게 제가 중요하게 생각하는 거예요."

수연 씨의 진짜 꿈은 아이들이 사랑받을 만한 가치가 있다고 느끼도록 돕는 것이었다. 교사는 이런 꿈을 이루기 위해 수연 씨가 선택한 하나의 수단일 뿐이었다.

사실 그렇다. 사람들이 흔히 꿈이라고 생각하는 직업은 살면서 갖게 되는 하나의 역할에 불과하다. 역할을 궁극적인 꿈이라 여기는 건 오히려 꿈의 실현을 방해할 뿐이다. 수연 씨의 꿈이 교사에 있다면, 교사가 되지 못 했을 때 그 꿈은 이룰 수 없는 것이 된다. 반대로 교사가 되었다고 해도 교사가 된 것으로 꿈을 이뤘으니, 그 후에는 꿈이 없는 삶을 살아가게 된다.

하지만 꿈이 내가 추구하는 가치, 즉 내가 삶에서 추구하는 삶의 방향이 꿈이 된다면 이야기는 달라진다. 아이들이 사랑받을 만한 가치가 있다고 느끼도록 돕는 것이 꿈이라면, 수연 씨는 임용고시를 준비하는 동안에도 이 꿈을 실현해갈 수 있다. 공부방에서 아이들을 돕는다든지 기간제 교사나 학원 강사로 일하는 것을 통해서, 때로는 우연히 만나는 아이들에게 따스한 마음을 전함으로써, 이 가치를 언제 어디서든 실천할 수 있다. 즉 지금-여기서 꿈을 이루는 삶을 살아갈 수 있게 되는 것이다.

교사가 된 후에도 마찬가지다. 교사가 됨으로써 꿈이 사라진 게 아니기 때문에 자신의 가치를 계속해서 실천하면서 더욱 충만하게 살아갈 수 있다.

《행복의 함정》의 저자 루스 해리스는 이를 이렇게 설명한다.

"특정한 목표를 이루지 못해 참담한 기분이 든다면 이렇게 해보자. 우선 그 목표에 숨어있는 나의 가치를 찾고 나서 자신에게 물어보자. '작은 것이라도 이 가치와 일치하는, 지금 할 수 있는 행동은 무엇일까?' 그런 다음 마음을 다해 행동하라. 가치는 언제나 당신과 함께 있고 항상 이용할 수 있기 때문이다."

꿈이 가치가 될 때 일어나는 일들

수연 씨는 다시 곰곰이 생각에 잠겼다. 조금은 혼란스러워 보이기도 했다. 그리고 한참 후에 입을 열었다.

"제가 정말 중요한 걸 놓치고 있었던 것 같아요. 제 꿈은 아이들이 사랑받을 만한 가치가 있다고 느끼도록 돕는 것이었는데 언제부턴가 그건 잊고 교사가 되려고만 했던 거 같아요. 그리고 요즘엔 교사도 잊고 임용고시 합격만을 제 꿈이라 생각했던 것 같아요. 궁극적인 가치를 잊었으니 제 자신을 잃은 거나 마찬가지였고 그래서 죽고 싶었나 봐요."

그 후 수연 씨는 지금 당장 자신의 가치를 실천할 수 있는 방법들을 찾아냈다. 그녀는 지역아동센터에서 운영하는 공부방에서 취약계층 아이들에게 학습지도를 하는 봉사를 시작했다. 수연 씨는 아이들과 만나는 시간이 무척이나 행복하다며 '죽고 싶다'는 생각은 더 이상 들지 않는다고 했다.

상담이 막바지에 이르렀을 땐 거주지 근처의 학교에서 출산휴가를 대체하는 기간제 국어교사를 모집한다는 소식이 들려왔다. 수연 씨는 임용고시 공부를 할 시간이 줄어들까 봐 잠시 고민을 하긴 했지만, 곧바로 자신의 가치를 일단 실천해보기로 마음먹었다. 그녀는 기간제 교사 자리에 지원했고 합격했다. 그렇게 우리의 상담은 종결되었다.

3개월 후 우리는 추후상담 회기에서 다시 만났다. 수연 씨는 기간제 교사를 하면서 아이들에게 따스하고 즐거운 시간을 선사하는 국어 선생님이라는 자신의 가치를 실천하고 있었다. 그녀는 일하면서 임용고시를 준비하는 생활이 무척 바쁘긴 하지만, 오히려 생기가 넘친다고 했다. 나의 가치를 찾아 실천하면서 공부를 하니, 불안한 마음이 줄어들어 공부 시간은 짧아도 효율성은 더 높아졌다고도 했다. 내게도 그녀의 생기가 전해지는 듯해 마음 한편이 밝아지는 것만 같았다.

사실 우리 모두의 궁극적인 꿈은 진정한 자기 자신으로 살아가는 것일 테다. 어릴 적부터 꿈꿔왔던 그 많은 직업들은 '나 자신'이 되기 위한 하나의 방법일 뿐이다. 그런데도 많은 이들은 마치 특정 직업을 갖는 것이 꿈을 이루는 것이라 착각하며 오히려 자기 자신을 잃어가고 있다. 하지만 직업 자체가 아닌 그 직업을 통해 내가 실천하고자 하는 가치가 꿈이 될 때, 우리는 지금 이 자리에서 꿈을 실현하는 방법을 찾을 수 있다.

지금 어딘가를 헤매고 있다고 느껴진다면, 도저히 포기할 수 없는 나의 꿈이 이루어지지 않아 절망스럽다고 느껴진다면, 나를 역할이나 직업에 동일시하는 마음과 선을 그어보자. 나는 어떤 직업이나 직함, 주어진 역할과 동일시될 수 없는 훨씬 더 커다란 존재임을 기억하자. 내가 삶에서 궁극적으로 추구하고자 하는 의미와 가치를 꿈의 자리에 놓아보자. 그리고 그 가치를 담은 작은 일들을 지금 당장 시작해보자. 일상에서 나의 가치를 실천하며 살아갈 수 있을 때 진정으로 우리의 꿈은 이루어질 것이다.

11

나 자신에게
좋은 사람이 되어라

"제가 누구인지 잘 모르겠어요."

상담실에서 만난 내담자들은 내게 종종 이렇게 호소한다. 나는 이런 고민들을 들을 때마다 내가 누구인지를 언어로 표현하고 규정지으며 개념화하는 것이 무척이나 중요한 일임을 깨닫는다.

많은 심리학 연구들에 따르면 사람에게 불안을 유발하는 가장 큰 원인 중 하나가 불확실성이다. 언어는 이런 불확실성을 줄여주는 역할을 한다. 눈에 보이지 않거나 계속 변해서 실체를 알기 어려운 것들에게 이름을 붙이고 그 이름과 그것을 일치시켜 이해할 때, 우리는 그것이 명확해졌다고 느낀다. 이는 심리적 안정감을 준다. 자기 자신과 타인들에 대해서도 마찬가지다. 나 자신이 누구인지 한 단어 혹은 한 문장으로 표현할 수 있을 때, 타인이 어떤 사람인지 범주화할 수 있을 때, 우리는 비로소 나 자신과 그에 대해 안다는 느낌을 갖는다. 안다는 느낌은 불확실성에서 오는 불안을 줄여 준다.

별자리, 혈액형, 그리고 최근에 유행한 MBTI 성격 유형론까지 그 수많은 심리 유형론들은, 이렇게 나 자신과 타인을 규정짓고 안정감을 취하려는 심리적 동기에서 비롯된 것이라 볼 수 있다. 진실 여부와 상관없이 '나는 ~ 성격이야', '저 사람은 ~ 유형이야'라고 말하고 나면, 나 자신과 타인에 대해서 좀 더 잘 안다는 느낌이 든다. 유형에 끼워 맞춤으로써 우리는 내 행동의 이유를 알 수 있고 타인의 행동 역시 예측할 수 있다고 믿는다. 하지만 과연 나 혹은 어떤 사람을 한 단어 혹은 한 문장에 오롯이 담아내는 일이 가능할까? 어떤 단어나 문장이 한 사람을 모두 설명해 줄 수 있을까?

앞서 언급했던 '수용전념치료'를 주창한 헤이즈와 스미스는 사람들의 자기 인식을 세 가지 차원(개념화된 자기, 지속적인 자각 과정으로서의 자기, 관찰하는 자기)으로 설명한다. 이 세 가지 자기 인식의 방법은 내가 누구인지에 대한 감각을 일깨워준다. 이를 살펴보는 것은 '나는 누구인가'라는 근원적인 질문에 대한 답을 찾는데 디딤돌이 되어줄 것이다.

개념화된 자기

첫 번째는 '개념화된 자기'다. 이는 스스로를 '나는 ~다', '나는 ~하다'라고 규정지으며 '나는 누구예요'라고 소개하는 바로 그 자기다. 언어로 명명한 자기라고 할 수 있는데 흔히 이런 형태로 표현된다.

'나는 완벽하다'

'나는 상처받은 사람이다'

'나는 교사다'

    이는 살아오면서 스스로를 납득시키기 위해 만들어낸 이야기, 혹은 내가 옳다고 생각하거나 바라는 나의 모습을 담고 있는 표현들이다. 우리가 흔히 인식하는 자기는 바로 이 개념화된 자기다. 이렇게 나 자신을 표현할 수 있을 때 사람들은 스스로가 명확해졌다고 느낀다. 명확함은 심리적인 안정감을 준다.

    하지만 헤이즈와 스미스는 바로 이 안정감이 숨막힘을 선사하게 된다고 경고한다. 사람들은 언어로 규정한 대로 믿는 성향을 가지고 있다. 때문에 자기 자신을 언어로 표현한 순간 우리는 이 표현과 자기 자신을 일치시켜 버리게 된다. 언어로 명명하는 것을 자신의 전부라 느끼게 되는 것이다. 이럴 때 자신의 다른 면은 보지 못한 채 언어에 갇혀 숨 막히게 살아가게 된다.

    '나는 완벽하다'는 자기 개념을 지닌 사람은 완벽하지 않은 나는 내가 아니라고 느낀다. 때문에 스스로를 더욱 몰아붙이고 완벽해지려 애쓰며 고통 속에 살아간다. '나는 상처받은 사람이다'라고 규정지은 사람은 스스로를 이렇게 부르면서 성장하고자 하는 나의 욕구들은 무시한다. 이들은 상처로 인한 고통만 생각한 나머지 지금 할 수 있는 것들은 보지 못한 채 자신을 과거에 매어두고 살아간다.

    '나는 교사다'처럼 특정 직업이나 역할을 자기 자신으로 표현하는 사람들 역시 마찬가지다. 이들은 자신이 중요하게 여기는 그 역할만 소중히 여긴 나머지 다른 관계 속에서 오는 정체감(가족, 친구, 이웃으로서의 정체감)은 소홀히 한다. 이런 경우 자신이 일치시켰던 그 정체감(예를 들면 교사)에서의 실패는 한 역할의 실패가 아니라 나 자신의 실패로 인지된다. 하지만 우리는 그 누구도 한 가지 역할로만 살아가지 않는다. 한 역할에서 실패했다 하더라도 다른 역할들에서 성취감을 느끼며 살아갈 기회는 언제든 열려 있다. 하지만 나를 특정한 역할로 규정지은 자기 개념이 강한 사람들은 이런 기회를 잡지 못한다.

개념화된 자기가 강한 사람들은 그것이 좋은 것이든 나쁜 것이든 이 개념과 일치하지 않는 상황이나 감정 등을 위험으로 간주한다. 자기 개념과 일치하지 않는 경험들은 부인하고 나 자신을 개념 안으로 축소시켜 버린다. 이번 장에서 언급한 사례들은 모두 개념화된 자기와 스스로를 동일시하며 숨 막히게 살아온 예들이었다.

이처럼 개념화된 자기는 인지적인 편안함을 제공하지만, 동시에 지금의 새로운 경험들을 무시하게 만든다. 개념화된 자기에 갇힌 채 살아간다면 변화하고 성장하는 나 자신을 생생하게 느낄 수 없을 것이다.

지속적인 자각 과정으로서의 자기

두 번째 자기는 현재 이 순간에 느끼고 있는 것들을 자각하고 경험하는 실체로서의 '나'를 인식하는 자기다. 이 자기는 지금 내가 경험하고 느끼는 상태 자체를 '나'라고 인식한다. 자각하는 과정으로서의 자기는 흔히 다음과 같이 표현된다.

'나는 지금 이것을 느끼고 있다'

'나는 지금 저것을 생각하고 있다'

'나는 지금 이것을 기억하고 있다'

이렇게 나 자신을 표현하는 것은 기술적이고 비평가적이며 유연하다. 이럴 때 우리는 지금 여기에서의 경험에 마음을 열어두고 변화하는 나를 유연하게 받아들일 수 있다. 많은 심리학자들은 이렇게 변화하는 나의 느낌과 생각, 경험들을 기꺼이 경험하고 수용할 때, 심리적으로 건강한 상태로 지낼 수 있으며, 이것이 성장의 기반이 된다고 말한다.

인간중심상담을 정립한 칼 로저스는 저서 《칼 로저스의 사람 중심 상담》에서 성장하고 통합된 잘 기능하는 사람에 대해 다음과 같이 묘사했다.

"나는 나 자신이 경험하고 있는 여러 가지 것들을 순간마다 소중히 여길 수 있게 되었습니다. 분노의 감정이나 부드러운 느낌, 수치심, 상처, 불안, 너그러움, 두려움 등 긍정적이든 부정적이든 갑자기 일어나는 나의 모든 반응을 귀하게 여기고 싶습니다. 나는 그때그때 떠오르는 어리석은 생각, 창의적인 생각, 기괴한 생각, 건전한 생각, 사소한 생각 등 나의 모든 부분들을 소중히 여기고 싶습니다. 나는 적절하거나, 미친 것 같거나, 성취지향적이거나, 성적이거나, 누군가를 죽이고 싶다거나 하는 나의 모든 충동들을 좋아합니다. 나는 모든 감정들, 생각들, 충동들을 자신을 풍성하게 해주는 것으로 받아들이고 싶습니다. 그 모든 것에 따라 행동하지는 않아도, 그것들을 모두 받아들일 때 나는 더욱 진실될 수 있습니다. 그리고 그때의 상황에 맞추어 더욱 적절하게 행동할 수 있습니다."

이처럼 지금 내가 경험하고 생각하고 느끼는 것을 알아차리고 이것들을 지각하는 실체로서의 나를 인식하는 것은 보다 온전한 한 사람으로 살아가는 기반이 된다. 하지만 계속해서 변화하고 경험하는 존재로만 나를 인식하는 것은 때로는 혼란을 유발하기도 한다. 평온한 기분과 감정의 폭풍을 오가는 사이 우리는 종종 일관된 자기에 대한 느낌을 잃을 것 같은 두려움을 느낀다.

관찰하는 자기

이런 불편감을 해결해 주는 것이 바로 세 번째 자기인 '관찰하는 자기'다. 관찰하는 자기란 과거와 현재, 미래를 통틀어 변하지 않고 나를 인식하고 있는 자기를 말한다. 이는 언어로 표현하기가 어렵고 알아차리기가 쉽지 않아서 매우 낯설게 느껴진다. 하지만 관찰하는 자기의 존재를 자각하고 나면 변하지 않는 자기의 핵심에 닿을 수 있다.

한번 잘 생각해보자. 나는 '내가 ~다'라는 자기 개념의 위험성을 인지한 지금, '나는 ~를(을) 느끼고 있다'며 지금 여기서 경험하는 나 자신을 인식하려 노력하고 있다. 나는 태어나서 지금까지 숱한 경험들을 해왔으며 그 경험들은 그때그때 다르게 느껴졌고 생각들 역시 계속 변해왔다. 그런데 바로 이렇게 다양한 것들을 경험하고 느끼며 변화해온 나는 이전이나 지금이나 변함없이 '나'였다. 매 순간 달라지는 경험 속에 있으면서도 어쨌든 나는 나였던 것이다.

헤이즈와 스미스는 매 순간 경험들을 소화해내면서도 변하지 않고 있어 왔던 '나'라는 존재를 관찰하는 자기라고 불렀다. 관찰하는 자기는 나의 생각과 경험들을 한 걸음 떨어져서 바라보고 느끼는 나, 즉 나에 대한 메타인지를 의미한다.

어렵다면 일기를 쓰는 장면을 떠올려보자. 일기 속에 적힌 생각과 감정, 사건들을 경험하고 있는 것은 나이다. 하지만 지금 일기를 쓰면서 그 일기 속의 내 모습을 관찰하고 있는 나도 바로 나다. 일기 속의 나를 관찰하고 있는 나는 과거로부터 현재까지 그리고 앞으로도 변하지 않을 나이다. 나의 경험, 생각, 감정들을 바라보고 조망하는 나, 이것이 관찰하는 자기다.

자기감의 핵심은 바로 이 관찰하는 자기에 있다. 관찰하는 자기에 대한 감각은 내가 어디를 가든, 무엇을 느끼든, 무엇을 하든, 항상 나와 함께 있고 내가 나라는 느낌을 갖게 해준다. 관찰하는 자기가 있었기에 우리는 지금까지 경험한 그 많은 일들 속에서도 나 자신이라는 느낌을 유지하며 살아올 수 있었던 것이다.

이렇게 나 자신을 관찰하는 것. 그러니까 일상의 모든 경험과 느낌들을 판단하지 않고 수용하면서 그것이 내게 의미하는 바를 성찰하며 나를 조망하는 것, 이게 바로 나를 잘 사랑하는 법의 핵심이다. 이번 장에서 다루었던 우리 자신을 괴롭히는 것들(과거의 상처, 완벽주의, 나의 느낌과 생각 혹은 역할과의 동일시)에서 벗어나기 위한 방법들 역시 모두 관찰하는 자기를 활성화하는데 그 해답이 있었다.

그런데 관찰은 딱 붙어서는 불가능하다. 어느 선 너머에서 바라봐야 전체가 보이고 맥락 속에 변화하는 나 자신을 관찰할 수 있다. 이처럼 나 자신과 적당한 거리를 두고 바라볼 때 삶에서 겪는 고통스러운 느낌, 생각, 경험들에 매몰되지 않은 채, 스스로를 자비롭게 대할 수 있다. 그럴 때 비로소 우리는 나 자신에게 좋은 사람일 수 있다. 내가 나 스스로에게 좋은 사람일 때, 즉 스스로를 평가하거나 판단하지 않고 열린 마음으로 바라볼 수 있을 때, 타인 또한 그렇게 바라보고 진실된 관계를 맺어갈 수 있을 것이다.

그러니 나 자신을 조금 거리를 두고 바라보자. 적당한 거리를 두고 나의 모든 생각과 감정들을 기꺼이 경험하면서 자기 자신만의 삶의 방향, 즉 가치를 향해 나아가자. 이럴 때 우리는 진정한 자기 자신으로, 나아가 나 자신에게 좋은 사람으로 살아갈 수 있다.

혹시라도 지금까지 내게 좋은 사람이지 못했던 순간들을 후회하고 있는가? 자기 개념에 갇혀 스스로를 비난하며 살아온 시간들을 자책하고 있는가? 그렇다면 지금이야말로 이번 장에서 이야기한 것들을 실천할 때다. 가장 친한 친구가 당신과 똑같은 고민을 하고 있다고 가정해보고, 그 친구에게 느껴지는 연민의 마음으로 나 자신을 바라보자. 친구에게 들려주고 싶은 그 말을 나 자신에게 해주고, 친구를 안아주고 싶은 그 마음으로 나 자신을 꼭 안아주자.

다시 한번 말하지만, 네 이웃을 대하듯 너 자신을 사랑해야 한다.

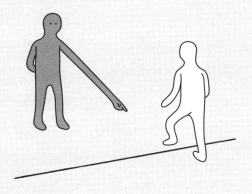

2장

내 삶을 지배하려는 타인과의 선 긋기

01

내게 좋은 건
너에게도 좋을 거라는 착각

#1

　몇 해 전 청소년 상담과 관련된 연수를 받을 때였다. 일주일간 매일 8시간씩 진행되는 연수였다. 두툼한 책과 자료를 가지고 다녀야 했기에 나는 연수 기간 내내 하얀 에코백을 메고 다녔다. 연수를 마치고 돌아오면 가방을 현관문 앞에 놔두고 책만 바꿔 넣은 후 다음 날 아침 그대로 교육장으로 향했다. 하지만 옷은 다른 것으로 바꿔 입었다. 그렇게 4일쯤 지났을 때 그곳에서 만나 점심을 함께 먹으며 친해진 한 동료가 대뜸 내게 물었다.

　"왜 옷은 바꿔 입으면서 가방은 맨날 그거만 들고 와요? 너무 안 어울리잖아. 이런 옷차림엔 에코백보다는 가죽으로 된 짙은 색 백이 나은데. 옷은 잘 입으면서 가방이 좀 아쉽다."

나는 무거운 게 싫고, 가죽 가방은 책을 넣으면 무게가 더 느껴져서 이게 편하다고 대답했다. 하지만 마음엔 뭔가 침해받은 듯한 찜찜함이 남았다.

#2

우리 집은 정수기를 사용한다. 물을 사서 먹는 번거로움도 없거니와 언제든 신선한 물을 마실 수 있어서 참 편리하다. 석 달에 한 번씩 정수기 업체 직원이 방문해 필터를 갈고 관리도 해준다. 5년 넘게 관리를 받아왔기 때문에 관리사와도 어느덧 편한 사이가 됐다. 우리 집 강아지 역시 관리사가 방문하면 꼬리를 힘껏 흔들며 반긴다. 그분은 어느 때부터인가 내게 자신의 삶을 이야기하고 때로는 우리 가족에 대해 묻기도 했다. 나는 그분이, 남편이 실직했을 때 이 일을 시작했으며, 지금은 형편이 나아졌지만 다양한 사람들과 만나 이야기를 나누는 재미에 일을 계속하고 계신다는 것을 알았다. 그러던 어느 날이었다. 능숙한 솜씨로 필터를 갈면서 그분은 내게 불쑥 물었다.

"근데 왜 아이는 한 명밖에 안 낳았어요? 아직 젊을 때 하나 더 낳아요. 주변에 보니까 아들밖에 없으면 진짜 외로워. 나도 아들 녀석은 타지에 살게 된 후로부턴 손님처럼 느껴져. 딸이 연락도 자주 하고 살뜰하게 챙겨주지. 속마음도 딸하고만 나누게 되다니까. 아들만 있음 엄마가 넘 외로워."

나는 웃으며 "그게 맘대로 되나요?"라고 답변했지만, 갑작스레 선을 넘어 들어온 질문이 당황스러웠고, 불쾌하게 느껴졌다.

호의를 전제한 관심이 불편한 이유

물론 안다. 이분들은 모두 선의에서 내게 이런 충고를 해주었음을 말이다. 아마도 나와 친밀하다고 여기기에, 어쩌면 내 일이 남 일 같지 않기에, 잘 되길 바라는 마음에서 이런 이야기들을 해주는 것일 테다. 하지만 선한 의도를 기억하려 애쓴다 해도 나는 이런 말을 들을 때마다 불편함이 밀려온다.

나뿐만이 아닐 것이다. 한국 사회의 구성원으로 살아가면서 누군가의 관심이나 걱정, 호의가 침해로 느껴졌던 경험이 종종 있을 것이다. 도대체 왜 선의에 의한 관심이 이토록 불편하게 느껴지는 걸까? 나는 이런 호의와 관심의 전제 자체가 잘못되었기 때문이라고 생각한다.

사람들은 흔히 내게 좋은 건 네게도 좋은 것이라고 가정하고 타인에게 조언을 건넨다. 워크숍에서 만났던 동료는 옷과 가방이 서로 어울리는 것이 보기 좋으니 내게 그걸 요구했을 것이다. 관리사도 역시 아이가 여럿 있는 게 자신에게 좋았으니 내게도 그러라고 조언해 준 것일 테다. 하지만 바로 이 전제가 문제다. '내게 좋은 건 네게도 좋은 것'이라는 전제 자체가 틀렸다.

심리학자들에 따르면 사람들은 모두 다른 마음을 가지고 있다. 아무리 같은 문화권에서 자라났다 해도 잉태된 과정, 가정환경, 기질적인 요인, 성장한 배경이 모두 다른 우리는 저마다 다른 관점으로 세상을 바라본다. 심리학에서는 이렇게 타인이 나와는 다른 존재임을 인식하고 상대방의 감정, 사고, 행동 등을 그 사람의 관점에서 이해할 수 있는 능력을 '조망수용능력'이라고 부른다. 저명한 인지심리학자 장 피아제가 명명한 개념으로, 피아제는 7세 이후에 이 능력이 발달한다고 주장했다. 하지만 최근의 연구들에선 조금 더 이른 나이의 유아들도 조망수용능력을 가지고 있는 것으로 나타났다.

조망수용능력에 따르면 내게 좋은 건 네게도 좋은 것이라는 전제는 분명히 틀렸다. 타인이 나와 다른 관점으로 세상을 바라고 있음을 이해하는 조망수용능력을 갖춘 성인이라면 상대방이 나와는 좋아하는 것과 싫어하는 것이 다를 수 있다고 전제하는 것이 옳다. 하지만 '우리'라는 대명사가 '나'보다 많이 쓰이는 한국 사회의 분위기는, 아동기 때 발달하는 조망수용능력을 제대로 발휘하지 못하게끔 한다. "말하지 않아도 알아요~"라며 마치 '당신의 마음을 내가 다 안다'며 다독여주는 게 정情임을 강조하는 CF가 한때 유행했듯, 한국 사회에선 나와 타인의 마음을 구분하는 것을 오히려 매정한 것으로 보는 시각이 강하다.

같은 마음은 진정한 공감이 아니다

이런 사회 분위기 속에서 타인에 대한 관심은 내게 좋은 건 네게도 좋은 것이라는 잘못된 전제하에 표현된다. 그리고 이는 대인관계에서 매우 중요한 진정한 공감을 방해한다. 공감은 심리학뿐만 아니라 동서고금의 많은 철학과 종교 전통에서도 인간관계를 원활하게 하고 공동체와 사회를 유지해가는 핵심 기제로 인정받아온 개념이다.

상담에서 공감의 중요성을 강조한 심리학자 칼 로저스는 공감을 "마치 ~인 것처럼 상대방의 입장이 되어 느끼는 것"이라고 설명했다. 여기서 중요한 것이 '마치 ~인 것처럼'이라는 부분이다. 이는 상대방의 입장에서 느끼는 것을 상상해보고, 나의 관점이 아닌 상대방의 관점에 함께 머무는 것을 의미한다. 즉 진정한 공감은 '네가 느끼는 것은 내가 느끼는 것과 다르다'는 전제하에, 상대방을 자신의 관점이 아닌 그 사람의 관점에서 이해하려 할 때 가능한 것이다. 심리학자들이 공감의 필수 요소 중 하나로 조망수용능력을 꼽는 것은 이런 이유에서다.

내게 좋은 것이 네게도 좋은 것이라는 전제는 내가 느끼고 생각하는 것과 타인이 느끼고 생각하는 것이 같을 것이라는 사고에 기반한다. 이는 공감과 전혀 어울리지 않는 전제다. 나를 기준으로 상대방을 이해하려는 시도는 공감을 방해할 뿐 아니라 '투사'를 유도한다. 투사는 상대방과 나의 경계가 모호할 때 나타나는 심리기제로 나의 감정을 상대방의 것처럼 여길 때 나타나는 현상이다. 투사가 일어날 때는 자신의 감정과 상대방의 감정을 잘 구분하지 못한다. 대표적인 예로 자신이 짜증이 났을 때 상대방도 짜증을 내고 있다고 착각하는 것을 들 수 있다. 투사가 일어날 때 우리는 자신의 감정에 대한 책임을 상대방에게 돌린다.

'상대방의 마음과 내 마음이 서로 같다'는 사고가 투사를 넘어 성격 구조에 자리 잡게 되면, 상대방을 조정하고 통제하려 드는 '자기애적 성격'을 갖게 된다. 자기애적 성격은 나 자신을 사랑하는 마음으로 타인을 존중하는 건강한 자기애와는 완전히 다르다. 이런 유형의 성격을 가진 사람들은 나의 마음과 상대방의 마음을 구분하지 못하고, 타인의 마음을 자신의 방식대로 움직이려 한다. 이들은 상대방을 여러 가지 방식으로 조정하는데, 이를 통해 자신들의 자기애적 욕구를 충족한다. 또한 원하는 대로 상대방이 움직여지지 않을 때 자기애적 욕구가 좌절되었다고 느끼고 크게 분노하거나 절망에 빠진다.

이처럼 내게 좋은 것이 네게도 좋은 것이라는 전제에서 시작된 언행은, 타인을 위해 좋은 것을 건넨다기보다 타인의 생각과 행동, 느낌을 자신의 시각에서 판단하고 자신의 취향을 강요하는 것에 지나지 않는다. 이는 타인을 독립적인 한 사람으로 바라보도록 하는 심리적 경계를 넘어서는 일이다. 때문에 그 말들이 어떤 선의를 품고 있든지 간에, 경계를 넘어서 침범해 들어오는 말들에 불편함을 느끼는 건 당연한 일이다.

나를 지키는 두 번째 단계는 이렇게 내게 좋은 건 네게도 좋은 것이라는 전제로 경계를 넘어오는 다른 사람들의 마음과 거리를 두는 것이다. 2장에서는 나와 타인의 마음 사이에 적절한 선을 긋고, 서로 다른 마음을 존중하고 존중받는 법에 대해 이야기한다. 한 가지 염두에 두어야 할 건 다른 마음을 침범하는 일은 가까운 사이일수록 더 잘 일어난다는 것이다. 그러니 가깝고 친밀한 관계에 있는 사람들에게 단호해질 마음의 준비를 먼저 하길 바란다.

부모와 자녀 사이에도 간격이 필요하다

가로수로 심어진 은행나무가 제법 노란색으로 물들어가던 무렵이었다. 나는 오후 3시쯤 아파트 앞 정류장에서 버스를 기다리고 있었다. 버스정류장 바로 옆은 아이들의 통학버스가 정차하는 곳이었다. 엄마들 몇 명이 아이들을 마중 나와 도란도란 이야기를 나누고 있었고, 학교 버스가 서는 자리 옆에는 수학 학원과 영어 학원 버스가 대기 중이었다.

얼마 지나지 않아 노란색 버스 한 대가 도착했다. 대구에서 꽤 알려진 사립초등학교의 버스였다. 아이들은 교복을 반듯하게 차려입고 버스에서 내렸다. 고학년 아이들은 자기들끼리 삼삼오오 장난을 치며 아파트 단지로 들어가거나 옆에 대기 중인 학원 버스에 올라탔다. 저학년 아이들 역시 몇 명은 곧바로 학원버스로 갈아탔다. 그때 초등학교 4학년쯤으로 보이는 한 아이가 엄마와 반갑게 손을 맞잡았다. 그러더니 아이는 엄마에게 곧바로 이렇게 물었다.

"엄마, 나 이제 뭐 해요?"

엄마는 매우 친절하게 아이에게 그날 오후의 스케줄을 알려주며 내 곁을 지나갔다.

다정하고 친절한 엄마. 그리고 엄마를 철썩같이 믿고 자신의 일상을 맡기는 아이의 모습. 어찌 보면 무척 흐뭇한 풍경으로 여겨질 것이다. 하지만 내 마음엔 씁쓸함이 밀려왔다. 왜 이 아이는 학교 버스에서 내려 "엄마 나 오늘 저거 하고 싶어요" 혹은 "나 오늘 이거 할래요"라고 말하지 못했을까? 자신의 일과를 왜 엄마에게 묻는 걸까? 그리고 엄마는 왜 아이의 매니저처럼 행동하는 걸까? 이들의 모습은 경계가 무너진 부모 자녀 관계, 그러니까 서로의 다른 마음을 존중하지 않는 관계의 전형적인 모습이었다.

마치 한몸인 듯한 부모와 자녀

아마도 이 아이는 신생아 때부터 매우 세심한 보살핌을 받았을 것이다. 부모는 소중한 아이를 위해 온갖 육아 정보로 무장하고, 아이에게 좋다는 것은 뭐든 다 해주려 했을 것이다. 미운 세 살에 이르렀을 때 아이는 여러 가지 방식으로 자기주장을 시도했겠지만, 부모는 자신들의 선택을 따르도록 아이를 설득했을 것이다. 부모 없이 생존할 수 없는 아이는 결국 자기주장을 점차 포기하고 부모에게 순종하게 된다. 솔직히 부모가 해주는 것들에 큰 문제가 있는 것도 아니고 언제나 넉넉하게 채워주기에, 아이 입장에서도 부모에게 맞춰 지내는 것이 익숙하고 편한 일이다. 그렇게 아이는 초등학생이 된다. 영어도 곧잘 하고 학교 공부도 잘하지만, 내가 원하는 것에 대해서는 고민해 본 적이 없는 채 말이다.

이렇게 세심하게 아이를 보살펴 온 엄마(엄마만이 주 양육자가 되어서는 안되지만, 아직까지 한국 사회에서 아이의 주 양육자는 대부분 엄마이기에 이렇게 표현한다)의 마음속엔 아이가 가득 차 있을 것이다. 자기 자신의 삶보다 아이의 삶이 우선인 엄마는 아이가 필요한 것을 말하기도 전에 채워주려 애를 쓴다. 아이는 그렇게 자라 청소년이 되지만, 부모의 손길에 익숙해진 나머지 자신의 삶의 주인이 자기 자신임을 종종 잊는다. 그리고 엄마와 아이는 마치 한 마음 한 몸이 된 것처럼 살아간다.

이 지점에서 누군가는 반박하고 싶어질지도 모른다. 어떻게 한 번 스쳐 간 아이와 엄마의 모습에서 이렇게 많은 것을 유추해낼 수 있냐고 말이다. 하지만 나는 나의 유추가 대부분 맞을 거라 확신한다. 경계가 없는 부모와 자녀의 관계는 한국 사회에서 매우 보편적이고 때로는 정상적으로 여겨지기 때문이다.

아이를 둔 부모들과 대화를 나누다 보면 반드시 듣게 되는 말들이 있다.

"오늘 우리 아이 학원 보냈어."

"수학 선행 좀 시키려고."

아이가 학원에 가는 것이 아니라 내가 아이를 학원에 보내고, 아이가 수학 공부를 하는 것이 아니라 내가 아이에게 수학 공부를 시킨다. 이 표현들을 유심히 살펴보면 주어는 모두 부모고 아이는 목적어의 자리에 위치한다. 언어학자들에 따르면 말은 사람들의 사고를 담고 뱉어진 말은 사고를 더 단단하게 만든다. 이런 말들은 아이의 삶의 주인이 아이 자신이 아닌 부모라는 무의식적인 사고를 매우 잘 반영하고 있는 셈이다. 동시에 이렇게 말을 함으로써 부모는 점점 더 아이 인생의 주인이 되어간다.

심지어 나는 최근 자녀교육에 대한 정보를 나누는 한 인터넷 카페에서 "우리 애 지난해에 중등수학 한 바퀴 돌렸는데, 올해 다시 돌려야 할까요?"라고 묻는 글을 봤다. 아이를 돌린다니! 섬뜩한 느낌이 들었지만, 교육열 높은 그 카페에선 매우 당연하게 사용되고 있었다. 이런 말이 일상화된 한국에서 부모와 자녀는 서로를 독립된 개인으로 인식하지 못한다. 부모는 자녀를 자신의 소유물인 양 대하기 일쑤고, 자녀는 자신의 삶을 주체적으로 바라보지 못한다. 부모와 자녀 사이에 경계가 사라져버리는 것이다.

부모와 자녀의 경계가 사라졌을 때

그렇다면 부모와 자녀 사이의 경계가 무너지는 것이 왜 문제가 될까? 아마 이렇게 묻고 싶은 독자들도 있을 것이다. 부모가 자녀에게 지대한 관심을 가지고 자신의 삶까지 희생해가며 아이를 돌보고 관리하면 좋은 거 아니냐고. 관리가 잘 된 아이들은 학교에서 문제를 안 일으키고 좋은 대학에 들어가 탄탄대로의 삶을 살아갈 텐데, 그런 부모의 노력을 응원해 줘야 하는 것 아니냐고 말이다. 하지만 나는 관리된 삶을 살아온 아이들이 성인이 되어 겪는 어려움 그리고 그 아이들에게 그토록 정성을 쏟았던 부모들이 겪는 심리적 고통을 심리상담 현장에서 일해온 지난 15년간 거의 항상 보아왔다.

부모의 지극히 세심하고 철저한 보살핌을 받고 자라 성인이 된 사람들은 상담실을 찾아 대체로 이렇게 호소한다.

"도대체 제가 누구인지 모르겠어요. 지금까지 부모님이 하라는 대로 다 하면서 살아왔는데 이게 정말 제가 원했던 삶인지 모르겠어요."

이처럼 자신의 마음과 상황을 인식할 수 있으면 그나마 나은 경우다. 무기력하고 우울하고 불안하고 때로는 폭식과 구토를 반복하는 정서적 신체적 증상을 견딜 수 없어 상담실을 찾는 경우도 많다. '왜 이러는 건지 모르겠다'며 상담실에 온 내담자들의 증상 뒤에는 대부분 부모와 분리되지 못한 삶이 있었다. 이들은 자신의 삶에 대해 홀로 결정을 내려야 하거나 부모 뜻에 반하고 싶을 때 너무나 두려운 나머지 몸이 아프거나 우울해지거나 불안해지곤 했다.

반대로 자신의 삶을 갈아 넣어 자녀들을 키워낸 부모들은 상담실을 찾아 이렇게 하소연한다.

"아이한테 매일 서운하다는 생각이 들어요. 제가 그렇게 애써서 키운 걸 애가 몰라주는 것 같고. 애는 컸는데 도대체 제 삶은 어디 있는 건지. 뭘 위해 살아온 건지 후회돼요."

아이에게 몰두한 나머지 자기 삶의 주체가 되지 못한 공허함을 이렇게 말로 표현할 수 있는 부모들은 그래도 다행인 편이다. 성인이 된 자녀의 문제로 상담실을 찾는 상당수의 부모들은 자녀가 사회에 나가고 새로운 가정을 꾸리는 것을 무의식적으로 막아섰다. 대학에서 우수 학생으로 선정돼 교환학생으로 해외에 가는 딸을 보내기 싫다는 아버지, 딸을 자신의 곁에 두고 싶어 지인의 아들과 결혼시키려는 어머니, 며느리나 사위를 질투하는 부모들. 이들은 자신들의 공허한 마음을 잊고자 성인이 된 자녀들을 자신의 분신처럼 대하고 있었다.

부모와 자녀의 경계가 잘 무너지는 이유

그렇다면 부모와 자녀의 경계가 이처럼 쉽게 무너지는 이유는 무엇일까? 대상관계 심리학자들에 따르면 아기는 태어나면서 주 양육자와 공생관계를 맺는다. 이 단계에서 아기는 자신이 양육자와 분리된 존재임을 전혀 인식하지 못한다. 배고프고 졸리고 불쾌한 신생아의 욕구에 양육자가 민감하게 반응할 때, 아이는 자신과 양육자가 하나라고 느낀다. 하지만 이런 과정이 언제나 만족스럽지만은 않다. 양육자는 종종 아이의 욕구를 읽어내는 데 실패하기도 하는데, 이런 작은 실패들이 누적되면서 아기는 양육자가 자신과 다른 분리된 존재임을 서서히 알아간다.

또한 아기는 양육자의 얼굴을 바라보고 표정들을 관찰하면서 자신의 모습을 인지하기 시작한다. 양육자의 따뜻하고 사랑스러운 표정에 '나는 사랑받는 사람이구나' 하면서 자신을 알아가는 것이다. 소아과 의사이자 대상관계 이론가인 도널드 위니컷은 이 과정에서 "양육자는 아이를 도움을 필요로 하는 존재로 인식해야 하며 자신의 기대나 두려움, 아이를 위해 세워둔 계획 등은 배제하고 아이를 바라봐야 한다"고 강조했다. 하지만 신생아와 양육자가 완전한 일체감을 느꼈던 공생의 느낌은 양육자에게도 매우 강렬하게 남는다. 양육자는 아기의 운명이 자신의 손에 달려있는 것 같은 무한한 책임감과 동시에 아기와 하나 된 듯한 느낌을 받는데, 이 강렬한 느낌이 자꾸만 자신과 아이를 분리하지 못하게 막는다. 거의 자동적으로 양육자는 아이에게 어떤 기대를 품게 되고 자신이 못 이룬 꿈을 아이가 대신 이뤄주길 바란다. 즉 '투사'와 '동일시'가 일어나는 것이다.

자라면서 신체 능력이 발달하면 아이는 점차 부모로부터 거리를 두게 된다. 걸음마는 심리적으로도 큰 영향을 미치는데 아이는 걷게 되면서 마침내 부모로부터 완전히 분리된 느낌을 갖는다. 이 무렵 아이들은 부모가 다가가면 도망치듯 멀어졌다가 다시 돌아오고, 자기주장이 강해지면서 떼를 쓰곤 하는데, 이런 과정을 거쳐 아이들은 점차 독립된 자아를 가진 한 사람이 되어간다. 이 단계에 이르면 부모 역시 아이와 거리를 둘 수 있어야 한다. 아이의 독립을 응원하면서 보호가 필요할 땐 언제든 돌아와 쉬어갈 수 있는 자리. 그런 자리가 바로 부모의 자리가 되어야 한다.

하지만 많은 부모들이 아이에게 몰두되어 있는 상태에서 벗어나는 것을 두려워한다. 실존주의 심리학자들은 이를 '실존적 불안'과 연결 짓는다. 실존적 불안이란 자기 자신의 삶을 스스로 책임져야 하는 인간의 조건에서 비롯된 피해갈 수 없는 불안이다. 부모가 아이의 삶에 몰두할 때 부모는 자신의 삶을 생각하지 않아도 된다. 반면 아이의 독립을 인정하면, 부모는 자신의 삶으로 돌아와야 하고 스스로의 삶을 책임져야 하는 불안과 맞닥뜨려야 한다. 때문에 부모들은 아이를 돌보는데 몰두함으로써 실존에 따른 불안을 피하고자 한다.

자녀 쪽에서도 독립이 두려운 건 마찬가지다. 부모로부터 독립해 홀로 살아간다는 것은 자신의 존재를 스스로 책임진다는 의미고, 이는 자녀에게도 실존적 불안으로 다가온다. 자신의 삶에 대한 책임을 부모에게 전가하는 것은 어쩌면 실존적 불안을 감내하는 것보다 쉬운 일일지도 모른다. 때문에 자녀들 역시 부모와 선을 긋는 게 두렵기만 하다. 답답하더라도 부모가 요구하는 삶을 살아내는 게 오히려 편하게 느껴진다.

이처럼 무의식적인 투사와 동일시, 그리고 실존적 불안은 부모와 자녀가 서로를 독립된 존재로 바라보고, 각자가 자기 삶의 주체가 되어 책임감 있게 살아가는 것을 방해한다. 즉 부모와 자녀의 경계를 흐려버리는 것이다. 하지만 이런 관계는 진짜 자기로 살고 싶은 보다 더 근원적인 욕구를 막아서기에 여러 가지 심리적 증상과 고통을 유발한다.

그렇다면 부모와 자녀가 적절한 경계를 만들고, 서로를 독립된 한 사람으로 존중하며 살아가려면 어떻게 해야 할까? 심리학자들은 오랫동안 이에 대해 연구해 왔다. 그리고 마침내 부모와 자녀 사이에 적절한 거리를 만들고 서로가 독립된 인격체로 교감하는 데 필요한 심리적 기제를 발견해냈다. 바로 '정신화'라는 것이다.

가족의 마음을
존중하는 법

다른 가정과 비교해서 우리 가족은 화목하다.

민수 씨의 문장완성검사(SCT : Sentence Complection Test, 미완성 문장을 채워넣는 심리검사의 한 종류)에는 분명히 이렇게 써 있었다. 상담 접수지에 적게 되어 있는 가족과의 친밀도에서도 그는 모든 가족과 '매우 친밀하다'고 적었다. 그런 민수 씨가 상담소를 찾은 것은 신경성 폭식증 때문이었다. 스트레스를 받으면 자신도 모르게 편의점에서 이것저것 사 먹다가 후회하고, 손가락을 입에 넣어 구토를 하는 일이 종종 있다는 거였다. 직장생활에도 만족하고 있다는 그가 먹고 토하는 일을 반복하는 이유는 무엇일까?

그는 대기업에 다니다 은퇴한 아버지와 주부인 어머니 그리고 대학생인 여동생과 함께 산다. 민수 씨의 가족에게는 매우 중요한 규칙이 하나 있다. 바로 저녁 식사를 함께하면서 서로의 일상을 공유해야 한다는 것이다. 출장을 가거나 부득이한 회식이 있거나 야근 때문인 경우가 아니면, 민수 씨의 가족은 늘 함께 모여 저녁 식사를 해야 했다. 민수 씨의 아버지는 '가족이 화목하려면 대화를 많이 해야 한다'는 신념을 가지고 있었고, 가족이 모두 모여 대화하는 저녁 식사 시간을 무척 중시했다. 아버지는 자녀들이 귀가한 후에야 식사를 했고, 식사 자리에서 자녀들의 일상 이야기를 듣는 것을 몹시 좋아하셨다.

민수 씨는 이것이 자신의 가족을 '화목하다'고 표현한 이유라고 설명했다. 슬픈 일과 기쁜 일을 함께 나누며 서로에 대해 잘 알고 있는 가족이 자랑스럽다고도 했다. 그런데 이상하게도 가족의 화목을 말하는 그의 눈빛이 전혀 행복해 보이지 않았다. 때때로 "그래서 전 친구들하고 늦게까지 놀아본 적이 없어요", "여자친구랑 여행 가고 싶은데 시도도 못해봤어요"라고 말하는 그의 말 속에선 억눌린 감정이 느껴지기도 했다.

나는 그에게 지금 '화목하다'고 말하는 그 표정이 행복해 보이지가 않는다고 말했다. 그는 한동안 말을 잊지 못하더니 어느새 눈물을 글썽였다. 그리곤 진짜 속마음을 털어놓았다.

"사실은 너무 답답해요. 가족의 화목이 중요한 건 알겠는데 숨이 막혀요. 어떨 땐 진절머리 나게 싫고 화가 나기도 하는데, 가족을 이렇게까지 싫어해도 되나 싶어서 자꾸만 죄책감이 들어요. 이런 기분이 들면 저녁을 먹고 나서 편의점에서 과자를 잔뜩 사 와요. 그리고 방에서 꾸역꾸역 먹는 거죠. 먹고 토하고 나면 뭔가 좀 시원해지거든요."

그가 겪고 있는 폭식증의 원인은 너무나 화목한 가족이었다. 아니, 화목을 강요하는 가족이었다. 그는 화목한 가족에 숨이 막혔다. 그리고 그럴 때마다 죄책감을 느꼈다. 가족을 싫어하는 자기 자신이 이해가 되지 않았고, 그런 기분이 들 때마다 먹고 토하는 것으로 해소해 왔던 것이다.

화목을 강요하는 가족

도대체 그는 왜 화목한 가족 안에서 이처럼 답답함을 느꼈을까? 왜 그의 가족은 화목을 강요했을까? 바로 '정신화'가 잘 되지 않았기 때문이다.

정신분석학자 피터 포나기가 개념화한 정신화 mentalization 는 나와 타인의 마음을 성찰하듯 바라보는 능력이다. 즉 '나는 이래서 이렇게 생각하는구나' 하고 자신의 마음을 조망하고, '다른 사람 역시 저마다 다른 이유로 다르게 생각할 수 있겠구나'라고 생각할 수 있는 능력을 말한다. 정신화 능력은 어린 시절 주 양육자와의 관계에서 발달한다. 아이는 양육자에게 비친 자신의 모습을 통해 자신의 마음 상태를 알아차린다. 이때 양육자가 아이의 마음을 읽어내고 그것에 대해 표현해 줌으로써, 아이는 자신에게 마음이 있으며 이는 다른 사람과 공유될 수 있음을 알아간다. 동시에 나만의 마음이 있듯 타인에게도 그만의 마음이 있음을 이해하게 되고, 다른 마음들을 서로 나누며 살아갈 수 있음을 터득해간다. 이렇게 사람은 저마다 서로 다른 마음을 지니고 있음을 전제하고, 이를 바탕으로 나와 다른 사람을 이해하는 능력인 정신화는 심리치료의 핵심 기제이기도 하다. 정신화에 대한 연구들은 정신화하는 태도를 기르는 것이 심리적 안녕감을 높여주고, 타인과의 관계를 원활히 하며, 어린 시절 애착의 실패에서 오는 상처를 치유하는 데 도움이 된다고 밝히고 있다.

민수 씨의 괴로움은 그와 그의 아버지 모두가 정신화 능력을 제대로 발휘하지 못하고 있는 데서 연유했다고 볼 수 있다. 그의 아버지는 화목에 대한 자신의 생각을 진리인 것처럼 여기며 가족들을 대했다. 즉 가족들이 자신과는 다른 마음을 가지고 있음을 간과하고 있었던 것이다. 이는 아버지 스스로가 가족의 화목에 대한 자신의 마음을 성찰해보지 않았기 때문일 것이다. 내 마음의 이유를 알지도, 타인이 다른 마음을 가지고 있음도, 이해하지 못했기에 화목이 강요되었던 것이다.

정신화가 안 됐던 건 민수 씨 역시 마찬가지였다. 민수 씨는 불편한 감정이 올라올 때 자신의 마음을 들여다보는 대신 먹는 것으로 감정을 잊고자 했다. 마음을 성찰하려 하지 않고 아버지처럼 생각하지 못하는 자신을 탓하기만 했던 것이다. 그 역시 자신과 아버지가 다른 마음을 가지고 있다는 사실을 완전히 잊고 있었다. 나는 상담을 통해 그가 자신의 마음을 이해하고 아버지의 마음을 조망할 수 있도록 도왔다.

정신화 능력 키우기

먼저 나는 그가 감정들을 충분히 표현할 수 있도록 도왔다. 민수 씨는 서둘러 퇴근하면서 느꼈던 불안감, 자신의 상황을 납득하지 못했던 친구들의 반응, 귀가 시간 때문에 애인과 자주 다투었던 일 등을 조목조목 털어놓았다. 또한 이런 일을 겪었을 때의 짜증스러움, 성인이 되었는데도 사생활이 없는 것에 대한 답답함 등 다양한 감정들을 표현했다. 나는 그의 감정들을 섣불리 예측하지 않았다. 정신화를 돕는 방법 중 하나는 '나는 잘 모른다'는 자세로 상대방의 이야기를 듣는 것이다. 즉 같은 상황에도 너와 나는 다른 것을 느낄 수 있기에 나는 섣불리 당신의 감정이나 생각을 추측하지 않겠다는 마음으로 상대방을 대하는 것이다. 나는 나의 이런 정신화한 태도를 통해 민수 씨가 자신의 마음을 알아가기를 바랐다.

다행히 그는 서서히 자신의 감정을 이해해갔다. "생각해보니 이건 죄책감을 느낄 일이 아니었네요. 모든 걸 다 말하라고 하는 거, 무조건 식사 시간을 맞추는 거, 이런 건 성인이 된 저의 독립된 생활을 저해하는 거였어요. 제가 화가 나는 것도 당연하죠." 스스로 그토록 답답해했던 이유를 찾은 것이었다. 그러자 이제 그는 아버지에 대한 분노를 표현하기 시작했다. 어릴 때부터 아버지의 기준에 맞춰야만 했던 일들을 하나하나 떠올렸고 억울하고 화난 마음을 토로했다. 여러 회기에 걸쳐 나는 '그런 당신의 마음은 모두 옳다'는 자세로 그의 이야기를 들어주었다. 나의 이런 메시지가 전해졌는지 그의 분노는 자신의 마음에 대한 성찰로 옮겨졌다. 그는 자신이 얼마나 독립된 한 사람으로 자기 삶의 주인이 되어 살기를 바랐었는지를 깨달아갔다.

상담이 후반부에 접어들던 날, 민수 씨는 문득 이렇게 물었다.

"대체 아버지는 왜 그러셨을까요?"

바로 이거였다. 자기 마음을 성찰한 그는 이제 아버지의 마음을 이해하고 싶어 했다. 그는 자신의 마음에 이유가 있었듯 아버지의 마음에도 어떤 이유가 있었을 것이고, 이로 인해 그토록 저녁 식사에 집착하게 되었을 것이라 생각했다. 마침내 정신화 능력을 발휘하기 시작한 것이다.

이렇게 상담이 진행되면서 폭식의 빈도는 점차 줄어들었다. 내 마음의 이유를 알아내고 이를 수용한 것은 답답함과 죄책감을 해소해주었고, 아버지의 마음에도 나름의 이유가 있음을 기억한 것은 분노를 줄여주었다. 이런 감정들의 배출구였던 폭식증이 사라진 것은 당연했다.

아버지의 마음

그와의 상담은 여기까지였다. 15회로 제한을 두고 시작된 상담이었기에 여기까지가 우리가 함께할 수 있는 최대치였다. 하지만 나는 정신화 능력을 회복한 민수 씨가 스스로 변화를 계속해갈 수 있으리라 믿었다. 그리고 석 달 후 추후상담을 위해 민수 씨를 다시 만났다. 민수 씨는 폭식 증상에서 거의 완전히 자유로워졌고 전보다 훨씬 활기 있고 건강해 보였다. 놀라운 건 그가 자신의 마음에 대해 아버지와 대화를 나누었다는 점이었다.

민수 씨는 어느 날 저녁, 가족들과 식사 시간에 상담에서 알게 된 것들에 대해 이야기를 했다. 그의 아버지는 무척이나 놀라며 그 식사 시간 내내 아무 말씀도 하지 않으셨다. 다음 날 아침, 아버지는 그에게 다가와 자신의 이야기를 털어놓았다. 아버지의 아버지, 그러니까 민수 씨의 할아버지는 외도를 하셨고, 그 때문에 집에 들어오지 않는 날이 많았다고 했다. 아버지의 어머니(민수 씨의 할머니)는 늘 우울한 모습으로 저녁 식사를 했고, 민수 씨의 아버지는 그런 저녁 시간이 무척이나 싫었다고 했다. 그러던 중 친구 집에서 잔 적이 있었는데 그날 온 식구가 다 모여 자신의 일상을 나누며 식사하는 그 가족의 모습이 너무나 부러웠단다. 아버지는 그때 결혼하면 반드시 온 가족이 모여 저녁 식사를 하는 화목한 가정을 꾸리리라 다짐했다. 가족끼리 함께 식사를 하며 모든 것을 나누면 행복을 지켜갈 수 있으리라 믿었던 것이다.

아버지는 그에게 자신의 이런 이야기를 들려주며 "내가 너무 내 방식대로만 생각한 것 같다"며 미안하다고 사과하셨다. 그의 정신화한 태도가 아버지의 정신화를 촉진했던 것이다. 그렇게 각자의 마음에는 이유가 있고 서로 다른 마음을 지니고 있음을 확인한 부자는, 서로의 마음을 존중해주는 게 진정한 화목이라 결론지었다.

나의 마음을 이해하고 타인의 마음에도 나름의 사정과 이유가 있음을 이해하는 정신화 능력은, 이처럼 부모와 자녀 사이에 적절한 선을 만들어 준다. 이는 서로를 적당한 거리에서 바라보며 독립된 한 사람으로 대하게 한다. 정신화 능력을 갖춘 사람은 나의 마음과 타인의 마음을 성찰할 수 있다. 또한 서로의 다름을 인정하고 수용하기 때문에 쓸데없이 타인의 감정에 책임을 지거나 불필요한 죄책감을 떠안지도 않는다. 물론 자신의 마음에 대한 책임을 타인에게 떠넘기지도 않는다.

정신화 능력을 키우려면 민수 씨가 그랬듯 우선 자신의 마음을 바라볼 줄 알아야 한다. 바라보는 것은 어떤 생각이나 감정에 매몰되어 있을 때는 불가능하다. 나의 마음을 적당한 거리를 두고 관찰하는 것이 우선이다. 민수 씨는 상담실에서 내게 자신의 마음을 털어놓으며 나의 조율된 반응을 통해 자신의 마음 상태를 알아갔다.

　하지만 나의 마음 상태를 알아가는 것은 스스로도 할 수 있는 일이다. 필요한 건 작은 수첩과 펜뿐이다. '마음일지'라고 이름을 붙인 수첩을 하나 마련해 그날 느꼈던 감정이나 생각을 자유롭게 적어보는 것이다. 적어놓은 생각이나 감정을 바라보는 것은 그 생각과 감정에 매몰된 상태에서 벗어나게 한다. 그렇게 기록한 것들을 모아보면 그 안에서 자신의 감정과 생각의 흐름이 보일 것이다. 그리고 어느 순간 '아! 내가 이래서 이랬구나'하며 마음의 이유를 알아차리게 된다. 내 마음을 이해하고 나면 타인의 마음을 받아들이는 폭 또한 넓어진다. 민수 씨가 아버지의 다른 마음을 이해할 수 있었듯 말이다. 그리고 이런 태도가 타인에게 전달되면 상대방의 정신화도 촉진할 수 있다. 정신화 능력을 회복하는 일은 서로를 있는 그대로 존중하고 존중받는 관계의 기초가 되어 줄 것이다.

04

당신은 부모의
트로피가 아니다

'매몰'. 정신화와 반대되는 단어를 묻는다면 이 단어가 가장 먼저 떠오른다. 정신화는 앞서 살펴보았듯 자신의 마음에 대한 이해를 바탕으로, 타인은 나와 다른 마음을 가지고 있음을 전제하고 상대방을 대하는 태도다. 반면 매몰은 자신의 감정이나 생각에 파묻혀 타인의 입장을 전혀 헤아리지 못하는 상태를 말한다. 매몰된 상태에 있을 땐 타인의 생각과 감정이 자신과 다르다는 것을 인식하지 못하는 것은 물론, 현재 느끼고 있는 감정과 생각에 압도되어 자신의 마음 상태조차 알지 못한다.

이런 매몰된 상태가 자주 나타나는 관계가 바로 부모와 자녀의 관계다. 유교 문화의 영향으로 수직적인 부모 자녀 관계가 여전히 중요하고 개인보다 집단이 우선시되는 한국 사회에서, 부모와 자녀 사이의 매몰은 꽤 흔하다. 상담실에서는 매몰된 부모와 자녀의 관계를 자주 목격하는데 이런 관계에서는 거의 항상 정신적, 신체적 폭력이 자행되고 있었다. 그것이 폭력임을 인지조차 하지 못한 채 말이다.

정지우 감독의 영화 〈4등〉은 바로 일상에 만연한 부모의 '비정신화', 그러니까 매몰된 상태가 학대로까지 이어질 수 있음을 매우 현실적으로 보여준 영화였다.

메달에 매몰된 엄마

영화의 주인공 준호(유재상 분)는 수영에 재능이 있지만 대회에 나가면 늘 4등만 한다. 준호보다 더 준호의 재능을 살려주기를 원하는 엄마 정애(이항나 분)는 이런 준호의 모습이 답답하기만 하다. 어느 대회에서 4등을 했던 날, 차에 올라탄 준호에게 정애는 이렇게 말한다.

"야 너 준호, 바보야? 지금 먹을게 입으로 들어가니? 나 너 땜에 죽겠다…. 너 엄마 싫어하지? 너 진짜 싫어하는 엄마가 뒤에서 막 쫓아온다 생각하란 말이야. 그러면 초가 준다고!"

정애는 아들 준호가 4등을 한 것에 대해 자신과 똑같이 속상해하지 않는다고 이를 나무란다. 준호의 마음이 어떨지는 전혀 생각해보지 않고 자신의 속상함을 아이가 느낄 것을 강요한다. 심지어 자신에 대한 적개심을 키워주기까지 한다. 이는 준호가 엄마인 자신과 다른 것을 느끼고 생각하는 다른 존재임을 완전히 잊은 반응이었다. 그녀는 메달을 따야 한다는 자신의 욕망에 완전히 매몰된 나머지 아들의 마음 따위는 안중에도 없다. 급기야 그녀는 버티기 힘들다고 소문난 코치를 수소문해 준호를 맡긴다. 코치(이해준 분)는 폭력으로 아이를 다스리지만 엄마는 이 사실을 알고서도 이렇게 말한다.

"난 솔직히 준호 맞는 거보다 4등 하는 게 더 무서워."

도대체 이 어머니는 왜 이렇게 준호의 메달에만 매몰되어 있는 걸까? 영화 중반쯤에 나오는 둘째 기호(서환희 분)와의 대화는 그 이유를 잘 보여준다. 절에서 간절히 기도를 하고 나온 엄마에게 기호는 "뭘 빌었냐"고 묻는다. 그러자 정애는 이렇게 답한다.

"준호, 형 메달 따게 해달라고. 우리 기호는 공부 잘해서 좋은 대학 가게 해달라고. 그리고 아빠는 건강."

기호는 다시 "엄마는?"이라고 묻는다. 그러자 정애는 한참을 망설이다 "엄만 없어"라고 말한다.

정애는 자신이 무엇을 원하는지 모른다. 자신의 마음을 모르는 사람이 타인의 욕구나 감정을 이해한다는 것은 불가능하다. 내가 무엇을 원하고 왜 원하는지 성찰해 본 적이 없는 이 어머니에게는 정신화의 태도가 결핍되어 있었다. 때문에 정애는 준호가 자신과 마음이 다르다는 것을 이해할 수 없었을 것이다. 그녀는 폭력을 견디다 못한 준호가 수영을 그만두겠다고 말했을 때 이렇게 절규한다.

"우리 열심히 했잖아. 엄마가 너보다 더 열심히 했는데, 네가 무슨 권리가 있어서 수영을 그만둬?"

아마도 이 영화를 본 많은 이들은 코치가 가하는 신체적인 폭력이나 엄마의 폭력이 별반 다르지 않음을 눈치챘을 것이다. 또한 어떻게 부모가 자식에게 저럴 수 있는지 영화니까 그나마 다행이라고 가슴을 쓸

어내렸을 것이다. 하지만 이 영화는 지극히 현실적이다. 얼마나 많은 부모들이 자식들이 공부에 매진하기를 바라는지를 생각해보라. 시험에서 한두 개 틀렸다고 아이를 다그치고, 아이의 성적이 자신의 성적인 양 기뻐하다 절망의 나락에 빠지는 부모들을 주변에서 흔히 찾아볼 수 있다.

매몰에서 정신화로 나아가려면

이처럼 정신화가 빠진 사랑은 사랑을 가장해 자신의 감정을 상대방에게 투사하고 통제하거나 조정하려 드는 폭력으로 이어진다. 그렇다면 이 매몰의 고리를 어떻게 끊을 수 있을까. 영화 〈4등〉의 준호는 폭력의 고리를 끊는 방법을 잘 보여주고 있었다.

다행히도 준호의 아버지 영훈(최무성 분)은 엄마와 다르다. 한국의 전형적인 아버지답게 자녀교육에서 한 걸음 물러서 있기는 하지만 영훈은 준호의 마음을 물어봐 준다. 준호는 영훈과 대화하면서 자신이 진정으로 원하는 것이 무엇인지 생각하기 시작한다. 그리고 수영을 좋아하긴 하지만 1등 하는 것보다 맞기 싫은 마음이 더 크다는 것을 깨닫는다. 준호는 폭력을 견디는 것보다 수영을 그만두는 것이 낫겠다고 스스로 판단하고 엄마에게 "수영을 그만두겠다"고 말한다.

여기서 중요한 것은 자신의 의지를 밝힌 후 절대 물러서지 않는 것이다. 정애는 준호가 수영을 그만두자 불같이 화를 내며 준호를 설득하다가 결국 앓아눕는다. 힘없이 거실에 누워 지내면서 준호에겐 학교 준비물을 사야 할 돈조차 주지 않는다. 부모로부터 독립을 시도하는 많은 사람들은 바로 이 지점에서 애써 낸 용기를 거둬들인다. 죄책감이 밀려오기 때문이다. 정신화 능력이 부족한 부모들의 상당수는 '자녀를 위해 모든 것을 희생했다'는 논리로 자녀의 죄책감을 자극하며 선을 그은 자녀를 또다시 통제하려 든다. 실제로 나는 상담실에서 부모로부터 독립하기 위해 애써 온 내담자들 중 상당수가 죄책감을 극복하지 못해 제자리로 돌아가는 것을 숱하게 보아왔다.

하지만 영화 속 준호는 달랐다. 엄마가 유발하는 죄책감과도 적당한 거리를 두고 자신의 삶을 중심으로 생각한다. 엄마의 마음은 엄마의 것이고 나는 내 마음을 해결한다는 자세로 자신의 마음을 오래도록 들여다본다. 그리고 자신이 싫어했던 것은 억지로 맞으면서 하는 수영이었지 수영 자체가 아니었음을 깨닫는다. 결국 수영을 하는 것이 자신이 행복할 수 있는 길임을 깨달은 준호는 홀로 연습해 1등을 하는 쾌거를 올린다.

바로 이거다. 준호가 보여준 엄마의 마음은 엄마가 해결하고, 나는 내 마음을 해결한다는 자세야말로 죄책감의 덫에 걸리지 않을 수 있는 유일한 방법이다. 자신이 책임질 것과 그렇지 않은 것을 구분하는 태도는 정신화가 부족한 부모로부터 독립하기 위해 반드시 필요한 요소다. 《비폭력 대화》를 쓴 마셜 로젠버그는 이에 대해 다음과 같이 적었다.

"자기 느낌의 책임을 다른 사람에게 돌려서 그 사람이 죄책감을 느끼게 하는 것은 죄책감을 행동의 동기로 이용할 때 쓰는 기본 심리 과정이다. 만약 부모가 '네 성적이 나쁘면 엄마와 아빠는 마음이 아프다'라고 말한다면 부모의 행복이나 불행의 원인이 아이의 행동에 있다고 말하는 것이다. 언뜻 보면 다른 사람의 느낌에 책임을 지는 것을 긍정적인 배려라고 착각하기 쉽다. 아이들이 부모를 걱정하고 부모가 속상해하는 것을 미안해하는 것으로 볼 수도 있다. 하지만 아이들이 이런 책임감을 느끼면서 부모가 원하는 대로 태도를 바꾼다면, 그것은 가슴에서 나온 즐거운 행동이 아니라 죄책감을 피하기 위한 행동일 뿐이다."

선 긋기의 선한 영향력

아마도 부모가 괴로워하는 모습을 지켜보는 일이 쉽지는 않을 것이다. 하지만 우리는 자신의 감정 외에는 그 누구의 감정에도 책임을 질 수 없다. 상대방의 감정에 대한 책임이 내게 있다고 여기고 해결하려는 것 역시, 나와 타인이 서로 다른 마음을 갖고 있음을 존중하는 정신화와 거리가 먼 자세다. 선 긋기에 부모가 괴로워할지라도 그 괴로움은 부모가 감당해야 할 몫임을 명심해야 한다. 때로는 부모가 독립하고자 하는 자녀에게 더 큰 폭력을 휘두르며 막아서거나, 집요하게 죄책감을 자극해 빠져나가지 못하게 할 수도 있다. 이런 때에는 물리적으로 거리를 두고 때로는 부모와 좀 더 멀어질 각오를 해야 한다. 내가 나로서 살아가지 못하도록 막아서거나 끊임없이 희생을 요구한다면, 그 관계는 폭력에 불과하기 때문이다.

나는 상담실에서 매몰된 부모와 자녀의 관계에서 어느 한 쪽의 선 긋기가 시작되면, 결국엔 관계가 개선되어 가는 것을 종종 보아왔다. 한

쪽에서 정신화 능력을 회복해 선을 긋고 나의 감정과 타인의 감정, 나의 생각과 타인의 생각을 구분하기 시작하면 상대방에게도 그런 태도가 전파된다. 대체로 선 긋기는 자녀 쪽에서 먼저 시작된다. 아무래도 자녀가 억압받는 입장에 처해 있다 보니 문제를 먼저 인식한다. 자녀의 선 긋기가 시작되면 상당수의 부모들은 그제야 무언가 잘못되고 있음을 깨닫는다. 그리고 부모 역시 상담실을 찾아 자신의 내면을 돌아보고, 오래된 상처들이 미친 영향을 알아가며 자기 자신의 삶을 보듬어 안게 된다.

영화 〈4등〉을 보면서 오래전에 만났던 한 내담자가 떠올랐다. 그는 아버지의 강요로 의대에 진학했지만, 적성에 맞지 않아 도저히 다닐 수가 없었고 자퇴를 해버렸다. 그는 아버지의 반응을 무척이나 두려워하며 상담실을 찾았다. 상담 과정에서 많은 우여곡절이 있었지만 그 내담자는 단호한 선 긋기를 유지했다. 결국 그의 아버지는 그에게 "고맙다"며 손을 내밀었다. 아버지는 아들의 선 긋기가 유발한 분노 속에서 자신의 마음을 돌아보았고, 아들과 자신이 서로 다른 것을 원할 수 있음을 깨달았다고 했다. 그와 아버지는 서로의 다른 길을 응원해주는 사이가 되었다.

이처럼 자기 자신으로 살아가기 위한 선 긋기는 타인에게도 정신화 능력을 키울 기회가 되어 준다. 이는 상대방 역시 자기 자신으로 살아갈 수 있도록 돕는 계기가 된다. 그러니 단호해지기를 두려워하지 말자. 그 어떤 관계도 자기 자신으로 살아가는 것보다 우선할 수 없음을 반드시 기억했으면 좋겠다.

05

"네가 있어 행복해"라는
거짓말

"네가 있어서 행복해."

연인 사이에서 이 말을 주고받는다면 아마도 그 커플은 관계가 최고조에 이른 상태일 것이다. 서로가 행복의 원천이 되어주는 것은 우리가 사랑을 통해 도달하고자 하는 궁극적인 지점인지도 모른다. 때문에 여전히 많은 커플들이 결혼을 약속하면서 "평생 행복하게 해줄게"라는 달콤한 말을 건넨다.

하지만 나는 이 말이 무척이나 위험하다고 생각한다. 독일의 저명한 심리학자 베르벨 바르데츠키가 저서 《너는 나에게 상처를 줄 수 없다》에서 언급했듯, "네가 있어 행복해"라는 말에는 '네가 없으면 난 불행해', '절대 날 떠나지 마'라는 메시지가 숨어 있다. 즉 나의 행복과 불행,

고통에 대한 책임이 상대방에 있다는 의미가 된다. 이는 나의 행복에 대한 책임을 상대방에게 떠넘기거나 상대방의 삶을 내가 책임지려는 상황을 연출한다. 결국엔 상대방과 나 사이의 선을 지워버리고 서로가 독립된 한 사람으로 살아가는 것을 방해하고 만다.

소영 씨는 32세의 디자이너였다. 그녀는 유명 의류브랜드의 디자이너로 일하는 게 만족스럽다 했다. 부모님을 떠나 자취를 하며 독립된 나만의 공간과 일상을 가꿔가는 것도 행복하다고 했다. 그런 그녀가 상담실을 찾게 된 것은 연애 때문이었다. 소영 씨는 친구의 소개로 지금의 애인을 만났다. 밀당도 없이 처음부터 너무나 솔직하게 만난 두 사람은 금세 세상에서 가장 사랑하는 사이가 됐다. 소영 씨의 친구들은 소영 씨 커플을 닭살 커플이라고 놀리면서도 둘의 친밀한 관계를 부러워했다. 소영 씨는 매일 서로 모닝콜을 하고, 퇴근 후 일과를 공유하며, 잠들기 전 전화를 하고, 주말이면 함께 시간을 보내는 지금이 너무나 행복하다고 했다.

그런데 그녀는 바로 이 소중한 관계에 자신이 너무 집착하고 있는 것 같아 힘들다고 털어놓았다. 소영 씨는 그의 목소리가 조금만 힘이 없어도 '무슨 일 있나?' 하며 걱정이 밀려온다고 했다. 그럴 때 이유를 물으면 그는 "아니. 그냥 좀 피곤해서"라고만 답을 하곤 했다. 그녀는 이 말을 들을 때마다 '내가 무슨 잘못을 했나? 나 때문에 기분이 안 좋은가'라는 생각이 들었다. 그리고 밤새 뒤척이며 '내가 뭘 잘못했을까' 걱정을 하곤 했다. 하지만 아침 모닝콜에서 그의 밝은 목소리를 들으면 언제 그랬냐는 듯 기분이 좋아졌다. 주말에 데이트를 할 때도 그가 맛

있게 음식을 먹는지, 함께 고른 영화를 재밌게 봤는지, 길을 걷는 걸 즐거워하는지 자꾸만 신경이 쓰였다. 그가 즐거워하지 않는 듯 보이면, '나 때문인가?'라는 생각이 들었고, 그가 만족스러워했던 날엔 세상을 다 가진 듯 행복하다고 했다.

그러던 중 애인의 회사 사정이 어려워졌고 그가 정리해고 대상자 명단에 올랐다는 사실을 알게 됐다. 소영 씨는 이 소식을 듣자마자 '나랑 연애하느라 일에 소홀했던 건 아닐까'라며 걱정하기 시작했다. 자신과의 연애에 시간을 쓰느라 그가 힘든 일을 겪게 된 것 같아 죄책감이 밀려왔고, 이런 생각 때문에 자신도 회사 일에 집중이 잘 되지 않는다고 했다. 그녀는 애인의 상황이나 기분을 자기 자신과 일치시켰고 이로 인해 자신의 삶이 엉망이 되고 있다고 느꼈다.

너로 인해 행복해지고 싶은 욕구

나는 소영 씨의 이야기를 들으면서 나의 연애 시절이 떠올랐다. 나 역시 남편과 연애하던 시절, 그의 일거수일투족에 내 기분이 좌우되는 경험을 했고, 그런 나 자신이 낯설어 당황스러웠다. 아마 소영 씨와 나뿐만이 아닐 것이다. 로맨틱한 사랑에 빠져있을 때 사람들은 상대방과 완전히 하나가 된 듯 느끼고 서로의 감정을 잘 구분하지 못한다. 그리고 상대방 덕분에 내가 행복해질 수 있다고, 나 역시 상대방을 행복하게 해줄 수 있다고 굳게 믿는다.

도대체 왜 우리는 사랑을 하면 나와 상대방이 다른 사람임을 잊게 되는 걸까? 정신분석학자들은 근원적인 고독에서 벗어나 완전한 합일감을 추구하고자 하는 욕구 때문이라고 설명한다. 이는 앞서 설명한 신생아가 양육자와 하나된 듯한 느낌과 관련이 있다. 아기는 태어난 직후 자기 자신과 주 양육자를 구분하지 못한다. 자신의 욕구에 조율하는 양육자를 통해 내가 무언가를 느끼고 원하기만 하면 마술처럼 해결된다고 믿는다. 하지만 양육자가 항상 자신의 욕구를 알아맞히지는 않는다. 또한 신체적 활동 범위가 늘어나면서 아기는 양육자로부터 멀어지게 된다. 이런 과정을 통해 아기는 양육자와 내가 다른 사람임을 깨닫는다.

하지만 태어날 때 양육자와 완전히 하나된 듯한 느낌은 매우 강렬하게 남는다. 이 황홀감이 주는 행복감은 너무 커서 아기들은 독립된 나만의 자아를 원하면서도 분리를 인지한 즉시, 불안을 느낀다. 아기들이 주 양육자를 알아보고 인지하기 시작할 무렵 그토록 강렬하게 분리불안을 경험하는 것은 바로 이 때문이다. 이렇게 성장해가면서 아이들은 점점 자신의 독립에 더 무게를 싣고, 홀로됨의 불안을 조절하는 법을 터득하면서 어른이 되어 간다. 그리고 각 개인은 자신만의 독특한 자아를 지닌 고독한 존재인 동시에 혼자서는 살아갈 수 없음을 받아들인다.

이 고독감을 해결하고자 사람들은 신생아 시절 맛봤던 일체감과 황홀감을 무의식적으로 평생토록 추구한다. 그리고 이걸 실제로 경험할 때가 바로 사랑에 빠졌을 때이다. 우리는 사랑에 빠졌을 때 상대방과 완전히 하나가 된 듯한 그 느낌에 빠져든다. 이 기분은 몹시 좋아서 일이나 다른 관계에서 오는 스트레스를 줄여주기까지 한다. 이는 자신의 자아가 확장되고 상대방의 자아를 내 안으로 받아들이는 기쁨이다. 이를 통해 사람들은 고립감과 외로움을 잊는다. 이런 상태에 있을 때 상대방과 나를 구분하는 것은 무의미하게 느껴진다.

내가 아닌 상대방의 행복을 책임지려는 마음

그런데 바로 이 황홀한 일체감은 종종 나와 상대방의 선을 지워버린다. 그 사람의 감정이 고스란히 내 것처럼 느껴지기도 하고, 나의 감정에 상대방이 온전히 함께해 주기를 원하게 된다. 물론 사랑하는 사람의 감정이나 상황에 공감하는 것은 자연스러운 일이고 인간관계에서 반드시 필요한 것이다. 기억해야 할 건 진정한 공감은 상대방과의 선을 지킬 때 가능하다는 것이다. 마치 내가 상대방인 것처럼 그의 감정들을 느끼면서, 동시에 적절한 거리를 두고 상황을 파악해 위로와 힘이 되어 주는 것이 공감이다. 하지만 선이 없는 상태에서 상대방의 감정을 고스란히 느끼는 것은 매몰되는 것에 불과하다. 이럴 때 우리는 상대방에게 위로와 힘이 되어 주기는커녕 함께 감정의 소용돌이에 빠져들어 허우적거린다.

이렇게 나의 감정과 상대방의 감정을 구분하지 못할 때 사람들은 상대방의 감정을 대신 책임지려 한다. 소영 씨가 딱 이런 상황이었다. 소영 씨는 애인의 감정에 압도당했고 그 감정에 대한 책임을 자신에게 물었다. 애인이 정리해고 명단에 들어간 이유는 회사 내부의 사정으로 보는 것이 맞지만, 소영 씨는 이를 자기 때문이라고 생각했다. 감정에의 매몰은 합리적인 사고를 방해했고 일상마저 무너뜨리고 있었다.

《사랑하는 사람을 사랑하는 방법》의 저자 조이스와 베리 비셀은 연인 관계에서의 이 같은 감정적 교류를 '상호의존'과 '상호종속'으로 구분한다. 상호의존이란 자신의 감정과 욕구를 상대방과 구분해 알아차리고 스스로를 돌보면서 서로 의지하며 지내는 상태다. 상호의존하는 커플은 서로가 심리적으로 의지하고 있음을 인식하고 적당한 거리를 두고 관계를 조망할 수 있다. 반면 상호종속은 자신의 감정과 상대방의 감정을 구분하지 못하며 자기 자신보다 상대방을 더 돌보려 하는 상태를 말한다. 상호종속 관계에 있는 사람들은 자신이 상대방에게 심리적으로 의존하고 있음을 인식하지 못한다. 때문에 무의식적인 욕구나 감정들을 상대방에게 투사하면서 서로의 감정을 책임지려 한다.

연인의 감정을 과도하게 살피고 그 감정에 대한 이유를 자기 자신에게서 찾는 소영 씨의 모습은 그녀가 상호종속적인 관계에 있음을 보여주는 것이었다. 소영 씨는 그와의 관계에 자신의 행복을 의존하고 있었다. 연애를 통해 느끼는 황홀감과 행복감은 그녀에게 '그가 있어 행복하다'는 느낌을 갖게 했고, 그의 불행과 슬픔은 곧 나의 불행과 슬픔처럼 느껴졌다. 그녀는 실제로 그에게 "네가 있어서 행복해"라며 종종 사랑 고백을 했고, 그 역시 그녀에게 "네가 있어서 행복해"라며 찬사를 보냈다고 했다. 나의 행복을 상대방에게서 찾는 이런 패턴은 둘의 관계에서 선을 지워버렸고 결국 스스로를 잃어가게 했다.

인에이블러와 의존자의 관계

이렇게 연인관계에서 선이 무너진 상호종속의 관계가 지속되면 '인에이블러와 의존자'로 살아가게 될 가능성이 크다. 인에이블러 _{enabler}는 흔히 '조력하는 자'라고 번역하지만, 실제로는 '도움을 제공함으로써 망치는 자'라는 의미가 포함되어 있다. 사랑하는 이를 도움으로써 자신에게 의존하게 하고 이로 인해 독립된 삶을 살아가지 못하게 한다는 뜻이다.

인에이블러는 '네가 있어 내가 행복하다'고 느끼기에 상대방을 떠나지 못하게 하려는 무의식적 의도를 가지고 있다. 이들은 상대방의 기분을 풀어주고, 상대방이 저지른 일에 대한 책임을 대신 짐으로써 상대방이 전적으로 의존하게 만든다. 그리고 이를 통해 상대방을 떠나지 못하게 하려는 자신의 무의식적 욕구를 충족한다. 인에이블러와 의존자의 관계는 서로가 서로의 욕구를 대신 충족해줌으로써 독립된 한 사람으로 살아가는 것을 방해한다. 정신의학에서는 이를 '공의존'이라 부르기도 한다.

소영 씨는 파트너의 기분을 좋게 해주고, 그 감정에 책임을 대신 짐으로써 자신도 모르는 사이에 인에이블러가 되어 갔다. 그럴수록 상대방은 소영 씨에게 자신의 감정을 점점 더 의존하려 들었다. 이 커플은 공의존 관계로 나아가고 있었다. 이런 관계는 결혼한 부부들에게서도 자주 관찰된다. 나는 소영 씨와 이야기를 나누면서 매우 유사했던 나의 연애시절 그리고 결혼생활 초기의 일들이 떠올랐다.

소영 씨처럼 남편에게 행복을 의존했던 신혼 초의 나는 남편이 행복해야 내가 행복하다고 굳게 믿었다. 이런 믿음은 과도한 돌봄으로 나타났다. 나는 식사, 빨래, 옷차림새, 심지어 남편의 일정까지 모든 걸 책임지고 꼼꼼히 챙겼다. 그렇게 몇 년을 지내자 결혼 전 자취를 했던 남편은 혼자서는 밥도 해 먹지 못하는 아이가 되어버렸다. 반면 나는 돌봄에 너무 많은 시간을 쓴 나머지 내 일을 등한시했고 점점 사회와 단절되어 갔다. 우리는 인에이블러와 의존자가 되어 갔다. 나는 돌봄을 제공함으로써 남편이 자기돌봄 능력을 상실하고 내게 의존하도록 했고, 남편은 내가 돌봄에 많은 시간을 쓰는 걸 내버려 둠으로써 사회적으로 고립되게 했다. 남편과 나는 각자의 중요한 능력들을 상실한 채 반쪽의 삶을 살고 있었던 것이다. 이런 패턴에 문제가 있다고 깨달은 것은 나 자신을 잃어가는 깊은 상실감을 겪은 후였다.

나는 소영 씨가 나처럼 완전한 인에이블러가 되기 전에 뭔가 잘못되어 가고 있음을 인지하고 상담실을 찾아 참 다행이라는 생각이 들었다. 나는 조심스럽게 유사했던 나의 경험담을 들려줬다. 그리고 소영 씨에게 질문을 하나 던졌다.

"나 자신이 아닌 상태로 상대와 나누는 교감이 진정한 사랑이라 할 수 있을까요?"

소영 씨는 이 질문을 마음에 새겼다. 그리고 우리는 나 자신을 지키면서 사랑하는 방법을 찾아 나서기로 했다.

누구 때문에
행복해지는 건 아니다

어쩌면 소영 씨의 고민이 뭐가 문제냐고 반문할 수도 있을 것 같다. 사랑하는 사람의 감정을 살피고, 기분을 좋게 해주려 노력하고, 그 사람의 고통을 내 것인 양 함께 하는 것. 사랑한다면 마땅히 이래야 하지 않냐고 생각할 수 있다. 하지만 소영 씨의 사랑에는 나 자신이 없었다. 사랑하는 사람이 행복해야 나도 행복하다는 생각이 너무 강해, 그와 분리된 자신만의 세계를 그녀는 잃어가고 있었다. 나 자신 즉 주체가 사라진 사랑이 진정한 사랑이 될 수 있을까.

저명한 정신과 의사 스캇 펙 박사가 《아직도 가야할 길》에서 적었듯 정신분석에서 사랑은, 자기 자신과 타인의 정신적 성장을 도와줄 목적으로 자기 자신을 확대시켜 가려는 의지로 정의된다. 즉 사랑은 서로가 자신의 자아를 확장시켜 가면서, 상대방을 통해 나의 그림자들을 통합하고 보다 온전한 한 사람으로 성장해가는 과정이다. 이 과정은 크게 세 가지 단계를 거친다. 첫 번째는 '사랑에 빠지는 단계'로 이 단계에서는 앞서 언급한 온전한 합일감을 느끼며 두 사람 사이의 거리가 사라진 것처럼 느낀다. 이 황홀감은 아이가 양육자, 세상과의 일체감을 통해 전능감을 만끽했던 것 같은 느낌으로 다가온다. 하지만 이 단계는 길어야 18개월이다.

두 번째는 '사랑을 하는 단계'다. 이 단계에서는 싸우고 화해하는 과정을 반복하는데, 이를 통해 자신의 다양한 모습을 발견하고 자아를 확장해간다. 또한 상대방과 분리되어 오롯한 나로 있고자 하는 욕구를 느끼는데, 함께하고 싶은 마음과 홀로 있고 싶은 마음의 균형을 찾아가면서 두 사람 간의 적절한 거리를 만들어 간다.

마침내 이 거리가 만들어졌을 때 사랑은 온전한 단계인 '사랑에 머무는 단계'로 넘어간다. 이 세 번째 단계에 도달하면 자신의 삶을 책임지면서 상호의존을 통해 함께 성장하는 진정한 사랑을 하게 된다.

이처럼 사랑이란 친밀한 두 사람이 적절한 거리를 찾아가며 서로의 성장을 견인하는 과정이라 할 수 있다. 소영 씨의 경우 애인과 무려 4년째 교제하고 있었다. 하지만 사랑에 빠지는 단계에서 한 걸음도 앞으로 나아가지 못했다. 소영 씨는 황홀한 일체감을 놓기 싫어서 스스로 행복해지는 법을 잃어가고 있었다. 그 사람이 없으면 행복하지 않을 것 같은 두려움 때문에 과도하게 상대방의 기분을 살피고 그의 감정에 책임지려 하고 있었다. 이런 단계가 4년 넘게 지속되자 소영 씨는 지쳐

가고 있었다.

의존하고자 하는 이유를 탐색하기

그녀는 자기 자신을 위해, 그리고 사랑하는 연인과의 관계를 위해 스스로 행복해지는 법을 찾아야만 했다. 그 첫 단계는 과도하게 상대방의 마음을 살피고 의존하려는 마음의 이유를 찾는 것이다. 우리는 먼저 소영 씨의 어린 시절 소중했던 사람들과의 관계를 탐색했다. 외동딸인 소영 씨는 부모님의 사랑을 한 몸에 받고 자랐다. 부모님에게 소영 씨는 세상 그 무엇보다도 소중한 존재였다. 소영 씨의 말과 몸짓 하나하나는 모두 부모님께 커다란 의미로 다가왔다. 부모님은 이런 말을 자주 하셨다.

"아이구 우리 딸이 노래를 불러주니 너무 행복하구나."

"네가 피아노 대회에서 상을 받아 오니 엄마 아빠 네가 너무 자랑스럽구나. 엄마 아빠를 행복하게 해줘서 고맙다."

"네가 이토록 좋은 성적을 받다니 정말 너무 고맙고 행복하구나."

소영 씨는 부모님의 이런 말을 듣는 것이 좋았다고 했다. 특히 초등학교 3학년 때 동요대회에서 상을 받았을 때 무척이나 기뻐했던 부모님의 얼굴을 잊을 수 없었다. 그래서 그녀는 열심히 노래를 불렀고, 공부도 열심히 했으며, 부모님을 행복하게 해주려 노력했다. 그럴 때 그녀 역시 행복감을 느꼈다. 이렇게 소영 씨는 부모님을 행복하게 하는 것에서 행복을 찾았다. 하지만 부모님이 조금이라도 실망한 듯 보이면 자꾸만 눈치가 보이고 '내 잘못이 아닌가' 하는 생각이 들었다고 했다.

나는 지금 연인과의 관계를 설명할 때 했던 표현과 부모님에 대한 기억을 말할 때의 표현이 무척이나 유사하다고 소연 씨에게 일러줬다. 잠시 놀란 표정을 짓던 소연 씨는 마침내 이렇게 말했다.

"그러니까 제가 부모님과의 관계에서 했던 것을 지금 제 애인에게 반복하고 있는 거네요. 부모님이랑은 같이 살지 않으니까 신경을 좀 덜 쓰게 됐는데 대신 애인에게 그러고 있는 거네요. 저는 항상 다른 누군가가 행복할 때 제가 행복하다고 느껴왔나 봐요."

나의 욕구와 상대방의 욕구를 구분하기

나는 소영 씨의 통찰이 무척이나 반가웠다. 소영 씨는 늘 타인의 기분에 신경을 쓰는 것이 무척이나 피곤했다며, 이제는 이런 패턴에서 벗어나고 싶다고 했다. 마음의 이유를 알게 된 그녀는 이제 다음 단계, 그러니까 나와 상대방의 욕구를 구분하는 단계로 나아갔다.

우선 소영 씨는 '나는 더 이상 어린아이가 아니다'라는 사실을 명심하기로 했다. 어린 시절의 소영 씨에게는 부모님이 세상의 전부였다. 하지만 이제 32세 성인인 소영 씨에게는 부모님이나 애인 외에도 여러 관계들이 있다. 우리는 학창 시절의 친구들, 일하면서 만난 동료들, 일에서 얻는 성취감 등 소영 씨가 행복을 느낄 수 있는 다양한 자원들을 찾아보았다. 이를 통해 애인이 유일한 행복의 원천이라는 생각에서 벗어날 수 있었다.

이제 소영 씨는 자신의 감정과 욕구를 알아차릴 준비가 됐다. 나는 매주 소영 씨에게 애인과 데이트를 하면서 내 마음에 집중해보는 숙제를 내줬다. 함께 영화를 본 뒤 '상대방이 재미있게 봤나'를 생각하는 대신 '내가 재미있었나'를 의식적으로 생각해보라고 했다. 음식을 먹을 때도 '내가 맛있었는지', '오늘의 데이트에서 내가 만족했는지'를 평가해보도록 했다. 처음에 소영 씨는 나 자신의 감정을 떠올리는 게 어색했다고 했다. 하지만 작은 수첩에 그날 데이트 후 자신의 만족 정도를 적어보는 것을 꾸준히 하면서 점차 자신의 감정과 욕구를 알아갈 수 있었다.

그러던 어느 날 소영 씨는 영화를 본 후 애인에게 이렇게 물었다.

"자기, 난 너무 감동적이었는데. 자기는 어땠어?"

자신의 소감을 말하는 법이 없었던 소영 씨가 마침내 자신의 느낌을 먼저 말한 것이었다. 이는 자신이 상대방과 다른 것을 느낄 수 있음을 기억하고 스스로의 느낌을 존중하기 시작했음을 의미했다.

나는 그녀에게 그 후 어떤 일이 벌어졌냐고 물었다. 소영 씨의 애인은 솔직하게 자신은 지루했다고 털어놓았다고 했다. 이에 소영 씨는 왜 지루했는지를 물었고, 자신이 감동받은 부분에 대해서 설명을 했다. 그녀는 덧붙였다.

"다른 때 같으면 애인이 지루했다고 하면 '에이 나도 지루했어. 돈 아깝다' 이렇게 이야기하고 대화가 끝났을 거예요. 그런데 이번엔 둘이 영화에 대해 토론을 하면서 대화가 더 풍성해지고 서로 어떤 부분을 좋아하고 싫어하는지 더 잘 알게 됐어요."

나의 행복은 나만이 만들 수 있다

이렇게 소영 씨는 자기 자신의 감정과 상대방의 감정을 분리하는 것을 통해 애인과 적절한 거리를 만들어 갔다. 그리고 나와 상대방은 서로 다른 취향을 가지고 있음을, 내가 일방적으로 맞춰줄 필요가 없음을 알아갔다. 또한, 정리해고라는 애인의 불행 때문에 자신까지 불행해질 필요는 없다는 것을, 그의 일이 안타깝긴 하지만, 이는 자신과는 상관없는 그의 회사 사정으로 인해 벌어진 것임을 받아들였다. 그가 느끼는 힘겨움에 공감은 할 수 있지만, 그의 감정까지 책임질 수는 없음을 그녀는 명확히 깨달았던 것이다.

이제 남은 단계는 스스로의 행복을 책임지는 방법을 배우는 거였다. 소영 씨는 애인과의 관계를 떠난 자신의 모습에 대해 생각하기 시작했다. 상담실에서 자신이 좋아하는 것, 버킷리스트, 내가 생각하는 나의 장점 등에 대해 이야기를 나누며 애인과의 관계 외에 내가 행복해질 수 있는 것들을 찾아 나섰다.

소영 씨가 발견한 것은 캘리그라피와 여자들끼리의 수다였다. 사실 어릴 적부터 소영 씨는 글씨 쓰는 것을 무척 좋아했고, 멋진 글들을 옮겨 적으면서 마음이 편안해지는 것을 느꼈다. 연애를 시작하기 전에는 퇴근 후 조용한 방에서 시를 옮겨 적으며 행복해하곤 했었다. 그녀는 이런 기쁨을 잊고 있었다고 했다. 소영 씨는 캘리그라피 온라인 카페에 가입을 했다. 붓과 종이를 사고 퇴근 후 여가 시간에 캘리그라피를 즐기기 시작했다.

또한 오래된 친구들과의 관계에서 얻었던 기쁨들을 기억해냈다. 애인이 생기기 전 그녀는 스트레스를 받을 때마다 어릴 적 친구들과 수다를 떨며 털어내곤 했었다. 애인이 생기면서 그녀는 친구들과 만나는 횟수를 줄였고 여자들끼리의 수다에서 얻는 행복을 누리지 못해왔다. 그러던 어느 주말 그녀는 애인에게 "이번 주말에는 친구들을 집으로 초대해 놀고 싶다"고 말했고, 애인 대신 여자친구들과 밤샘 수다를 떨었다. 소연 씨는 그 후 상담실에서 "정말 속이 후련했다"며 "애인 없이도 나는 행복해질 수 있음을 알았다"고 말했다.

이렇게 소연 씨는 '애인이 행복해야만 나도 행복해진다'는 오랫동안 자신을 괴롭혀왔던 생각에서 자유로워졌다. 캘리그라피 취미를 즐기고, 오래된 친구들과 만남을 이어가면서 스스로 행복해지는 방법을 찾아냈다. 그러자 애인과의 관계도 더 자연스러워졌다.

"사실요, 매일 밤 매주 애인만 만나는 게 좀 답답했던 거 같아요. 피곤한 날에도 안 만나주면 상처받을까 봐 억지로 만나곤 했는데 요즘은 그런 날엔 너무 피곤해서 쉬고 싶다고 솔직하게 말하고 집에서 쉬거든요. 그러니까 애인을 만났을 때 더 반갑고 좋은 거예요. 눈치를 보지 않고 내 의견을 말하자 내가 먹고 싶은 것도 더 많이 먹고, 내 취향의 영화도 보고, 데이트도 훨씬 즐거워졌어요."

마침내 소연 씨는 자기 자신을 지키면서 사랑하는 법을 찾아냈다. 나와 상대방의 감정과 욕구를 구분하고, 상대방이 아닌 나 자신을 보살핌으로써 스스로도 행복해지고, 관계도 더 풍성해지는 결실을 맺었다.

내 인생의 드라마를 꼽으라면 반드시 떠오르는 드라마가 한 편 있다. 바로 2018년 방영됐던 차태현, 배두나 주연의 KBS2 드라마 〈최고의 이혼)이다. 사랑하면서도 서로에 대한 서운함만 쌓아가던 커플이 이혼을 결심하면서 적절한 거리를 찾아가는 과정을 그린 이 드라마에는 이런 대사가 나온다.

"사람은 누구 때문에 행복해지는 게 아니야."

정말 그렇다. 그 누구도 나를 행복하게 해줄 수 없으며, 우리는 자기 자신의 행복만을 책임질 수 있다. 나의 행복을 누군가에게 의존하려 할 때, 혹은 내가 누군가의 행복을 책임지려 할 때, 관계는 숨 쉴 공간을 상실하고 생명력을 잃어간다. 스스로의 행복을 지켜갈 힘을 가진 두 사람이 함께할 때, 독립과 의존 사이에 적절한 거리를 찾아내고 관계에 숨을 불어 넣을 수 있다. 지금 사랑 때문에 숨이 막혀온다면 둘 사이의 거리가 적절한지 한번 점검해보자. 각자가 독립된 삶의 주체로서 자신의 행복을 책임질 때만 서로의 성장을 견인하는 진정한 사랑을 할 수 있음을 반드시 기억했으면 한다.

07

타인에게 군림하거나
지나치게 맞춰주거나

〈타인은 지옥이다〉, 2019년 방영됐던 OCN 드라마의 제목이다. 이 드라마를 보지는 않았지만, 제목이 인간관계의 단면을 매우 잘 보여주고 있다고 생각했다. 사람은 관계 안에서만 존재할 수 있다. 다른 동물에 비해 형편없이 연약한 상태로 태어남을 굳이 상기하지 않더라도, 인간은 홀로 존재할 수 없기에 관계는 인간 생존의 필수조건이다. 하지만 때론 이 생존의 필수조건이 지옥처럼 느껴질 때가 있다. 바로 독립적이고 자율적인 존재로서의 개인이 존중되지 않을 때, 관계는 지옥이 되어버린다. 준호 씨와 미영 씨는 관계의 지옥을 경험하고 상담실을 찾았다.

#1

　준호 씨는 입사 이후 3년 넘게 쭉 기획부에서 일해왔다. 그는 얼마 전까지만 해도 회사생활에 매우 만족했다. 원했던 부서에 배치받아 열정적으로 일했고 그만큼 회사에서 인정도 받고 있었다. 동료들과의 관계도 원만한 편이었다. 문제가 생긴 건 4개월 전 인사이동으로 팀장이 바뀌면서부터였다. 새로 온 팀장은 야심가였고 자신만만했으며 화려한 언변으로 직원들을 통솔했다. 준호 씨는 이전의 사람 좋았던 팀장과 달리 카리스마가 있는 새 팀장이 멋있어 보였고 그와 좋은 관계를 맺고 싶었다. 적극적으로 아이디어를 내고 여러 차례 기획안을 올렸다. 그런데 새로 온 팀장의 반응은 도무지 종잡을 수가 없었다. 기획안을 쓰는 과정 중엔 다가와 이것저것 물으며 관심을 보이고 격려를 하다가도 제출만 하면 "두고 가!" 쌀쌀맞게 대했다. 때로는 "이걸 새로운 거라고 써 왔냐"고 다그치기도 했다. 그럴수록 준호 씨는 팀장에게 잘 보이기 위해 애를 썼다.

　그러던 어느 날 팀장들의 회의 장면을 우연히 목격하게 된 준호 씨는 적잖은 충격을 받았다. 팀장이 자신이 만든 PPT로 회의에서 발표를 하고 있는 거였다. 팀장은 그 후로 준호 씨에게 "발표 자료를 잘 만든다"며 자신의 발표 자료들을 손질해달라고 부탁해왔다. 준호 씨는 기분이 묘했지만 팀장에게 인정받은 것 같아 좋았다고 했다. 팀장은 그렇게 준호 씨가 만들어 준 보고서를 자신이 만든 것인 양 제출하거나 발표했다. 그리고는 또다시 준호 씨를 추켜세웠다. 준호 씨는 그럴 때마다 우쭐한 생각이 들었다. 그는 자신이 팀장에게 특별한 사람이 된 것만 같았다.

하지만 결국 문제가 생겼다. 팀장의 보고서를 대신 만드는 동안 준호 씨 자신의 업무를 소홀히 했던 거다. 어느 날 준호 씨는 자신이 맡은 시장 조사를 제때 마치지 못했다. 그러자 팀장은 불같이 화를 냈다. 준호 씨는 차마 말로 옮기기 힘든 모욕적인 말들을 들었다고 했다. 그는 점차 자신이 이상해지고 있다고 느꼈다. 팀장이 칭찬을 해주었을 때는 세상에서 가장 잘난 사람처럼 느껴지다가 반대로 모욕을 줄 때는 스스로가 무척 하찮게 느껴졌다. 팀장의 반응에 천국과 지옥을 오가는 자기 자신이 한심하기만 했다.

#2

미영 씨는 너무나 난감하다며 상담실을 찾았다. 서울 토박이였던 미영 씨는 남편이 대구로 발령을 받으면서 갑작스레 대구에 살게 됐다. 먼 친척조차 한 명 없는 대구에 정착하게 된 미영 씨는 같은 또래의 아이를 둔 옆집 언니에게 많이 의지했다. 이 언니는 미영 씨가 이사 온 날 인사를 건네왔고, 종종 음식도 나눠 주었으며, 급할 땐 아이도 돌봐주었다. 미영 씨는 정말 좋은 이웃을 만나 참 다행이라고 생각했다.

언니는 아이들이 유치원에 가고 나면 종종 미영 씨의 집을 찾아왔다. 아이들 간식거리나 밑반찬을 만들어서 말이다. 미영 씨는 언니의 정성에 감동 받았고 서슴없이 현관문을 열어주고 이야기를 나누며 시간을 보냈다. 언니는 자신의 어려움을 털어놓기도 했는데, 그럴 땐 언니가 자신을 믿어주는 듯해 고마운 마음이 들었다. 하지만 언젠가부터 이런 관계가 피곤하게 느껴졌다. 때로는 혼자만의 시간을 갖고 싶었지만, 그럴 수 없었고 답답하다는 생각이 자꾸만 들었다. 한번은 언니에게 "내일은 일이 좀 있다"고 말했었는데 언니의 표정이 순식간에 굳어버린 적이 있었다. 그 표정을 본 뒤로는 언니의 방문을 거절하기가 힘들었다.

그러던 어느 날 언니는 미영 씨의 집에 오자마자 눈물을 흘렸다. 친정 아버지가 아프신데 병원비가 급하다고 했다. 울면서 돈을 빌려달라는 언니의 말에 마음이 몹시 아팠지만 선을 넘는 듯해 거절했다. 언니의 표정엔 금세 서운함이 스쳤다. 다음 날 언니는 미영 씨에게 '괜한 걸 부탁해서 미안하다. 내게 뭔가 서운한 것은 없었냐'며 장문의 문자를 보내왔다. 미영 씨는 죄책감이 느껴져 너무나 괴로웠다. 남편에게 언니에 대해 이야기를 했더니 남편은 "이용당하지 말라"며 화를 냈고, 이 일로 미영 씨는 부부싸움까지 한 터였다.

준호 씨와 미영 씨는 전혀 다른 상황에 처해 있었지만 이들이 느끼는 감정은 비슷했다. 바로 특정인과의 관계에서 옴짝달싹 못하는 무력함을 느낀다는 점이었다. 이들은 자신들을 함부로 침범해 들어오는 사람에게 완전히 이용당하고 있었다. 바로 '자기애적 성격의 덫'에 빠진 것이었다.

자기애적 성격이란

'나르시시즘'. 심리학을 전공하지 않았더라도 한 번쯤 들어보았을 것이다. 자신의 모습을 너무나 사랑한 나머지 물에 빠져 죽은 그리스 신화의 주인공 나르키소스에서 따온 이 단어를 우리 말로는 '자기애'라고 번역한다. 신화 속 나르키소스가 자신을 너무나 사랑했듯 자기애는 자기 자신을 사랑하는 마음을 일컫는다.

자기애는 정의 그대로라면 사람에게 꼭 필요한 요소다. 나 자신을 사랑하는 마음이 없으면 자존감을 유지하기도 타인과 평등하게 교류하기도 힘들다. 정신분석학의 아버지 지그문트 프로이트는 자기애를 심리적 에너지가 자기 자신에게로 향하는 것이라고 했다. 프로이트는 어린 시절의 자기애는 정상적인 것이라고 했다. 자기심리학의 창시자 하인즈 코헛도 어린 시절 부모의 전폭적인 지지를 받는 과정에서 나타나는 자기애는 성장 과정에 필수적이라고 했다. 즉 유아가 자신이 원하는 대로 해달라고 요구하며 양육자를 조정하려 들거나 마치 자신이 뭐든지 다 할 수 있을 것처럼 여기는 행동들은 정상적인 발달과정이라는 것이다.

유아기의 자기애는 지극히 자기중심적이고 스스로의 자아를 거대하게 느끼는 데 기반해 있다. 하지만 이런 비현실적인 자기애는 적절한 충족과 좌절을 반복하면서 현실적으로 바뀐다. 코헛에 따르면 자기애는 양육자의 공감적인 반응을 통해 일정 부분 충족되면서 자기 자신에 대한 긍정적인 상을 형성하는 기반이 되어 준다. 하지만 웅대한 자기는 필연적으로 좌절되기 마련이다. 유아는 자기중심적인 욕구들이 적절하게 좌절되는 경험을 통해 점차 '세상은 나를 중심으로 돌아가지 않는다'는 현실을 수용하게 된다. 이런 과정은 현실적이고 건강한 자기애를 형성하는 데 필수적이다. 이렇게 형성된 건강한 자기애는 자기 자신을 사랑하면서도 좌절을 받아들이고 타인에게 공감하고 배려할 수 있는 마음의 토대가 된다.

문제는 바로 자기애가 적절히 충족되거나 좌절되지 않는 경우다. 코헛은 자기애가 충족되지 못하고 지나친 좌절만 경험했을 경우, 자기 자신을 보호하기 위해 웅대한 자기상에 집착하게 된다고 했다. 반대로 부모의 과잉보호나 성장 과정의 특이점으로 적절한 좌절을 경험해보지 못할 경우에도 현실에서의 좌절을 받아들이지 못하고 유아기적인 자기애를 성인기까지 유지하게 된다고 했다. 심리학자들은 이렇게 자기애의 충족과 좌절에 문제가 있어 성인이 되어서까지 비현실적인 자기애를 가지고 있는 사람들을 '자기애적 성격을 지닌 사람' 혹은 '나르시시스트'라고 부른다.

외현적 자기애 vs 내현적 자기애

자기애적 성격은 크게 '외현적 자기애'와 '내현적 자기애'라는 두 유형으로 나뉘어진다. 외현적 자기애는 '나는 중요한 사람'이라는 자기애를 거침없이 뿜어내는 유형이다. 외현적 자기애를 가진 이들은 거만한 태도로 타인을 대하며 권력과 성공에 집착한다. 특권의식을 가지고 있고 이를 유지하기 위해 타인을 착취하는 일도 서슴지 않는다. 준호 씨의 새로운 팀장이 바로 이런 유형이었다. 준호 씨의 팀장은 자신을 추켜세우는 사람들의 말만 듣고 그들에게만 친절했으며, 자신보다 능력이 좋거나 직언을 하는 사람들에겐 비아냥거리기 일쑤였다.

팀장은 자신보다 능력이 있어 보이는 준호 씨를 깎아내려 자신의 자존감을 높이려 했고, 동시에 준호 씨가 쓴 보고서를 자신이 한 것처럼 둔갑시키는 일도 서슴지 않았다. 자신의 성공을 위해 준호 씨를 이용하고 있었다.

이런 외현적 자기애의 극단적인 유형들은 종종 드라마나 뉴스에 등장한다. 2020년에서 2021년에 걸쳐 방송되며 큰 화제를 모았던 SBS 드라마 〈펜트하우스〉의 주인공들은 모두가 외현적 자기애의 화신들이었다. 주인공 천서진(김소연 분)과 주단태(엄기준 분)를 비롯한 펜트하우스의 주민들은 많은 걸 가졌음에도 더 갖지 못해 안달하고, 자신에게 도전해오는 이들을 무참히 짓밟는다. 이들은 자신의 거대한 자기를 채우지 못해 바둥거리고 있었다. 뉴스에 종종 등장하는 갑질 기업인이나 정치인들 역시 외현적 자기애를 뿜어내는 사람들이다. 이들은 거만한 태도로 타인을 대하며 자신의 권력과 성공에 집착해, 남을 이용하는데 일말의 죄책감도 느끼지 않는다.

다른 하나는 내현적 자기애로 타인의 반응에 촌각을 곤두세우고, 나를 좋아해주고 있는지 아닌지에 집착하며 사랑받기 위해 애쓰는 유형이다. 이들은 겉으로는 티를 내지 않지만 '나는 모든 사람들에게 사랑받아야 마땅하며 거절당해서는 안 된다'는 신념을 품고 있다. 타인에게 호의를 베풀고 지나치게 친절하게 대함으로써 자신들이 좋은 사람임을 인정받으려 한다. 또한 끊임없이 사랑을 갈구하고 사랑받고 있음을 확인하려 든다. 이들은 호의와 친밀감을 통해 자신들의 부탁을 거절하지 못하게끔 다른 사람들을 조정한다. 주로 죄책감을 이용해 상대방을 조정하는데 혹여라도 이런 노력이 받아들여지지 않거나 거절당하면 불같은 자기애적 분노를 뿜어내기도 한다.

미영 씨의 이웃이 이런 경우였다. 미영 씨의 옆집 언니는 호의와 친절, 동정으로 미영 씨의 관심과 사랑을 얻으려 했고, 자신의 경제적 문제에 미영 씨의 도움을 받으려 했다. 하지만 미영 씨가 거절하자 분노와 슬픔을 동시에 표현하며, 미영 씨에게 죄책감을 유발해 옴짝달싹 못 하게 만들어 버렸다.

자기애적 성격의 근원

외현적 자기애와 내현적 자기애는 서로 너무나 다른 모습으로 드러나기 때문에 완전히 다른 성격처럼 보여지곤 한다. 하지만 둘은 근본적으로 같은 심리구조를 가지고 있다. 이들은 매우 공허하고 외로운 사람들이다.

외현적 자기애를 가진 사람들이 자신의 특권을 과시하고 타인에게 군림하려는 것은 있는 그대로 사랑받아본 경험이 없기 때문이다. 어릴 적 양육자로부터 수용과 존중을 경험한 사람들은 자기애를 과시하지 않고도 나약한 자신의 모습을 있는 그대로 사랑할 수 있다. 하지만 외현적 자기애를 가진 사람들은 대체로 이런 경험들이 결핍되어 있다. 이들은 잘나고 힘 있는 모습이었을 때만 사랑과 존중을 받고, 좌절의 순간엔 비난을 받거나, 적절한 좌절을 경험하지 못한 채 성장했을 가능성이 높다. 자신의 나약함을 도무지 받아들일 수 없는 이들은 타인을 착취해서라도 자신의 힘을 과시하려 든다.

내현적 자기애를 가진 사람들도 마찬가지다. 이들 역시 있는 그대로 존중받아 본 경험이 부족하기에 독립된 나 자신으로서는 늘 부족하고 공허하며 외롭게 느낀다. 때문에 타인의 사랑을 갈구하고 그 사랑을 확인하는 것을 통해 이런 공허감을 메우려 한다. 이들이 타인에게 지나친 친밀감을 갈구하고 맞춰주며 잘해주는 것은, 사랑받는 느낌을 유지함으로써 내면의 공허를 채우려는 무의식적 시도들이다.

결국 자기애적 성격을 지닌 사람들, 즉 나르시시스트들은 자기애가 넘치는 사람들이 아니라 텅 비어버린 자기를 채우기 위해 안간힘을 쓰고 있는 사람들인 셈이다. 이들은 진정한 자기를 느낄 수 없기 때문에 타인을 이용하지 않고서는 자기 자신을 유지하지 못한다. 자기 자신과 타인을 잘 구분하지 못하는 것이다.《나르시시즘의 심리학》의 저자인 미국의 심리치료사 샌디 호치키스가 "경계 침범은 타인의 나르시시즘을 가늠할 수 있는 가장 결정적인 실마리"라고 단언한 것은 바로 이런 이유에서다.

이렇게 자신과 타인의 경계를 구분하지 못하는 사람들의 침범은 관계의 감옥을 경험하게 한다. 준호 씨와 미영 씨는 자기애적 성격을 지닌 사람들에게 경계를 완전히 침범당했고 이로 인해 고통을 겪고 있었다. 이들은 무너진 경계를 바로 세우고 나르시시스트들로부터 자신을 지키는 법을 찾아내야 했다.

08

나르시시스트로부터
나를 지키기

"팀장의 칭찬과 비난에 휘둘리는 제가 한심해 보여요."

"언니를 돕지 못하는 제가 너무나 못된 사람 같아요."

준호 씨와 미영 씨가 겪는 어려움을 한 문장으로 정리하면 위와 같다. 이들은 한결같이 자신을 힘들게 한 나르시시스트가 아닌 자기 자신을 비난하고 있었다. 나르시시스트들과의 관계는 여러 가지 감정들을 불러일으킨다. 준호 씨처럼 고양되는 기분과 모욕감을 동시에 느끼기도 하고 미영 씨처럼 죄책감을 느끼기도 한다. 이런 감정들이 반복되다 보면 자기 자신에 대한 수치심으로 이어진다. 수치심은 자신의 존재 자체를 비난하고 싶은 마음 즉 '내가 어딘지 부적절하고 부끄러운 존재 같다'는 느낌이다. 준호 씨와 미영 씨는 나르시시스트들과의 관계를 지속하면서 이 수치심의 늪에 빠져들고 말았다.

　그렇다면 이들은 왜 수치심을 느끼고 있는 걸까? 이는 이들이 상대하는 나르시시스트들의 핵심 감정이 수치심이기 때문이다. 앞서 살펴보았듯 있는 그대로의 모습으로 사랑받아보지 못한 나르시시스트들은 스스로를 부적절하다고 느끼는 경우가 많다. 이들의 내면은 무척이나 공허하고 동시에 수치심으로 가득 차 있다. 나르시시스트들은 바로 이 수치심을 들키지 않기 위해 타인에게 군림하려 들거나 다른 이들의 사랑을 끊임없이 확인하려고 한다. 그리고 이런 감정들을 자신들에게 걸려든 사람들에게 투사한다. 준호 씨와 미영 씨가 느끼는 수치심은 실은 자신들의 것이 아니라 나르시시스트들에 의해 불러일으켜진 것일 가능성이 매우 높았다.

　따라서 자기애적 성격을 가진 사람들과의 관계에서 벗어나기 위해서는 바로 이 수치심, 그러니까 내 것이 아닌 수치심을 털어내는 것이 중요하다. 진짜 나의 감정과 상대방이 불러일으킨 감정을 구분하고 적절한 선을 그어 스스로를 지켜내야 한다. 샌디 호치키스는 저서 《나르시시즘의 심리학》에서 이 과정을 4단계로 정리했다.

　1. 나의 감정을 들여다볼 것

　2. 현실을 받아들일 것

　3. 경계를 정하고 끝까지 지켜낼 것

　4. 다른 주고받는 관계를 만들어 갈 것

나의 감정을 들여다보기

나르시시스트들로부터 나를 지키기 위한 첫 단계는 나의 감정과 나르시시스트인 상대방의 감정을 구분하는 것이다. 그러기 위해서는 자신의 감정을 탐색하고 내가 왜 나르시시스트에게 끌렸는지를 이해하는 것이 중요하다.

준호 씨는 이를 위해 성장해온 과정들을 탐색했다. 준호 씨는 집에서든 학교에서든 직장에서든 항상 성실한 사람이었고, 좋은 모습으로 보이기 위해 애써왔다고 했다. 그는 스스로를 모범생이라고 표현했다. 또한 살아오면서 가장 행복했던 때와 비참하거나 슬프게 느껴졌던 순간들에 대해서도 이야기를 나누었다. 그의 이야기 속에는 타인에게 인정받고 싶어 하는 마음들이 드러나 있었다. 몇 회기 동안 이런 이야기들을 나눈 후 준호 씨는 이렇게 말했다.

"저는 남에게 인정받는 걸 무척 중요하게 생각했던 것 같아요. 모범생으로 살아왔던 것도 좋은 평가를 받고 싶어서였고, 남이 좋게 평가해줄 때 행복하다고 여기고, 그게 안 됐을 때 불행하다고 여겼었네요. 아마도 이런 마음이 너무 강해서 팀장에게도 인정받으려고 애쓰다 휘둘린 게 아닐까요?"

그의 통찰은 옳았다. 인정욕구가 컸던 준호 씨는 자신의 상사로 온 나르시시스트에게 인정받고자 애썼던 것이었다. 준호 씨는 인정받고자 하는 마음이 강해, 상대방이 자신에게 미치는 영향을 인식하지 못한 것일 뿐, '내가 원래 못난 사람'이 아니었음을 이해할 수 있었다.

미영 씨와는 대구로 내려온 후 느꼈던 복잡한 감정들에 대해 이야기했다. 그녀는 이전에 친밀했던 사람들과의 관계가 단절된 것에 대한 상실감과 상의 없이 대구로의 이직을 결정지은 남편에 대한 원망이 가득 차 있었다. 그녀는 외로움과 고립감을 느끼고 있었다. 미영 씨는 자신의 이런 마음을 유일하게 알아준 존재가 바로 옆집 언니였다고 했다. 나는 그녀의 상실감과 공허함, 분노에 충분히 머무르며 공감해 주었다. 그리고 그런 상황에서 가까운 이웃에게 의지하게 되는 건 당연한 것이라고 타당화해 주었다. 또한 목돈을 빌려주는 것은 아주 오래된 친구나 형제자매 사이에서도 쉽게 할 수 없는 일이며, 그걸 거절한 건 현명한 처사였다고 말해주었다. 이런 과정을 반복하던 어느 날 미영 씨는 이렇게 말했다.

"제가 너무 외로웠나봐요. 그래서 언니에게 지나치게 의지했었던 것 같아요. 제가 못나거나 나쁜 건 아니었던 것 같아요."

그녀는 자기 자신이 부적절하고 나쁜 사람이라는 느낌에서 벗어날 수 있었다.

현실을 인정하기

자기 자신에 대한 탐색을 통해 수치심이 내게서 비롯된 것이 아니라 나르시시스트들에 의해 불러일으켜진 것임을 이해했다면, 이제 나르시시스트들을 현실적으로 바라보는 단계로 나아가야 한다. 준호 씨와 미영 씨는 나르시시스트들을 이상화하지 않고 있는 그대로 바라보는 작업에 착수했다.

인정받고 싶은 마음이 많았던 준호 씨는 팀장의 자신만만한 태도, 타인을 쥐락펴락하는 능력을 '대단하다'고 여기고 있었다. 이는 나르시시스트인 팀장이 자신을 과시했기 때문이기도 하지만, 그의 강한 인정욕구가 작동한 것이기도 했다. 자신이 인정받고자 하는 대상이 대단한 사람일 때 인정받는 기쁨이 더 커지기 때문이다. 자신의 마음을 성찰한 준호 씨는 자신이 팀장의 단점조차 이상화해왔음을 알아차릴 수 있었다. 그러자 그는 곧 깨닫게 되었다. 팀장의 자신만만한 행동은 거만한 것이며, 타인을 쥐락펴락하는 능력은 바로 타인을 착취하는 것임을 말이다. 현실을 직시한 준호 씨는 팀장에게 인정받고 싶은 마음이 줄어들었다고 했다.

미영 씨는 자신을 도와주는 언니를 너무 좋은 사람이라고 이상화하고 있었다. 착하고 좋은 언니라 생각하고 있었기에, 침해에 가까운 방문과 돈을 빌려달라는 부당한 요구 역시 좋게 느꼈던 것이다. 미영 씨는 이제 새로운 눈으로 언니를 보기 시작했다. 즉 언니가 도와주고 곁에 있어 준 것은 고마운 일이지만, 자신의 경계를 함부로 침범한 것에 대해서는 분노했다. 미영 씨는 "사실 언니가 과했던 게 많은데 저는 그런 요구를 못 들어주는 제 자신을 탓했으니 제 자신에게 미안하네요"라고 말하며 마침내 이상화를 내려놓았다.

오랫동안 습관처럼 해왔던 이상화를 내려놓는 건 결코 쉬운 일이 아니다. 이럴 땐 자기 자신의 강점을 인식하는 것이 도움이 된다. 준호 씨는 팀장을 만나기 전 유능했던 자신의 모습을 떠올렸고, 미영 씨는 낯선 곳에서 적응해낸 것에는 언니의 도움보다 자신의 노력이 더 큰 역할을 했음을 기억해냈다. 이런 과정을 통해 둘은 자신들을 괴롭혔던 나르시시스트들을 정확하게 바라볼 수 있게 됐다.

경계를 정하고 끝까지 지켜내기

이렇게 나르시시스트들의 실체를 파악하고 나면 경계 설정의 단계로 나아간다. 자기애적 성격을 가진 자들의 가장 큰 특징은 타인과 자신을 구분하지 못하고, 타인을 자신의 욕구를 채워줄 대상으로 본다는 것이다. 이들은 경계 설정을 할 줄 모른다. 경계를 먼저 만들어야 할 쪽은 그들을 상대하는 우리들이다.

나르시시스트들과 경계를 설정하는 핵심은, 관계를 통제할 힘을 내가 가지고 있다고 믿고 이를 실행하는 것이다. 나르시시스트들과의 관계를 완전히 끊어내면 가장 편하겠지만, 현실에서 완전한 관계 단절은 불가능한 경우가 많다. 관계를 지속해야 하는 상황에서 무작정 단호하게만 대하는 것은 이들의 자기애적 분노를 자극하게 되고, 오히려 더 큰 상처를 받게 된다. 따라서 무조건 단호하게 대하는 것보다 그 사람의 관계를 지금부터 '내가 통제한다'는 마음으로 적절한 타협선을 만드는 것이 필요하다.

준호 씨는 상담 기간 동안에도 팀장의 업무를 대신하느라 자신의 업무는 늦게 처리하곤 했다. 그러던 어느 날 팀장은 또 준호 씨를 불러 비난을 해댔다. 이때 준호 씨는 마음속으로 '나를 비참하게 만들어 자신의 권위를 확인하려 하는구나'라고 생각했다. 그리고 팀장에게 겸손한 말투로 "팀장님 업무를 돕는 것도, 제 일을 하는 것도 다 중요한데 제가 능력이 부족한 것 같아요. 그러니 시간을 좀 더 주시면 안 될까요?"라고 말했다. '자신의 능력이 부족하다'는 게 진실은 아니었지만, 이런 식으로 말하는 것은 자기애적 성격을 가진 이들의 우월하고자 하는 욕구를 채워주기 때문에 반감을 줄일 수 있다. 준호 씨의 말에 욕구가 채워진 팀장의 분노는 누그러졌고 준호 씨의 제안을 받아들였다. 준호 씨는 상담실에서 "팀장을 맞춰주는 듯하면서 제 요구를 관철시키니 통쾌했다"고 털어놓았다. 이런 식으로 그는 팀장과의 관계를 통제하기 시작했다.

미영 씨 역시 언니와 관계를 끊고 싶지는 않았다. 옆집에 살기 때문에 자주 마주칠 게 분명했고 관계 단절은 오히려 불편하기만 할 것 같았다. 미영 씨가 택한 방법도 적당한 선을 긋고 이를 지켜가는 선에서 관계를 유지하는 거였다. 미영 씨는 돈을 빌려주는 것과 불쑥불쑥 찾아오는 것은 거절하지만 언니와 대화를 나누는 것은 계속한다는 원칙을 세웠다. 그리고 거절할 때 죄책감을 갖지 않기로 하고 이는 나를 지키는 정당한 일임을 기억하기 위해 애썼다. 어느 날 미영 씨는 갑자기 찾아온 언니에게 "언니 저 지금 급한 일이 있어서 좀 나가봐야 해요. 미안한데 다음에 다시 오실래요?"라고 말했다. 물론 급한 일은 없었고 집에서 쉬고 싶은 마음이었다. 미영 씨는 적절한 핑계를 둘러대 자신만의 시간을 확보할 수 있었고 처음으로 언니와의 관계에서 통제감을 느꼈다. 하얀 거짓말을 하긴 했지만, 죄책감을 느끼진 않았다. 언니의 자기애적 분노를 자극하지 않으려는 현명한 조치였으니 말이다..

다른 주고받는 관계를 만들기

나르시시스트들과의 관계를 통제할 수 있게 되었다고 해도 나르시시스트들을 상대하는 일은 매우 피곤한 일이다. 때문에 호치키스는 "나르시시스트들과 상대하는 사람들에게는 개별성과 경계를 존중하는 다른 관계가 반드시 필요하고, 여기에서 즐거움을 찾음으로써 나르시시스트들과의 관계에서 오는 소진을 줄여가야 한다"고 말한다.

준호 씨는 이 마지막 단계를 실행하기 위해 소홀했던 대학 동창 모임에 다시 나가기로 했다. 오랜만에 만나도 마치 어제 만난 것처럼 느껴지는 편한 친구들과 이야기를 나누며 회사에서의 긴장감을 해소할 수 있었다. 그는 친구들과 술 한 잔하며 나르시시스트 팀장에 관한 뒷담화를 한바탕 털어놓았는데 무척이나 속이 시원했다고 했다.

미영 씨는 언니에게만 '올인'했던 관계를 넓혀가기로 했다. 아이 유치원 친구의 엄마들 모임에도 적극적으로 나가서 친분을 쌓았고, 어릴 적 친구들에게도 종종 전화를 해 이야기를 나누었다. 관계가 다양해지면서 미영 씨는 언니에게 덜 의지할 수 있었고 적당한 거리를 유지해 갈 수 있었다.

자기애적 성격을 가진 이들, 그러니까 나르시시스트들은 자신과 타인의 경계를 잘 구분하지 못하는 특성을 지니고 있다. 때문에 이들과 관계하는 일은 무척이나 힘들고 침해받는다는 느낌까지 든다. 문제는 나르시시즘의 요소는 어떤 관계에서든 등장할 수 있다는 것이다. 사실 앞서 살펴본 부모와 자녀의 관계나, 연인 사이 등 매우 친밀한 관계에서도 나르시시즘의 요소는 내재되어 있다. 이는 모든 인간이 양육자와 자신을 구분하지 못한 채 스스로가 전지전능하다고 느끼는 자기애적 상태로 태어나기 때문일 것이다. 인간의 심리적 성장이란 어쩌면 자기애적 욕구들을 적절한 충족과 좌절을 통해 극복해가는 과정인지도 모른다. 미국의 철학자 마사 누스바움은 저서《타인에 대한 연민》에서 이에 대해 다음과 같이 명확하게 정리한 바 있다.

"상호의존과 평등을 중심으로 타인과 공존하기 위해 우리는 모든 인간이 탄생과 함께 겪는 나르시시즘을 극복해야 한다."

누스바움의 말대로 진정한 관계는 평등할 때만이 가능하다. 나르시시즘을 극복하지 못한 관계는 타인과 자신의 경계를 무너뜨리고 지배와 피지배의 관계로 변질되기 쉽다. 이는 관계를 지옥으로 만들어 버린다. 타인과 나를 잘 구분 짓고 적절한 거리를 유지하며 건강하지 못한 자기애를 극복하는 것은, 타인과 보다 잘 관계 맺기 위해서라도 반드시 필요하다. 자기 자신을 잘 지켜내는 것, 그러니까 남과 선을 잘 긋는 것은 나 자신을 위한 것뿐 아니라 인간 생존의 필수조건인 진정한 관계를 만들어 가는 기반임을 잊지 말았으면 한다.

모두에게 사랑받을
필요는 없다

　나르시시스트들이 자기애적 욕구를 충족시키기 위해 선을 넘어 타인을 이용한다면, 반대편의 극에 있는 사람들도 있다. 바로 타인에게 신경 쓰느라 자기 자신을 외면하며 사는 이들이다. 이들은 다른 사람들에게 인정받는데 너무 많은 에너지를 쓰는 나머지 자기 자신의 삶을 살아가지 못한다.

　현정 씨는 뭐든 열심히 하며 살아왔다. 착하고 야무진 아이였던 현정 씨는 어린 시절부터 주변 어른들에게 "똑똑하면서 착하기까지 하네"라는 말을 종종 들어왔다. 이 말을 실현이라도 하듯 현정 씨는 어떤 일에든 최선을 다했다. 초등학교 시절에는 친구들을 잘 도와 학교에서 선행 어린이 상을 독차지했고, 중고등학교에서 성적은 늘 최상위권을 유지했다. 로스쿨에도 좋은 성적으로 입학해 현재는 변호사 시험을 준비하고 있다.

　그녀가 상담실을 찾은 이유는 공부에 집중이 잘 되지 않아서였다. 그녀는 혼자 공부할 때면 다른 사람들과 있었던 일들이 떠오른다고 했다. 사람들에게 했던 말들이 자꾸 생각나면서 '내가 한 말이 상처가 되지는 않았을까' 하고 걱정했다. 그러다 자신의 어떤 행동이 무례했다고 판단될 때면 사람들에게 카톡을 보내 슬쩍 떠보거나 기프티콘을 선물하곤 했다. 그러고는 사람들에게 "괜찮다"거나 "고맙다"는 답변이 올 때까지 초조해하며 기다렸다. 친구들의 무리한 부탁도 잘 거절하지 못했다. 시험이 코앞이었지만 친구들이 만나자고 하면 "시험 끝나고 만나자"라고 말하는 게 너무나 어려웠다. 결국 시간을 쪼개 친구와 만나곤 했는데 그럴 때마다 자기 자신이 한심하게 느껴졌다. 친구들을 만나도 즐겁지 않았고 그런 자신의 마음을 친구들이 알까 봐 조마조마했다.

　또한 동료들과 자신을 자꾸 비교한다고도 했다. 현정 씨는 도서관에서 공부할 때면 다른 동료들이 뭘 공부하는지에 신경이 쓰여 힐끔거렸다. 그러다 '다들 진짜 열심히 하는데 나만 집중을 못하네'라는 생각에 도달하면 너무나 불안해졌다. 종종 동료들의 SNS를 돌아다니면서 슬쩍 엿보고는 하는데 그럴 때마다 자신이 초라하게 느껴지는 것 같았다. 그녀는 타인에게 상처 주지 않는 좋은 사람이 되고 싶은 마음과 동료들을 누르고 이기고 싶은 마음 사이에서 헤매고 있는 자신이 좀 이상한 것 같다고 털어놓았다. 그녀는 이렇게 물었다.

"착하고 좋은 사람이 되려고 무지 신경 쓰면서 남들이 잘되는 걸 보면 배가 아파요. 어떻게 사람이 이렇게 이중적일 수가 있죠?"

그녀의 질문은 요즘을 살아가는 우리들의 대인관계 속살을 매우 명확히 짚어내고 있었다.

많은 이들이 남을 배려하는 착한 사람이 되고 싶어 나 자신을 검열하면서도, SNS 속 지인들의 일상을 질투한다. 또한 타인의 안타까운 사연에 공감하면서도, '나는 이보다 낫다'는 우월감을 갖는다. 이처럼 우리는 관계 속에서 모순된 감정을 동시에 느끼며 혼란스러워한다. 하지만 어울리지 않아 보이는 이 마음들은 하나의 뿌리를 가지고 있다. 모두 타인에게 좋은 평가를 받고 싶은 마음 즉, 인정받고 싶은 마음에서 비롯된 것이라 할 수 있다.

보편적인 인정 욕망

프랑스의 철학자이자 정신분석가 자크 라캉은 이런 마음을 '인정 욕망'이라고 명명했다. 그는 인정 욕망은 아주 어릴 적부터 자연스레 형성되는, 사람이면 누구나 가지고 있는 매우 보편적인 것이라 했다. 어머니의 뱃속에서 완전한 합일감을 느끼며 지냈던 아기는 태어나는 순간 어머니와 분리되고 이는 큰 불안을 야기한다. 하지만 다시 자궁 안으로 들어갈 수 없는 아기는 심리적으로 어머니와 완전히 하나가 됨으로써 불안을 극복하려 한다. 그러기 위해 아기는 어머니가 좋아하는 것을 좋아하고 어머니가 원하는 것을 원한다. 즉 어머니의 욕망을 자신의 것으로 만듦으로써 합일감을 추구하고 어머니의 인정을 받으려 애쓴다.

　이런 태도는 자라나면서 맺는 다른 관계로도 확대된다. 부모 외의 다양한 사람들과 관계를 맺어가면서 사람들은 부모를 넘어선 타인의 인정을 갈구한다. 다른 사람에게 착하고 좋은 사람이라는 칭찬을 듣기 위해 노력하고, 속한 사회가 요구하는 바람직한 사람이 되기 위해 애쓰며 살아가는 것이다. 이렇게 사람들은 자기 자신이 원하는 것이 아닌 타인이 원하는 것을 욕망하며 살아간다. 라캉은 이를 그 유명한 "인간은 타자의 욕망을 욕망한다"는 말로 압축해서 표현했다.

　현정 씨는 남에게 상처 주지 않는 착한 사람과 경쟁에서 이겨 성공한 사람 모두 되고 싶어 했다. 상반되어 보이는 이 두 메시지는 대다수의 한국인들이 어린 시절부터 귀에 못이 박히도록 들어온 것일 테다. 한국 사회에서 어른들의 말을 잘 듣고 얌전하게 있는 아이들은 착한 아이, 순한 아이라는 칭찬을 받는다. 반면 크게 울면서 자기주장을 하거나 고집을 피우는 아이들은 버릇없다는 비난을 받는다. 좀 더 자라 학교에 들어가면 이제 친구들과 비교되기 시작한다. 친구들보다 시험을 잘 봤을 땐 칭찬을 받고 그렇지 못했을 땐 "누구는 이렇게 공부한다는데 너는 왜 이것밖에 못하니?"라는 말로 꾸중을 듣곤 한다.

　현정 씨 역시 이런 메시지 속에 둘러싸인 채 자라왔다. 그녀는 이 두 메시지를 모두 충족시키려 애써왔다. 즉 착한 아이가 되는 동시에 이기는 아이가 되기 위해 노력해왔다. 이는 현정 씨를 바라보고 있는 어른들을 기쁘게 하는 일이었다. 현정 씨는 타인으로부터 인정받기 위해 애쓰고 있었던 것이다.

모순된 인정을 갈구하게 만드는 사회

문제는 현대 사회가 이런 인정 욕망을 더욱 부추기도록 시스템화되어 있다는 점이다. 마셜 로젠버그는 《비폭력 대화》에서 다음과 같이 적었다.

"우리 사회는 상 받는 것을 열망하도록 우리를 교육한다. 우리 대부분은 이러한 외적인 수단을 통해 학생들을 공부하도록 만드는 학교를 다녔고, 우리를 돌보는 사람들의 판단에 따라 착한 아이면 상을 받고 그렇지 않으면 벌을 받는 가정에서 자랐다. 그래서 성인이 된 후에도 인생이란 밖에서 오는 보상을 받기 위해 무엇인가를 하면서 살아야 하는 것이라고 계속 착각하며 산다. 우리는 다른 사람들이 보여주는 웃음과 다독임 또 그들이 주는 좋은 사람, 좋은 부모, 착한 시민, 성실한 직원, 좋은 친구 같은 평가들에 중독되어 있다. 우리는 다른 사람들이 우리를 좋아하게 될 것 같은 일을 하고 우리를 싫어하거나 벌줄 것 같은 일은 피한다."

나는 로젠버그의 말에 적극 동의한다. 현정 씨를 비롯한 많은 이들이 그토록 타인에게 상처를 줄까 봐 전전긍긍하고, 자신이 원하는 바를 말하는 것에 죄책감을 느끼는 것은, 타인에게 좋은 평가를 받는 것이 매우 가치 있다고 사회화되어 왔기 때문이다. 그런데 한국 사회에서는 여기에 한 가지 기준이 더 추가된다. 바로 '경쟁에서 이겨야만 상을 받는다'는 기준이다.

한국에서 경쟁은 매우 중요한 가치다. 학교에 입학한 순간부터 우리는 성적순으로 줄 세워진다. 친구를 누르고 이긴 사람에게는 상이 주어지고, 짓눌린 사람에게는 질책이 돌아온다. 이런 시스템은 경쟁에서 이긴 자만이 가치 있고 인정받을 수 있다는 마음을 심어준다. 가뜩이나 인정 욕망을 타고난 사람들에게 이는 매우 매력적이다. 결국 어린 시절부터 우리는 친구를 벗인 동시에 경쟁자로 바라보는 것에 매우 익숙해진다. 현정 씨가 동료들에게 좋은 사람으로 평가받기를 바라면서도, 끊임없이 그들과 자신을 비교하고 앞서나가려 애썼던 것은 이런 사회적 요구에 부응한 것이었다.

이처럼 좋은 사람이란 평가를 받으면서도 경쟁에서 이겨야 인정받는 상황들은 끊임없이 자기 자신을 대상화하도록 유도한다. 즉 삶을 주체적으로 살아가지 못하고, 타인의 관점이나 평가에 기대어 스스로를 객체화시킨 채 살아가는 것이다. 때문에 우리는 타인에게 좋은 평가를 받을 때만 가치 있게 여기고 그렇지 못할 땐 공허감에 시달린다. 그토록 많은 사람들이 SNS에 자신의 모습을 공개하고 남들이 눌러주는 '좋아요'에 민감하게 반응하는 것은, 타인의 반응으로 공허함을 달래고자 하는 대상화된 태도의 대표적인 예다.

당연하게도 이런 태도는 나 자신으로서 살아가는 것을 막아선다. 결국 우리는 타인에게 좋은 사람이기 위해, 타인이 기대한 바를 성취해 그들을 기쁘게 해주기 위해 살아가게 되는 것이다.《당신의 어린 시절이 울고 있다》의 저자 다미 샤르프는 이처럼 다른 사람들을 기쁘게 해주기 위해 살아가는 사람들의 비문에는 이런 문구가 적힐 것이라 했다.

"모두를 행복하게 해주었다. 자기 자신을 제외하고."

　이런 비문을 원하는 사람은 아무도 없을 것이다. 현정 씨가 자신의 대인관계 패턴을 불편하다고 인식하기 시작한 것은, 남이 아닌 나를 행복하게 하는 삶을 살고 싶다는 마음의 강력한 신호였다. 현정 씨와 나는 타인의 평가와 선을 긋고 거리를 만들어 스스로 행복의 주체가 되어 살아가는 법을 찾아 나서기로 했다.

10

타인의 평가로부터
자유로워지는 법

　로젠버그는《비폭력 대화》에서 현정 씨처럼 타인의 인정과 평가에 기대어 살아가는 사람들이 그 폐해를 인지하고 타인의 평가로부터 자유로워지는 과정을 세 단계로 정리했다.

　첫 번째 단계는 '정서적 노예 상태'다. 이 단계 있는 사람들은 자기 자신이 아닌 다른 사람의 감정에 책임을 지려 한다. 즉 타인의 기분이 좋지 않을까 봐 전전긍긍하고, 타인을 기쁘게 하기 위해 일하고 공부한다.

　두 번째 단계는 '얄미운 단계'로, 내가 아닌 다른 사람의 기분에 맞춰 살아갈 때 비싼 대가를 치르게 된다는 점을 인지하게 되는 단계다. 그동안 자기 자신이 내면의 목소리를 무시해왔다는 깨달음을 얻은 이들은, 그런 자신의 모습에 대해 분노하기도 한다. 때문에 종종 화를 내거나 타인에게 쏘아붙이기도 하는데, 로젠버그는 이런 모습이 얄미워 보이기도 한다며 '얄미운 단계'라고 이름을 붙였다.

이 단계를 거쳐 세 번째 단계인 '정서적 해방 단계'로 나아간다. 이 단계에 이른 사람들은 타인의 감정이 아닌 자신의 감정에 책임을 진다. 타인의 평가보다는 자신의 기준대로 살아가며 상대방에게 적절한 주장을 할 수 있게 된다.

타인의 인정을 받으려 애쓰는 자신의 모습을 불편하다고 인식하기 시작한 현정 씨는 정서적 노예 상태와 얄미운 단계의 중간쯤에 있었다. 현정 씨와 나는 정서적 해방단계로 나아가기 위해 다음 세 가지를 연습했다.

1. 타인의 과제와 나의 과제를 분리하기
2. 다른 사람은 다른 마음이 있음을 명심하기
3. 내가 원하는 것을 표현하기

타인의 과제와 나의 과제를 분리하기

가장 먼저 한 일은 타인이 책임질 일과 내가 책임져야 할 일을 구분하는 것이었다. 개인심리학의 창시자 알프레드 아들러는 이를 '과제분리'라고 불렀다. 아들러는 사람은 용기와 의지를 통해 자신의 삶을 변화시킬 수 있는 존재이지만, 인정욕구 때문에 자기 자신답게 살아가지 못한다고 했다. 그리고 인정욕구에서 벗어나는 방법으로 과제분리를 제시했다. 과제분리는 자신의 과제와 타인의 과제를 구분해 자신의 일에는 책임을 지지만, 타인의 일에는 신경 쓰지 않는 자세를 말한다. 과제를 분리하는 기준은 바로 '그 선택이 가져온 결과를 최종적으로 받아들이는 사람은 누구인가'라는 것이다.

현정 씨의 경우 타인의 반응에 신경 쓰느라 많은 에너지를 쏟고 있었다. 카톡이나 문자 메시지에 답이 늦게 올 때면 '내가 뭘 잘못했나'라고 생각했고, 점심시간에 함께 식사한 동료의 기분이 나빠 보여도 '내가 말실수를 했나'라며 자책했다. 의도하거나 영향을 끼치려 한 행동이 아닌데도, 심지어 아무것도 하지 않았음에도, 타인의 감정에 책임지려 하는 모습이었다. 하지만 카톡이나 문자에 답이 늦는 것은 상대방의 다양한 사정이 영향을 미치는 일이었고, 점심시간에 누군가의 기분이 나쁘더라도 현정 씨가 의도한 것이 아니라면 신경 쓸 일이 아니었다. 기분이 좋지 않아 벌어지는 일들은 현정 씨가 아니라 그런 기분을 표현한 사람이 책임질 일이었다. 현정 씨가 해야 할 일은 이런 사람들의 기분에 영향을 받아 스스로의 기분이 망쳐지지 않도록 자신을 지키는 것이었다. 우리는 상담실에서 현정 씨가 매주 겪은 소소한 에피소드들을 탐색하면서 나의 감정과 타인의 감정, 나의 책임과 타인의 책임을 구분하는 것을 연습했다.

반면 공부에 집중하지 못해 벌어지는 결과는 현정 씨가 책임질 일이었다. 로스쿨에서 배운 것들을 충실히 소화해내고 변호사 시험에 합격해 달라지는 것은, 현정 씨의 삶이지 그녀가 신경 쓰는 다른 사람들의 삶이 아니었다. 하지만 현정 씨는 남들보다 앞서기를 바라는 집안 어른들의 기대, 경쟁에서 이긴 사람이 성공한 사람이라는 세상의 기준에 따라 공부했다. 그러면서 자신의 공부에 집중하지 못하고 다른 사람에게 뒤처질까 불안해했다. 자신이 왜 이 공부를 해야 하는지, 이것이 자신의 삶을 어떻게 만들어갈지 고민하기보다는, 다른 사람의 마음에 들기 위해 공부하고 있었던 것이다.

현정 씨는 상담실에서 '왜 변호사가 되고 싶은지, 왜 공부를 해야 하는지' 하나하나 생각들을 정리해갔다. 어떤 변호사가 되고 싶은지 이야기 나누면서 그녀는 공부의 목적이 경쟁에서 이겨 타인의 기대를 충족시켜주는 것이 아니라, 자신이 원하는 삶을 살아가기 위한 것에 있음을 깨달아갔다. 이렇게 그녀는 나의 삶과 타인의 기대를 분리하면서 다른 사람의 공부 진도나 공부량에 갖던 관심을 자기 자신에게 좀 더 돌릴 수 있었다.

다른 사람은 다른 마음이 있음을 이해하기

그러던 어느 날 현정 씨는 질문을 던졌다.

"그런데요, 누군가가 제가 했던 말에 상처받은 게 아니라 그 사람 사정이라는 걸 어떻게 확신하죠? 만일 다른 사정이 아니라 정말 제가 했던 말에 상처를 받았다면 그건 제 책임이 아닐까요?"

나는 현정 씨에게 자신이 다른 사람에게 상처받았던 기억을 떠올려보라고 했다. 현정 씨는 조별과제를 할 때의 일을 떠올렸다.

"조별과제를 할 때였는데요, 한 동료가 모두에게 농담을 건넸는데 저는 무척 기분이 나쁜 거예요. 왜 저렇게 말을 하지 싶어 표정이 굳어졌어요. 그런데 주변에 있던 다른 동료들은 아무렇지도 않게 농담으로 받아들이더라고요. 저는 그때 제가 너무 예민한 거 아닐까 생각했어요."

나는 현정 씨의 말에 답이 있다고 했다. 현정 씨의 기분이 나빠진 원인이 그 조원의 말 때문이라면, 다른 사람들도 마음이 상했어야 했다. 하지만 같은 말을 듣고도 마음이 상한 건 현정 씨뿐이었고, 현정 씨는 이를 나의 예민함 때문이라고 생각했다. 즉 현정 씨의 마음이 상한 건 그녀가 그 말을 예민하게 해석했기 때문이지 상대방의 말 자체 때문은 아니었던 셈이다. 이 평범한 에피소드는 같은 말도 듣는 이에 따라 완전히 다르게 받아들일 수 있음을 매우 잘 보여주고 있었다.

이처럼 같은 사건을 경험하고 같은 말을 들었을 때도 사람들이 보이는 반응은 제각각 다르다. 이는 우리 모두가 세상을 바라보는 다른 마음을 갖고 있기 때문이다. 아무리 좋은 의도를 가지고 한 말이라도 듣는 사람의 관점에 따라 다르게 해석되고 사람마다 다른 기분을 느낀다. 따라서 타인의 감정이나 기분에 책임을 지려는 건 타인에 대한 배려가 아니다. 이는 타인의 마음을 나의 관점으로 해석하려는 오히려 자기중심적인 태도라고 볼 수 있다. 다른 사람은 나와 다른 마음을 가지고 있음을 존중한다면 그들만의 방식으로 느끼고 생각하는 것을 내버려 두어야 한다. 타인의 감정에 책임지려는 마음을 내려놓고 '그럴 수도 있지' 하며 한 걸음 떨어져서 바라보는 것. 이것이야말로 관계에 있어서 진정으로 겸손하고 이타적인 태도라 할 수 있다.

내가 원하는 것을 표현하기

현정 씨는 '다른 사람은 다른 마음을 갖고 있다'는 것을 이해한 후 한결 편안해졌다고 했다. 타인의 감정이나 기분에 신경을 덜 쓰게 되자 공부에 훨씬 집중이 잘 됐다. 하지만 거절하는 것은 여전히 어렵다고 했다. 친구들이 만나자고 할 때 늘 만나왔었는데 갑자기 거절하면 친구들이 상처받을까 봐 걱정이 됐고, 조별과제를 할 때 감당하기 힘든 부분이 주어져도 '하기 어렵다'는 말을 하지 못했다.

"이젠 제가 다른 사람의 기분을 맞춰주거나 부탁을 다 들어줄 필요가 없다는 건 충분히 알 것 같아요. 그런데 어떻게 하면 거절을 잘할 수 있을까요?"

잘 거절하기 위해서 기억해야 할 것은 거절은 결국 내가 원하는 것을 표현하는 일이라는 것이다. 우리가 타인에게 무언가 "No"라고 말하는 것은 대부분 상대에게 반기를 들기 위한 것이 아니다. 나의 감정과 욕구를 적절히 표현하고 이를 통해 나를 지키는 것이 우리가 거절을 하는 이유다.

정신과 의사 문요한은 저서 《관계를 읽는 시간》에서 "감정표현의 핵심은 내가 원하는 것을 표현하는 것"이라고 했다. 그는 원하는 것을 잘 표현하는 것은 상대방을 오히려 편안하게 한다고 강조한다. 분명하게 표현하지 않는 사람의 의도는 파악하기 힘들고, 이는 결국 타인으로 하여금 나의 기분을 살피게 하는 결과를 낳아 상대방을 더욱 피곤하게 만들 뿐이라는 것이다. 사실 그렇지 않은가. 식사 메뉴를 고르는 일만 해도 상대방이 명확하게 "나는 ~을 먹고 싶다"거나 "오늘은 ~은 안 먹고 싶다"라고 말해준다면 훨씬 편하게 메뉴선정을 할 수 있다.

'거절은 나의 욕구를 표현하는 것'임을 기억한다면 이를 표현하는 방법도 쉽게 찾을 수 있다. 감정과 욕구를 표현하는 주체인 '나'가 주어가 되는 문장으로 말하는 것이다. "나는 ~하고 싶지 않아", "나는 ~하는 건 싫어"처럼 '나'의 마음을 표현하는 것은 상대방을 통제하지 않으면서 거절의 메시지를 전하는 매우 현명한 방법이다. 심리학에서는 이를 '나 메시지 I message'라고 하는데 상대방의 기분과 나의 욕구를 모두 고려하는 매우 효과적인 방법으로 알려져 있다.

현정 씨는 나 메시지로 자신이 원하는 바를 표현하기 시작했다. 시험을 앞두고 만나자는 친구들에게 "내가 시험이 얼마 안 남아서 시간을 내기가 힘들어. 나도 만나서 수다 떨고 스트레스도 풀고 싶은데 지금은 공부할 게 너무 많거든"하고 자신의 마음을 솔직히 털어놓았다. 이렇게 함으로써 현정 씨는 친구를 만나고는 싶지만 시간을 내기 어려운 자신의 상태를 설명할 수 있었다. 당연히 친구들은 다음에 만나자고 했고, 몇몇 친구들은 현정 씨에게 열심히 공부하라며 '파이팅'이 담긴 메시지를 보내주기도 했다. 조별과제를 할 때도 자신의 마음을 표현했다. "제가 이 부분이 너무 어려워서요. 혼자 맡기엔 벅찬 것 같은데 누가 좀 도와주시면 안 될까요?"라고 말이다. 동료들은 현정 씨의 제안을 흔쾌히 받아들였고 오히려 솔직히 이야기해 준 그녀를 편안하게 느꼈다.

이렇게 현정 씨는 과제분리를 통해 자신이 책임져야 할 것과 타인이 책임져야 할 것을 구분했고, 타인은 그들만의 관점으로 세상을 바라보고 느끼고 있음을 기억하며 좀 더 자신의 내면에 집중할 수 있었다. 또한 거절해야 할 일이 생겼을 땐, '내가 원하는 바를 표현한다'는 태도로 솔직하게 자신의 마음을 표현할 수 있게 됐다.

　인정 욕망을 타고난 채로 관계 속에서 살아가는 사람들이 타인의 평가로부터 완전히 자유로워지는 것은 어쩌면 불가능한 일인지도 모른다. 하지만 타인의 평가에 지나치게 얽매인 나머지 내가 원하는 것이 무엇인지조차 알지 못한 채 살아간다면, 생의 마지막 순간 우리는 지독한 후회에 빠져들지도 모를 일이다. 그러니 타인의 평가에 휘둘리지 않도록 나 자신을 지키는 일에 결코 게을러서는 안 된다. 이런 것들이 버겁게 느껴진다면 애플의 창업자 고(故) 스티브 잡스가 남긴 말을 새겨보자. 다음은 김찬호의 책《생애의 발견》에서 인용한 스티브 잡스의 말이다.

"여러분의 시간은 한정되어 있습니다. 그러니 다른 사람들의 삶을 사느라 그것을 낭비하지 마십시오. 도그마에 걸려들지 마세요. 그것은 다른 사람들의 생각의 결과에 얽매이는 것입니다. 타인들의 의견이라는 소음이 당신의 내면에서 우러나오는 목소리를 집어삼키지 못하도록 하십시오. 무엇보다도 중요한 것은 당신의 마음과 직관을 따르는 것입니다. 그것은 당신이 진정으로 무엇이 되고 싶은지를 이미 알고 있습니다. 나머지 모든 것들은 부차적이지요."

11

멀어질 때
더욱 빛나는 우리

남편과 함께 고속도로를 달리고 있을 때였다. 운전을 하던 남편의 이맛살이 찌푸려졌다.

"어디서 자꾸 달그락거리는 소리가 나네. 난 차에서 나는 덜덜거리는 소리 진짜 싫은데. 신경 거슬려!"

남편은 한 손으로는 핸들을 잡고 다른 손으로는 차의 천장을 툭툭 쳐보며 소리를 없애기 위해 애를 썼다. 그러더니 내게 "어디서 소리가 나는지 잘 들어봐 봐"라고 말했다. 하지만 나는 도무지 소리의 원인을 찾을 수가 없었다. 내겐 소리 자체가 들리지 않았고 오히려 바깥에서 속력을 내며 지나가는 차들의 소리가 자극적으로 느껴질 뿐이었다.

나는 이런 일이 있을 때마다 새삼 깨닫는다. 우리는 정말 이토록 다른 사람임을 말이다. 남편과 나는 연애 기간을 포함해 17년 넘게 거의 매일 얼굴 보며 지내온 사이이지만, 함께 한 시간이 늘어날수록 우리가 알아가는 건 서로의 다른 점이다. 차에서 나는 달그락 소리를 듣는 남편과 아예 듣지조차 못하는 나처럼 사람은 생각뿐 아니라 지각도 서로 다르게 한다.

이처럼 자극과 정보를 받아들이는 정도와 방법조차 다른 우리들이 어떻게 같은 생각을 하고 같은 마음으로 세상을 바라볼 수 있겠는가. 그런데도 나는 여전히 남편이 나를 완전히 이해해주길 바라고, 남편과 내가 같은 곳을 바라보기를 소망한다. 아마도 많은 이들이 그럴 것이다. 결국 다르다는 것을 인정할 수밖에 없는데도 누군가가 나를 온전히 알아주길, 내 마음과 같기를 마음 깊은 곳에서는 늘 원한다.

도대체 왜 사람들은 그토록 다르면서도 하나 되기를 소망하는 걸까? 가수 신승훈은 숨겨진 명곡 〈Interstellar〉에서 이런 사람들의 마음을 매우 쉽고도 명쾌하게 풀어냈다. 이 노래의 가사를 통해 타인과의 관계에서 일치를 소망하지만, 결국엔 거리를 둘 때 더욱 빛나게 되는 우리들의 모습을 살펴보며 2장을 마무리하려 한다.

〈Interstellar〉

I don't believe 같은 꿈을 꾸던 우리가 uh~
I don't believe 서로 다른 길을 걷고 있죠 uh~
I don't believe 두려움에 흘린 나의 눈물이 um~
I don't believe 멀어질수록 더 빛나고 있죠 in my mind

별이 어둠을 만나서 빛이 되듯

슬픈 기억들도 추억이 될 거야

결국 서롤 가질 수 없단 걸 알아

같은 하늘 아래서

우린 다른 세상 속에 있는 걸 oh~

너와 나 사이의 우주

I don't believe 생각보다 멀리 있던 우리 uh~

I don't believe 다른 시간과 공간의 우리 uh~

I don't believe 서로의 궤도를 돌고 있다가 um~

I don't believe 너무 외로워서 부딪친 거죠 in your mind

별이 어둠을 만나서 빛이 되듯

슬픈 기억들도 추억이 될 거야

결국 서롤 가질 수 없단 걸 알아

같은 하늘 아래서

우린 다른 세상 속에 있잖아

사랑 하나만으론 안 되는 게 너무 많단 걸

우린 이제서야 알게 된 거죠

우리 조금 떨어져서 걸어 봐요

있는 그대로의 서롤 바라보며

가장 소중한 게 뭔지 느껴봐요

그때쯤에 우리는 더욱 눈부시게 빛날 거예요

우리 조금 떨어져서 걸어 봐요

있는 그대로의 서롤 바라보며 (빛날 거예요)

가장 소중한 게 뭔지 느껴봐요
그때쯤에 우리는 더욱 눈부시게 빛날 거예요 uh〜
눈부시게 빛날 너와 나

Woo〜 빛나줘
어둠 속에서도 찾을 수 있게

외로워서 부딪힌 우리들

이 노래는 '서로가 다르다'는 사실을 깨달았을 때의 놀라운 마음을 토로하며 시작된다. 신승훈은 노래한다. 'I don't believe 같은 꿈을 꾸던 우리가 I don't believe 서로 다른 길을 걷고 있죠'라고. 믿기 힘든 이런 깨달음은 두려움에 눈물 흘릴 만큼 아픈 것일 테다. 하지만 신승훈은 결국엔 멀어질수록 더욱 빛나고 있음을 인정한다. 그리고 다음 소절들에서 이 다름의 폭이 생각보다도 훨씬 크다고 고백한다. '너와 나 사이에는 우주'가 있고 우리는 '다른 시간과 공간'에서 '각자의 궤도를 돌고 있었다'고 말이다.

나는 이 소절을 들으면서 무릎을 탁 쳤다. 서로 다른 시각과 다른 마음, 심지어 지각까지 다르게 하는 사람들이 각자 자신만의 궤도 안에서 홀로 살아가는 모습이 그림처럼 그려졌다. 아마도 사람들은 이렇게 각자의 궤도를 돌고 있기 때문에 그토록 외로워하는 것일 테다. 그리고 이 외로움을 채워보려고 우리는 다른 이의 궤도에 다가간다. 이렇게 사람들은 서로 부딪혀 하나가 되어보려고 한다. '너무 외로워서 부딪힌 거죠'라는 소절은 이런 마음이 매우 잘 드러난 부분이다.

사실 앞서 살펴본 모든 관계가 그랬다. 부모와 자녀가 서로를 독립된 존재로 대하기 힘든 것, 연인 사이에서 서로가 완전히 합일되기를 바라는 것, 자기애적 성격을 가진 자들이 자신과 타인을 구분하지 못하고 타인을 이용하려 드는 것, 자기 자신이 아닌 타인을 기쁘게 하기 위해 살아가는 것. 이런 삶의 모습들은 각자가 자신만의 궤도에서 홀로 살고 있음을 인정하기 두려운 마음에서 비롯된 것일 테다. 즉 우리는 혼자일 수밖에 없는 외로움을 견뎌내기 힘들기에 어떻게든 다른 사람을 자신의 삶으로 끌어들이려 애쓰고 있는 것이다.

부딪히면 멀어지고 싶은 마음

하지만 외로움을 피하기 위한 부딪힘은 필연적으로 갈등을 유발한다. 상대에게 나의 외로움을 채워달라고 요구하는 과정에서 자신의 온갖 소망과 감정들을 투사하게 되고, 반대로 상대방의 감정과 욕구를 나의 것인 양 받아들이면서 너와 나의 경계는 점점 모호해진다. 모호한 경계는 상처를 주고 받게 하고 결국 '슬픈 기억들'을 만들어낸다. 이럴 때 사람들은 다시금 타인과 멀어져 홀로되고 싶은 욕구를 느낀다. 그리고 결국엔 '서로를 가질 수 없다'는 것, 그리고 '우린 다른 세상 속에 있음을, 너와 나 사이에는 우주가 있을 만큼 우린 다르다'는 것을 깨닫는다. 사람이란 혼자서 살아갈 수 없지만, 홀로 존재할 수 밖에 없는 모순된 존재임을 인정할 수밖에 없는 것이다.

우리가 살면서 느끼는 괴로움, 특히 관계 속에서 겪는 갈등들은 근본적으로 인간이 처한 이 같은 모순된 조건에서 비롯된다. 많은 심리학자들은 이를 해결하기 위해 독립과 의존 사이에서 적당한 거리를 찾는 것이 중요하다고 했다. 특히 대상관계학파의 도널드 위니컷은 독립과 의존 사이의 균형에 대해 집중적으로 연구를 한 학자다. 그는 자기self 는 타인과 친밀한 관계를 유지하면서 동시에 개별화된 존재가 되고자 하는 험난한 투쟁을 한다며 다음과 같은 질문들을 던졌다.

"어머니의 돌봄 안에서 자신을 잃지 않고 스스로를 발견할 수 있는 방법은 무엇일까? 아동이 모성적 자원들을 유지하면서 자신을 분리시키는 방법에는 어떤 것이 있을까? 자신을 고갈시키지 않으면서 의사소통을 하고, 타자에게 함몰되지 않으면서 스스로를 발견할 수 있는 방법은 없을까? 타인에게 착취당하지 않으면서 관계를 맺으려면 어떻게 해야 할까? 다른 사람들과 고립되지 않은 채로, 자신의 인격의 핵을 유지할 수 있는 방법은 과연 무엇일까?"

너무 멀지도 가깝지도 않은 거리

친밀감과 보살핌을 느끼면서도 독립된 한 사람으로서의 자율성을 누릴 수 있는 적당한 거리. 이 거리를 찾는 것은 관계 속에서 홀로 살아가는 인간의 숙명인지도 모르겠다. 도대체 적당한 거리란 어떤 거리일까? 많은 심리학자들이 이에 대한 답을 찾기 위해 애썼고, 저마다의 이론과 어려운 용어들로 이야기해왔다. 이 거리를 신승훈은 〈Interstellar〉에서 이렇게 간명하게 표현해 낸다.

'가장 소중한 게 뭔지 느껴봐요.'

관계에서 독립과 의존을 모두 충족시킬 수 있는 거리는, 내게 '가장 소중한 게 무엇인지'를 느끼고 생각할 수 있는 것을 허용하는 거리다. 저마다가 가진 삶의 목표와 실천하고자 하는 가치를 인식할 수 있으며 이를 추구하며 살아갈 수 있는 공간을 만들어 주는 거리다. 하지만 그 공간이 너무 넓어서는 안 된다. 적어도 있는 그대로 상대방을 바라보고 그의 빛을 느낄 수 있을 정도로는 가까워야 한다. 이를 신승훈은 이렇게 노래한다.

'우리 조금 떨어져서 걸어봐요 있는 그대로의 서롤 바라보며.'

즉 서로가 자신이 중요하다 여기는 것을 충분히 추구할 공간을 가지고는 있지만, 상대방의 있는 그대로의 모습이 보이는 정도의 거리를 두었을 때 우리는 서로를 침해하지 않으면서 의지하며 살아갈 수 있는 것이다. 그러기 위해 우리는 각자가 자신만의 소중한 것을 찾아 나답게 빛을 내며 살아가야 한다. 그래야 자신의 궤도 안에서 살아가다가 도움이 필요한 순간 서로의 빛을 알아보고 손을 내밀 수 있을 테니 말이다. 신승훈이 간절함을 담아 노래하는 마지막 소절 '빛나줘. 어둠 속에서도 찾을 수 있게'는 이런 의미다.

그렇다면 적절한 거리를 유지하기 위해 필요한 자세는 무엇일까? 나는 상대방을 온전히 이해할 수 없다는 겸손한 마음으로 서로를 존중하는 것이라고 생각한다. 다시 차 안에서 남편과 함께 있는 상황으로 돌아가 보자. 차 안에서 남편이 들은 작은 소리를 내가 듣지 못했을 때 "나는 안 들리는데 뭐가 들린다고 그러냐"며 핀잔을 주었거나, 반대로 남편이 내게 "왜 그것도 못 듣냐"고 화를 냈다면, 우리는 서로 충돌했을 것이다. 하지만 나는 남편이 듣는 소리를 나도 들어보겠다고 나서지 않았다. 그가 듣는 소리를 이해하려 하지 않고 그냥 그가 듣고 있는 상황을 존중해 주려 했다. 남편 역시 마찬가지였다. 우리는 서로를 이해하려 애쓰기보다는 그냥 그 상황에서 상대방의 지각과 생각을 존중하려 한다. 때문에 남편과 나는 너무나 다르지만 부딪히지 않고 각자의 궤도에서 살아가며 함께할 수 있는 것이다.

사람들은 모두가 다른 마음으로 다른 궤도에서 저마다의 세계를 살아간다. 때문에 아무리 친밀한 사이에서도 서로의 세계를 온전히 이해하는 것은 불가능하다. 우리가 이해해야 할 것은 사람들은 저마다 서로 다른 마음을 지니고 있으며 모두가 다르게 지각하고 느끼고 생각하고 행동한다는 사실뿐이다. 이런 겸손한 태도로 서로를 바라볼 때 이해가 되지 않거나, 좋아하지 않는 상황에서도 상대방을 있는 그대로 존중할 수 있을 것이다. 존중이야말로 자신과 타인 모두가 각자의 궤도 속에서 저마다의 빛을 내면서 동시에 서로 돕고 함께할 수 있는 유일한 방법이라 믿어 의심치 않는다.

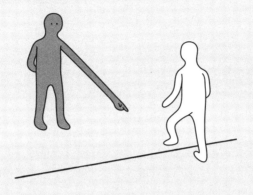

3장

내 삶을 훼방하는 세상과의 선 긋기

편견의 벽을 넘어야
나답게 살 수 있다

지금까지 나 자신을 조금 멀리서 바라보며, 타인과 적절한 선을 그어 거리를 만들고 서로의 다른 마음을 존중하면, 보다 나답게 살아갈 수 있다고 이야기해왔다. 아마도 1장과 2장을 충실히 읽은 독자라면 이런 노력으로 행복해질 수 있으리라 믿게 되었을지도 모른다. 하지만 나는 아직 정말 중요한 것을 말하지 않았다. 바로 나답게 살아갈 수 있는 사회를 만들어가는 것에 관한 이야기다.

심리상담 현장에서 일해온 지난 15년간 나는 많은 사람들을 만나왔다. 그리고 이들이 나다운 삶을 향해 나아가는 감동적인 순간들을 함께해왔다. 상담이 종결될 때 많은 내담자들은 오래도록 자신을 괴롭혀왔던 내면의 상처들, 강박적인 사고들, 타인과의 지옥 같은 관계에서 해방되며 홀가분해한다. 나는 이들과 안녕을 고할 때마다 상담실에서 이뤄낸 변화를 상담실 밖에서도 계속해 나가길 마음을 다해 응원한다. 하지만 실망스럽게도 일상으로 돌아간 내담자들은 종종 또다시 비슷한 문제를 경험하곤 했다. 상담실 밖의 사회는 오랫동안 괴롭혔던 그 방식 그대로 이들을 대했고, 몇몇 내담자들은 이에 굴복해 다시 예전으로 돌아가곤 했다. 또 다른 이들은 상담실에서 키운 감수성 때문에 부당함을 더 크게 느끼고 이에 저항하느라 갖은 애를 쓰곤 했다.

　나는 추후상담을 통해 내담자들의 이런 모습을 발견할 때마다 '인간은 사회적 동물'이라는 너무나 상투적인 표현을 떠올린다. 한 개인의 긍정적인 변화는 주변 사람에게 선한 영향을 미치고 이는 작지만 큰 변화들로 이어지곤 한다. 하지만 반대로 우리를 둘러싼 사회 문화적 환경들은 한 개인이 자기 자신으로 살아가기 위해 애써낸 용기를 무참히 짓밟기도 한다. 이번 장에서는 이렇게 우리 자신으로 살아가는 것을 방해하는 사회 문화적 배경들에 관해 이야기하려 한다. 즉 나다운 삶을 추구할 수 있는 용기를 낼 수 있는 조건을 어떻게 만들어 가는지에 대한 이야기다. 이는 우리 사회에 깊숙이 스며든 사회적 통념과 편견들을 인식하는 것에서부터 시작된다.

보이지 않는 사람들

　제법 추웠던 겨울날 저녁 무렵이었다. 나는 아이와 대구의 중심가를 걷고 있었다. 온갖 맛집들과 극장이 몰려 있는 거리였다. 그때 대형 극장이 있는 빌딩 앞에 휠체어를 탄 중년 남성이 머뭇거리고 있는 모습이 보였다. 그는 여닫이로 되어 있는 그 건물의 현관문을 열기 위해 안간힘을 쓰고 있었다. 그 남성은 한쪽 팔로 문을 힘껏 민 뒤 휠체어를 문 안으로 들여놓기 위해 재빠르게 휠체어의 바퀴를 돌렸다. 하지만 그가 미처 문턱의 경계를 넘기도 전에 문은 다시 제자리로 돌아왔다. 횡단보도 건너편에서 이 모습을 지켜보고 있노라니 마음이 조마조마했다. 저 문이 다시 돌아와 그와 부딪힐까 봐, 혹여라도 문의 무게가 그를 밀어내 간신히 올라선 현관 입구 턱에서 떨어지기라도 할까 봐 불안했다.

마침 그 건물의 주차장을 향하고 있던 아이와 나는 신호가 떨어지자마자 얼른 뛰어가 현관문을 잡아주었다. 건강한 성인인 내가 밀기에도 꽤 무겁게 느껴지는 육중한 문이었다. 그는 우리가 문을 잡아주는 사이 건물 안으로 들어갔다. 우리 셋은 나란히 엘리베이터 앞에 섰다. 나와 아이는 주차장으로 내려가는 버튼을, 그는 극장으로 올라가는 버튼을 눌렀다. 약간의 어색한 침묵이 흘렀을 때 올라가는 엘리베이터가 먼저 왔다. 그때까지 아무런 말이 없던 그는 휠체어에 매달아 놓은 검은 봉지에서 과자를 꺼내 아이를 향해 휙 던졌다. 그는 눈으로 먹으라는 사인을 보낸 뒤 엘리베이터 안으로 사라졌다.

그의 눈빛은 따뜻했지만 나는 마음 한편이 묵직해져 왔다. 도대체 왜 이렇게 큰 건물에조차 휠체어를 탄 사람이 드나들기 쉬운 통로와 문이 설치되지 않았던 걸까. 왜 우리는 이토록 다수와 조금 다른 사람들과 함께 살아가는 일에 서툰 걸까.

2장에서 살펴본 것처럼 남도 나와 같을 것이라는 전제는, 개인들 사이에서 서로의 경계선을 침범하고 평등하게 존중받고 존중하는 삶을 방해한다. 그런데 남도 나와 같을 것이라는 사고가 공동체 전체로 퍼져나가게 되면 편견과 차별, 소외와 배제를 낳는다. 이 건물을 설계한 사람들은 아무런 악의 없이 멋지고 튼튼한 건물을 짓고자 노력했을 것이다. 하지만 모두가 우리와 같을 것이라는 사고에 전제했기에(그러니까 다수가 그렇듯 모두가 팔과 다리를 움직이는 게 자유롭다고 전제했기에) 휠체어를 탄 남성처럼 건물 진입이 어려운 사람이 있다는 것을 미처 떠올리지 못했을 것이다. 다수의 조건을 모두의 것으로 착각한 전제는 이처럼 의식하지도 못하는 사이에 누군가에겐 커다란 불편함으로 다가온다. 즉 함께 살고 있으나 보이지 않는 사람들이 생겨나는 것이다.

　이런 일들은 성소수자나 장애인과 관련된 문제 등 사회적 이슈가 되는 사안에서만 발생하는 것이 아니다. '모두가 우리와 같다'는 전제는 개인이 지닌 다양성을 무시하게 한다. '우리 모두가 다르다'는 것을 잊는 순간 고정관념과 편견이 일상에 깊숙이 자리 잡는다. 이는 한 개인의 특성을 그 사람이 속한 집단의 특성으로 오인해 집단 전체를 비난하거나, 반대로 한 사람을 그가 속한 집단의 이미지로 판단하는 오류를 범하게 한다. 이 같은 오류들이 당연하게 여겨질 때 일상 속에 혐오가 자리 잡게 된다.

개인과 집단을 혼동하는 사람들

　코로나19 바이러스가 전 세계를 놀라게 했던 2020년 여름, 나는 가족과 함께 코로나 청정지역이었던 울릉도로 짧은 여름 휴가를 다녀왔다. 마스크를 쓰고 손 소독제를 휴대하며 수시로 소독했고, 모든 관광지에 입장할 때마다 열을 재고 인적 사항을 적었다. 그렇게 철저하게 안전 수칙을 지키며 무사히 여행을 마치고 집으로 돌아오는 배에 올랐다.

그 무렵 수도권에서는 종교시설을 중심으로 코로나 확진자가 급증하고 있었다. 배에서 스마트폰으로 뉴스를 보고 있는데 확진자가 다수 발생한 서울의 한 교회에서 예배를 드린 후 울릉도를 방문한 한 여성이 코로나로 확진되었다는 소식이 눈에 확 들어왔다. 그 여성은 울릉도 여행을 마치고 서울로 돌아간 뒤 확진을 받았다고 했다. 그 여성의 여행 기간과 우리 가족의 여행 기간의 일부가 겹쳤다. 순간 철렁하고 가슴이 내려앉았다. 혹여라도 겹친 동선이 있거나 감염위험이 있다면 연락이 오지 않겠냐며 남편과 나는 서로의 마음을 진정시키고 있었다. 그때였다. 뒷좌석에 앉았던 사람들도 같은 뉴스를 보고 있었나 보다. 그런데 이런 말소리가 들렸다.

"하여간 교회 다니는 것들이란, 서울 놈들이 문제야 문제!"

코로나 확진자와 같은 기간에 같은 곳을 여행한 것은 물론 불안한 일이다. 하지만 이 코로나 확진자는 그냥 한 개인일 뿐인데 뒷좌석의 사람들은 교회 다니는 사람들과 서울 사람들 모두를 싸잡아 코로나 확진자처럼 취급하고 있었다. 한 개인과 그가 속한 집단 전체가 '같다'고 생각한 탓에 벌어진 오류였다. 이후에도 이들은 교회 다니는 사람들과 서울 사람들에 대한 분노를 걸쭉한 사투리로 한바탕 쏟아냈다.

게다가 이들은 자신들이 피해를 입을지도 모른다는 생각에 코로나 확진자를 범죄자 취급하고 있었다. 그러나 가만히 생각해보면 코로나 확진자는 그 역시 피해자일 뿐이다. 코로나에 걸리고 싶어서 걸린 사람이 어디 있겠는가. 코로나에 대한 불안과 공포는 편견을 유발하고 이는 피해자가 가해자가 되는 어이없는 상황을 낳았던 것이다. 갈 곳 없는 분노는 애꿏은 피해자에게, 나아가 피해자가 포함된 집단 전체로 뻗어나가고 있었다.

부메랑이 되어 돌아오는 편견

이처럼 우리는 일상에서 아무런 악의 없이 스스로 인식하지도 못하는 사이에, 다른 사람들을 배제하거나 평가하고 차별하는 언행을 하고 만다. 이런 고정관념이나 편견들은 우리가 숨 쉬고 있는 일상 곳곳에 숨어들어 있다. 이는 타인만을 향하는 것이 아니다. 우리 자신에게도 부메랑이 되어 돌아와 나 자신으로 살아가는 것을 불가능하게 한다.

대표적인 예가 '~답다'라는 표현들이다. '여자답다'라는 말에는 가부장 사회에서 만들어진 여성에 대한 고정관념, 즉 '여성은 나약하고 의존적이며 어머니의 역할에 충실해야 한다'는 전제가 담겨 있다. 여성들은 이런 편견에서 벗어나 독립적으로 살려 하거나, 어머니로 살기를 거부할 때 많은 사회적 제약과 따가운 눈총을 받는다. '남자답다'고 하는 말 역시 마찬가지다. '강하고 독립적이며 감정적이지 않다'는 편견이 담긴 이 말에 맞추기 위해 많은 남성들은 자신의 감정을 억압하며, 타인에게 의존하고 싶은 자연스러운 욕구를 억누르며 살아간다.

한국 사회에서 '학생답다'는 말은 '학생은 입시공부를 해야 한다'는 생각을 전제로 한다. 이에 길들여진 많은 청소년들은 내가 누구인지 알아볼 기회를 가져보지도 못한 채 오직 공부하는 기계처럼 살아가고 있다. 이런 편견 덕에 입시공부가 아닌 삶을 위한 공부를 하고 있는 특성화 학교 학생들은 종종 학생 범주에서 배제되곤 한다. 또한 나이 든 사람이 세상에서 만들어낸 노인다운 모습과 다른 모습을 보이는 것은 '대단하다'는 비아냥 섞인 찬사 속에 웃음거리가 되고 만다.

이처럼 '모두가 나와 같다'는 전제하에 사고하고 행동하는 방식은, 다수와 다른 모습의 사람들을 보이지 않는 사람 혹은 이상한 사람으로 만들어 버린다. 개별성을 존중하지 않는 태도는 개인과 집단을 혼동하고 한 개인의 특징을 집단 전체의 특성으로 간주해 집단 전체에 대한 편견을 만들어낸다. 때로는 이렇게 규정된 집단의 특성에서 벗어나는 개인들을 비난하며 차별하고 배제하는 일이 벌어지기도 한다. 일상 곳곳에 널리 퍼져 있는 이런 사고방식은 당연하게도 개개인의 삶에도 영향을 미친다. 주위를 한 번 찬찬히 살펴보자. 얼마나 많은 이들이 '~답게' 살아가기 위해, 집단에서 소외되지 않기 위해, 자기 자신의 모습을 포기하며 살아가고 있는가? 사회 깊숙이 자리 잡은 편견들은 우리가 인식할 겨를도 없이 아주 어릴 때부터 내면 깊숙이 자리 잡는다. 그리고 많은 이들은 이에 스스로를 끼워 맞추며 살아간다. 오랫동안 세상은 이렇게 사는 것을 적응이라 부르면서 정상적인 것으로 간주해왔다.

1960년대를 배경으로 상류층이지만 흑인 성소수자인 피아니스트와 백인이지만 가난한 노동계급 운전기사의 이야기를 다룬 영화 〈그린북

)에서 피아니스트 돈 셜리는 이렇게 말한다.

"충분히 백인도, 흑인도, 남자답지도 않은 난 도대체 뭔데?"

이는 사회적 통념에 부합하는 정체성만을 존중하는 세상에 대한 항변이었다. 정말로 '~답지 않아도' 그냥 나로 존재할 수는 없는 걸까? '~답지 않은' 정체성은 사회에 위협이라도 된다는 걸까? 나는 '~답지 않은' 개인의 고유한 정체성을 있는 그대로 존중해주는 사회가 전제되어야만, 1장과 2장에서 이야기한 것들을 실천하는 게 가능하다고 믿는다. 각 개인의 다양성이 존중받을 때, 그 다양성의 힘이 보다 나은 세상을 만들어 갈 수 있으리라고 확신한다. 이는 다시 선순환의 고리를 만들어 개개인이 더욱 나답게 살아가는 토대가 될 것이다.

어쩌면 자기 자신으로 사는 것은 세상에, 우리의 마음 깊은 곳에 숨어든 편견들과 싸우며 살아가는 것인지도 모르겠다. 3장에서는 일상 곳곳에 스며들어 삶을 제약하고 보이지 않는 사람들과 이상한 사람들을 만들어내는 사회적 통념과 편견들을 살펴보고, 이와 선을 긋는 법에 대해 생각해본다.

02

마음은 세상의
영향을 받는다

#1

채연 씨는 첫 회기 상담실에 들어오자마자 눈물부터 글썽였다. 그러더니 이렇게 말을 시작했다. "전 정말 나쁜 엄마인 거 같아요." 나는 티슈를 건네며 차근차근 이야기해보라고 했다.

"저는 직장맘이예요. 일에서 얻는 성취감이나 보람이 커서 아이를 낳아도 절대로 일을 포기하고 싶지 않았어요. 그래서 일하고 아이 키우고 살림하는 걸 다 잘 해내려고 애썼어요. 잠자는 시간도 부족했지만 최선을 다하고 있다 여겼는데, 얼마 전에 초등학교 1학년인 큰아이 담임 선생님한테 연락이 왔어요. 아이가 친구를 때렸다는 거예요. 그러면서 수업시간에 산만하고 집중을 잘못한다면서 신경을 좀 써달라는 거예요. 제가 뭘 한참 잘못해오고 있었나 봐요. 너무 마음이 답답한데 뭘 어떻게 해야 할지 모르겠어요."

채연 씨는 더 이상 말을 잇지 못하고 하염없이 눈물을 흘렸다. 나는 그녀가 쏟아내는 눈물 속에서 그동안 얼마나 열심히 살아왔는지, 주어진 역할들을 잘해 내기 위해 얼마나 긴장하고 종종거리며 지내왔는지, 엄마로서 얼마나 큰 책임감을 가지고 있는지 다 읽어낼 수 있었다. 그녀가 충분히 눈물을 흘릴 때까지 나는 함께 머물러 주었다.

#2

하준 씨가 상담실을 찾은 건 늦은 저녁이었다. 그는 무척이나 피곤한 얼굴에 어깨가 축 처져 있었다. 상담을 받는 것보다 집에 가서 한숨 자는 것이 더 도움이 될 듯 싶었다. 그는 회사에서 버티는 하루하루가 지옥 같다며 이야기를 시작했다.

사실 그의 꿈은 상담심리사였다. 어릴 때부터 사람들과 대화하기를 좋아했고 친구들의 고민을 들어주면서 보람을 느꼈다. 그래서 학부도 심리학과에 들어갔다. 하지만 대학원에 진학하려 하자 부모님의 반대가 심했다. 남자가 무슨 상담을 하냐, 불안정한 직업 아니냐며 기업체 취업을 권유했다. 마침 오래 사귄 여자친구가 있었던 그는 결혼 후 안정된 생활을 위해 현실적인 선택을 했다. 중견기업의 회사원이 된 것이다.

처음엔 신혼의 오붓함이 좋았고 아내와 함께 하는 미래를 그리며 그럭저럭 버텨낼 수 있었다. 하지만 아이가 생기면서 달라졌다. 집은 늘 어수선했고 아내는 지친 표정으로 그를 맞았다. 그는 자꾸만 화가 난다고 했다. 집에서 큰소리로 화를 내는 일이 잦아졌고 아내에게 "집안 꼴이 이게 뭐냐"며 윽박지르기도 했다. 이런 일이 잦아지자 18개월 된 아기는 아빠만 보면 더 크게 울었다. 하준 씨는 이렇게 호소했다.

"저도 정말 이러고 싶지 않아요. 가족들에게 좋은 아빠, 남편이고 싶은데 왜 이렇게 화를 내게 되는지 모르겠어요. 제가 왜 이러는지 너무 답답해요."

채연 씨와 하준 씨는 얼핏 보면 전혀 다른 문제로 고민하는 것처럼 보인다. 하지만 이 둘이 호소하고 있는 문제의 근본적인 원인은 같았다. 바로 가부장적인 문화였다.

내가 나일 수 없게 만드는 사회

심리 상담하면 많은 경우 개인의 내적인 부분 혹은 삶에 직접적으로 영향을 주는 양육자나 가까운 사람들과의 관계 정도만 다룰 거라 짐작한다. 실제로 오랫동안 심리상담은 이런 영역에서 이루어져 왔다. 하지만 심리학자들은 개인에게만 집중한 심리상담의 한계를 느껴왔고 마침내 깨달았다. 개인의 삶에는 가족, 학교. 직장 등 가까운 환경적 요소 뿐 아니라 그 사람이 속한 사회의 문화와 질서, 구조 등이 함께 영향을 끼치고 있음을 말이다. 이에 최근 심리학자들은 개인이 속한 사회의 문화적 다양성을 고려하고 사회의 억압과 편견, 차별로부터 각 개인이 자유로워지도록 돕는 '다문화사회정의 상담'을 주창하고 이에 대한 연구를 활발히 해나가고 있다.

개인의 마음에 지대한 영향을 미치는 사회 문화적 조건 중 하나가 바로 가부장제다. 동서고금을 막론하고 매우 오랜 시간 인간 사회의 구조, 문화, 그리고 개인의 내면에 스며들어 있는 가부장제에 대해 페미니스트 심리학자 캐럴 길리건은 저서 《담대한 목소리》에서 다음과 같이 명확하게 설명한다.

"가부장제는 젠더에 기반을 둔 생활양식의 질서라고 할 수 있다. … 가부장적인 가정이나 종교, 문화에서 권력과 권위는 아버지에게서 나온다. 남성적이라고 묘사되는 인간의 특성은 여성적 특징이 반영된 경우보다 특권을 누린다. 일부 남성을 다른 남성들보다 우위에 두면서 성인 남성과 소년을 구분하고, 또 모든 남성을 여성보다 우위에 두면서 가부장제는 지배적인 질서가 됐다. 가부장제는 엄마와 딸, 아들로부터 아버지를 분리하고 인간의 특성을 남성성과 여성성으로 이분화했다. 또한 모든 사람을 자기 자신의 일부로부터 분리해 내면서 정신세계의 균열을 만들어냈다."

가부장적인 질서가 짙게 밴 사회에서 사람들은 여성과 남성으로 이분화된다. 그리고 여성은 '의존적이고 돌봄을 담당해야 한다', 남성은 '강하고 독립적이며 경제적 부양자가 되어야 한다'는 고정관념 속에 살아간다. 이 관념에서 벗어난 남성과 여성은 비난의 대상이 되고 스스로가 부적절하다는 느낌을 받는다. 채연 씨와 준호 씨 역시 마찬가지였다.

돌봐야 하는 여성, 감정을 억압하는 남성

채연 씨는 돌봄에 대한 책임은 여성에게 있다는 전통적인 성 역할 메시지를 따르고 있었다. 때문에 엄마로서의 책임과 정체감이 몹시 중요했다. 동시에 현대 사회에서 여성들에게 허용된 사회적 성취의 기회도 놓치지 않기를 바랐다. 하지만 양육과 돌봄의 의무가 전혀 덜어지지 않은 채 성취하는 여성으로 사는 일은 과도한 책임과 의무에 시달리게 했다. 채연 씨는 '엄마로서 살라'와 '일을 통해 자기 자신을 실현하라'는 두 메시지를 모두 실천하려 애썼지만 그럴수록 점점 더 힘겨워졌다. 상반되는 두 가지 메시지를 동시에 실천하는 일은 심리적으로 개인을 분열시키면서 옴짝달싹 못하게 한다. 이는 우울과 죄책감을 만들어낸다. 채연 씨가 느끼는 심리적 고통은 바로 이런 사회적 문화적 조건 속에서 비롯된 것이었다.

반면 남성은 강하고 독립적이어야 하며, 경제적 힘을 지녀야 한다고 요구받아왔다. 또한 누군가를 돌보는 일은 여성의 것이지 남성에겐 가당치 않다고 여겨져왔다. 하준 씨는 바로 이런 가부장제의 남성성과 자신을 일치시켰다. 자신이 원하는 일은 누군가를 돌보는 상담사였지만, 이는 남성과는 어울리지 않는다는 부모님의 말을 그대로 받아들였다. 원치 않은 일을 하며 살아가는 건 자기 자신이 사라진 것 같은 상실감으로 다가오고 이는 우울이나 슬픔을 유발한다. 하지만 오랫동안 우리 사회에서 나약한 감정들은 남성에게 허용되지 않아왔다. 때문에 그는 슬프고 우울한 감정을 모두 화로 표현했던 것이다. 그는 회사에서는 분노를 겉으로 드러내지 않았다. 대신 가부장 사회에서 약자에 속하는 아내와 아이에게 분노를 표출하곤 했다.

하지만 과연 여성이 자신의 일을 하는 것이 죄책감을 가질 일일까? 돌봄의 책임은 오직 엄마가 된 여성에게만 있는 걸까? 남자라고 해서 슬픔을 표현하고 감정을 드러내면 정말 안 되는 걸까? 남성이 상담을 하고 누군가를 돌보는 게 문제 되는 행동일까?

채연 씨와 하준 씨는 모두 자신의 심정을 표현하며 '답답하다'는 단어를 반복해서 사용했다. 답답함은 무언가가 우리를 가두고 구속할 때 느껴지는 감정이다. 우리는 이 답답한 마음들을 면밀히 들여다 보았다. 그리고 답답함의 원인이 되는 것들과 심리적으로 선을 긋고 자유로워지는 방법을 함께 찾아보기로 했다.

03

내 안의
고정관념 깨뜨리기

사람은 공기 없이는 단 몇 분도 살아갈 수 없다. 하지만 너무나 당연한 듯 주위를 가득 채우고 있는 공기의 존재를 인식하는 일은 매우 드물다. 우리를 둘러싼 사회 문화적 조건 역시 마찬가지다. 가부장적인 사고와 문화들은 너무나 자연스럽게 일상에 스며들어 있어 그 존재를 알아차리기가 쉽지 않다. 비록 그것이 이분화된 기준에 나를 끼워 맞추고 편향된 위계질서 속에서 숨 막힘을 선사할지라도 말이다.

그러나 때때로 마음은 우리에게 사인을 보낸다. 우울하고 불안하고 화가 난다면, 뭔가 잘못됐다는 느낌이 들지만 그게 무엇인지조차 잘 몰라 답답하다면, 마음이 말하는 것에 귀를 기울여야 한다. 그냥 "다들 이렇게 사니까", "나만 참고 넘어가면 괜찮을 거야" 하면서 마음의 사인을 무시한다면 평생을 온전히 살아갈 수 없게 된다. 채연 씨와 하준 씨는 이런 마음의 사인을 읽어냈다. 그리고 이것이 무엇을 의미하는지 알고 싶어 했다. 나는 기꺼이 이들과 함께했다.

감정들을 자각하고 맥락 속에서 이해하기

마음의 이유를 알기 위해 우선되어야 할 것은 감정들을 충분히 표현하면서 그 감정에 이름을 붙이는 것이다. 품고 있지만 말하지 못했던 감정들을 언어로 표현하고 공감을 받게 되면, 감정들과 나 사이에 적당한 거리가 생긴다. 그렇게 거리가 생기고 나서야 우리는 마음의 이유를 찬찬히 생각해볼 여유를 갖게 된다. 나는 채연 씨와 하준 씨가 호소하는 감정들에 충분히 머물러 주었다. 그리고 나서 이들에게 답답함이 느껴질 때 떠오르는 생각이나 사람 혹은 장면이 있는지를 물었다. 채연 씨는 친정엄마를 떠올렸다.

"엄마는 정말 살림꾼이었어요. 저희 삼 남매에게 모든 정성을 쏟았고, 아빠한테도 정말 잘했고, 참 좋은 며느리였어요. 저는 이런 엄마를 닮고 싶었던 것 같아요. 엄마는 이런 말을 자주 했어요. '결혼하면 남편에게 잘해라', '친정보다 시가를 먼저 챙겨라. 그래야 사랑받는다' 전 엄마 말대로 잘하려고 애써왔던 것 같아요."

나는 채연 씨에게 엄마가 왜 그런 삶을 살아오시고 그런 것들을 당부하셨을지 생각해보자고 제안했다. 채연 씨는 다시 엄마의 엄마, 그러니까 외할머니의 삶을 기억해냈고, 주변의 다른 여성들의 삶도 떠올렸다. 그리곤 우리 사회에서 여성들은 현모양처일 때만 존중받아왔고 자신 역시 오랫동안 이런 메시지에 노출되어왔음을 알아냈다. 나는 채연 씨에게 이런 메시지대로 살려고 노력했을 때 행복했냐고 물었다.

"아니요. 전혀 아니었어요. 엄마가 말하는 그런 여성으로 살려고 애쓸 때 저는 늘 불행했어요. 우울하고 답답하면서도 힘들어하는 제 모습에 화가 나고 죄책감이 느껴졌어요."

그리고는 이렇게 말을 이었다.

"결국 모든 게 제 잘못은 아닌 거 같아요. 그런 엄마, 또 그런 할머니 이런 걸 보고 자라서 그런가봐요. 그러니까 사회적 문화적 영향을 받은 거였고 '여성은 이래야 한다' 이런 것들이 제게 자꾸 죄책감을 느끼게 하는 거였네요."

하준 씨와의 상담도 비슷하게 진행됐다. 그는 답답하고 화가 나는 마음, 원하는 삶을 살지 못하는 것에 대한 억울함을 몇 회기에 걸쳐 토로했다. 그런 후 아버지를 떠올렸다.

"꼭 제가 아버지 같아요. 아버지는 식구 중에 누가 아프거나 다치면 화를 내셨어요. 정말 어이가 없었죠. 아프면 위로를 해주고 곁에서 보살펴주어야 하는데 도대체 왜 화를 냈을까요? 그런데 지금 제가 그 모습을 닮아가고 있는 것 같아요."

나는 하준 씨에게도 아버지의 그런 모습이 어떻게 형성됐을 것 같냐고 물었다. 그리고 아버지의 형제들과 그 아버지 그리고 주변 남성들의 삶을 함께 살펴봤다. 마침내 하준 씨 역시 깨달을 수 있었다.

"그러니까 이게 꼭 내 문제만은 아니었네요. 우리 사회에서 남자들은 자신의 감정을 제대로 표현하는 걸 배우지 못했던 거에요. 게다가 돌보는 일 같은 건 안 된다고 하니까 저 역시 그랬던 거고요."

나는 이들의 통찰이 무척이나 반가웠다.

이렇게 채연 씨와 하준 씨는 자신을 둘러싼 환경들을 살펴보면서 사회적인 맥락 속에서 자신의 마음을 이해하기 시작했다. 그리고 후련함과 혼란스러움을 함께 느꼈다. 후련함은 모든 것이 내 잘못이라는 생각을 떨쳐낸 데서 연유했다. 문제의 원인이 내가 아닌 외부에 있다는 깨달음은 과도한 죄책감에서 벗어나게 해준다. 하지만 이들은 동시에 혼란스러워했다. 이렇게 거대한 문화적 영향으로부터 과연 벗어날 수 있는 것일까? 이런 상황에서 변화하는 게 가능할까? 우리는 이제 혼란스러움에 대한 답을 찾아 나섰다.

일상에서 변화를 실천하기

사실 상담을 통해 우리 사회의 문화 자체를 바꾸는 일은 불가능하다. 하지만 상담에 온 개인의 일상은 변화시킬 수 있다. 한 개인의 달라진 일상은 그와 함께 하는 이들에게 영향을 미친다. 그리고 이런 변화들이 이어질 때 우리가 속한 사회도 달라질 수 있다. 그 변화가 아주 천천히 진행되더라도 말이다.

채연 씨와 하준 씨는 자신의 마음과 일상을 바꿔서 변화를 시도해보기로 했다. 이를 위해 채연 씨는 가장 먼저 죄책감을 덜어내는 연습을 했다. 자신이 겪고 있는 어려움이 나의 잘못이 아님을 깨달았다 하더라도, 사회에 널리 퍼져 있는 '여성은 돌보는 자'라는 통념은 채연 씨의 마음 깊숙이 새겨져 있었다. 때문에 아이 학교에서 연락이 오거나 일하느라 식구들의 저녁을 챙기지 못했을 때, 그러니까 돌보는 역할을 제대로 못해냈다고 느낄 때, 채연 씨는 계속해서 '난 나쁜 엄마, 나쁜 아내야'라는 생각에 시달렸다. 우리는 이런 생각이 들 때마다 '이건 강요된 죄책감이야. 내가 내 일을 하는 것은 미안한 일이 아니야'라고 반박하는 연습을 했다.

동시에 돌봄에 대한 책임을 오롯이 혼자 지지 않기 위해 남편에게 가사와 육아 분담을 요구하기로 했다. 이를 위해 우리는 '나 메시지'를 활용해 구체적인 행동 변화를 유도하는 대화법을 연습했다. 나 메시지는 상대방에게 "애 좀 봐"라고 명령하는 대신, "퇴근 후에 나 혼자 아이를 돌보려니 힘이 든다. 아이 숙제를 좀 봐줬으면 좋겠다"고 '나'를 주어로 해 마음을 전달하는 방법이다. 이는 상대방의 마음을 배려하면서도 분명하게 자신의 뜻을 전하는 효과적인 방법이다. 채연 씨는 남편에게 이런 방식으로 자신의 마음을 반복해서 전달했다. 남편은 조금씩 육아와 가사에 함께하기 시작했다.

부정적인 감정들이 올라올 때면 화부터 내왔던 하준 씨는 우선 감정을 구분하는 연습부터 했다. 매주 화가 났던 순간들을 상담실에서 이야기했고, 그때 느끼는 감정이 분노인지, 슬픔인지, 우울인지, 불안이지, 좌절감인지 등을 찬찬히 살펴보았다. 또한 매일 밤 그날 느꼈던 감정들을 세 가지 이상 적어보는 연습을 했다. 그는 감정이 이토록 다양하며, 모든 부정적인 감정을 화로만 표현해온 것이 관계에서 어떤 문제들을 일으켜왔는지를 점차 알아갔다. 그러던 어느 날 그는 이렇게 말했다.

"며칠 전에 퇴근했는데 집이 또 난장판인 거에요. 화를 내며 소리를 지르고 싶었는데 일단 말을 하지 않았어요. 그리고 씻고 나와서 아내에게 이야기했죠. 사실 요즘 내가 너무 힘들다고요. 밤에 맥주 한 잔하면서 제가 오랫동안 상담심리사를 꿈꿔왔던 이야기도 했어요. 그러면서 원하지 않는 일을 억지로 하고 있다 보니 우울하고 불안하고 그랬는데 그걸 자꾸 화로 표현하게 되었다고 말했어요. 아내가 놀라더라고요. 그러면서 솔직히 이야기해줘서 고맙다고 했어요."

그는 화를 내지 않고 감정을 솔직히 표현하고 나니 마음이 조금은 편안해졌다고 했다.

변화를 계속 이어가는 법

채연 씨와 하준 씨는 이렇게 일상에서 오랫동안 자신들을 구속했던 가부장적인 문화와 선을 긋기 시작했다. 하지만 오래된 마음의 습관들은 그렇게 빨리 사라지지 않았다. 채연 씨는 가사와 육아 분담을 하면서 한결 일상이 가벼워졌지만, 남편이 살림과 육아를 하는 것을 볼 때마다 미안한 마음이 든다고 했다. 하준 씨 역시 습관적으로 버럭하는 일이 종종 있다고 했다. 하지만 이들은 "다시는 예전으로 돌아가고 싶지 않다"고 했다. 우리는 변화를 계속해갈 수 있는 방법들을 찾아나섰다.

채연 씨는 직장의 다른 동료들과 대화를 통해 이런 고민이 자신만의 일이 아님을 알아갔다. 그러던 중 한 동료가 직장맘들을 위한 온라인 커뮤니티를 소개해 주었다. 채연 씨는 이들과 온라인상에서 이야기를 나누면서 많은 여성들이 자신과 같이 답답함 속에 살아가고 있음을 알게 됐다. 함께한다는 안전감과 위안은 물러서지 않을 수 있는 힘이 되어주었다. 채연 씨는 자신의 아이들이 보다 나답게 살아가도록 하기 위해서라도 이런 변화가 반드시 필요하다고 생각했다.

반면 하준 씨는 사정이 조금 달랐다. 자신과 같은 고민을 하는 친구들은 별로 없었고, 주변의 남성 동료들 역시 여전히 분노로 감정을 표현하는 것을 당연하게 여겼다. 그는 이런 분위기가 무척이나 실망스럽다고 했다. 아마도 이는 우리 사회에서 우월한 것으로 여겨져 온 남성적 특징들은 부당함이나 불편함으로 인식되어 오지 않았기 때문일 것이다. 하지만 다행히 하준 씨는 가부장적인 문화가 남성들에게 미친 영향을 다룬 책들을 만날 수 있었다. 그는 관련된 책들을 찾아 읽으며 변화를 계속해갈 수 있었다.

이렇게 채연 씨와 하준 씨는 자신들의 삶을 사회적 맥락에서 이해했고, 스스로 변화할 수 있는 힘을 가진 존재임을 깨달았다. 그리고 그 힘을 가부장제와 선을 긋는 데 사용하기 시작했다. 상담은 이즈음에서 끝이 났다. 하지만 석 달 후에 다시 만난 추후상담에서도 이들은 변화를 이어가고 있었다. 채연 씨는 육아와 가사를 남편과 함께 하면서 한결 편안해졌고 일도 더 당당하게 해내고 있었다. 더욱 고무적인 것은 하준 씨의 변화였다. 아내가 먼저 상담대학원에 가보는 건 어떻겠냐고 권유해온 것이다. 그는 새로운 미래를 꿈꾸고 있었다.

김형경 작가가 쓴 정신분석 에세이《남자를 위하여》에는 다음과 같은 부분이 나온다.

얼마 전 한 문단 행사의 뒤풀이 자리에서였다. 그 무렵 환갑을 넘긴 한 원로 작가 선생님이 분위기가 편안해지자 이런 말을 했다.

"나는 평생 남자인 척하며 살기가 참 힘들었어."

그분의 목소리는 담담한 편이었는데 그 순간 어쩌자고 내 마음 깊은 곳에서 절절한 이해와 공감의 마음이 일었는지 모르겠다. 나도 모르게 큰 목소리가 나왔다.

"선생님, 저는 평생 여자인 척하면서 사는 게 힘들었어요."

이처럼 가부장적인 문화가 깊게 스며든 사회에서 많은 사람들은 남자인 척 혹은 여자인 척하면서 살아간다. 하지만 이런 기준에만 맞춰 온전한 나 자신으로 살지 못한다면 우리는 결국 "힘들었다"는 한탄 속에 삶을 마무리하게 될지도 모른다. 그러니 채연 씨와 하준 씨처럼 답답함이 마음을 옥죄어 온다면 그 마음의 소리에 귀를 기울여보자. 그리고 지금 여기서 바꾸어 갈 수 있는 것들을 실천해보자. 이런 노력들이 이어지다 보면 언젠간 남성과 여성이라는 이분법에 갇히지 않고 모두가 보다 나 자신답게 살아갈 수 있게 되리라 믿는다.

04

가족에서 벗어나
나를 찾다

은호 할아버지, 무슨 소원 비셨어요?

덕출 음. 그게 말이야…

해남 첫째는 자식들 하는 일 다 잘되고 건강한 거. 둘째는 자식들한테
짐 안되게 아프지 않게 살다 가는 거. 그 두 가지뿐이지 뭐. 은호
야, 우리 나이 되면은 그거밖에는 바라는 거 없어.

2021년 많은 이들의 마음을 울렸던 tvN 드라마 〈나빌레라〉 1회의
한 장면이다. 할아버지 덕출(박인환 분)의 칠순 잔칫 날 손녀 은호(홍승
희 분)는 케이크의 촛불을 끈 할아버지에게 소원을 묻는다. 하지만 덕
출이 자신의 소원을 말할 겨를도 없이 덕출의 아내 해남(나문희 분)은

질문을 가로채 위처럼 말한다. 해남의 말에 다른 가족들은 모두 '당연하다'는 듯 고개를 끄덕인다. 할아버지의 소원은 그렇게 가족의 건강이 되어 버린다.

 그 후 큰 아들 성산(정해균 분)은 의사이면서도 백수로 지내는 성관(조복래 분)과 매번 낙선하는 매부 영일(정희태 분)에게 한바탕 잔소리를 퍼붓는다. 화기애애했던 칠순잔치는 순식간에 싸늘해지고, 성산은 자신의 말에 반발하는 가족들에게 "가족이니까!"라며 큰 소리를 내고 만다. 이에 성관은 "지긋지긋한 심성산 가족주의"라고 한탄한다.

 나는 이 장면을 보고 가족 때문에 힘들어 하던 많은 내담자들이 떠올랐다. 극심한 학업 스트레스에 시달리면서도 "부모님을 기쁘게 하기 위해 공부해야 한다"고 말하던 중3 학생, 음악을 하고 싶었지만 가족의 반대로 경영학과에 진학해 숨 막혀 했던 대학생, 아이가 재수를 하는 바람에 친척들 보기 민망해 우울하다며 상담실을 찾은 어머니, 비혼을 선언했는데도 자꾸만 선을 보라며 닦달하는 가족을 피해 집을 나와 버린 30대 청년… 이 모든 내담자들의 호소에는 드라마 속 성관이 말했던 바로 그 지긋지긋한 가족주의가 숨어 있었다.

'나'이기 전에 '우리'이길 강요하는 가족주의

 '가족주의'는 집단으로서의 가족을 가족 구성원 개개인보다 중시하는 태도를 말한다. 전통적으로 집단주의 문화권에 속해 있고 자신의 신체마저 부모에게 속해 있다고 여기는 '신체발부 수지부모身體髮膚 受之父母'를 효의 기조로 삼았던 한국 사회는 가족주의가 매우 강한 곳이다.

가족주의 사회에서는 개인보다 가족 그러니까 '나'보다 '우리'가 중요하다. 때문에 '나'는 온전한 한 사람이기 보다는 '우리' 안에서의 역할로 존재한다. 아버지는 아버지의 역할에 충실하게, 어머니는 어머니답게, 딸과 아들은 부모의 기대에 맞춰 살아가는 것이 나답게 살아가는 것보다 중요하다. 이런 태도는 가족 안에서 너와 나의 구분을 모호하게 만들고 가족 구성원의 삶을 마치 나의 삶처럼 여기는 지나치게 밀착된 관계를 만들어 낸다.

이 같은 가족주의는 내가 만나온 많은 내담자들이 호소하는 심리적 고통의 주요 원인이었다. 상당수의 내담자들은 덕출 할아버지가 자신의 소원을 말하지 못했듯, 자신의 꿈이 아닌 가족의 꿈을 대신 이루려 애썼다. 어떤 내담자들에겐 가족 안에서의 역할이 자신으로 사는 것보다 중요했다. 그리고 이는 매우 깊은 심리적 상처들을 남긴다.

앞서 언급한 "부모님을 기쁘게 하기 위해 공부해야 한다"는 여중생은 스트레스를 감당하지 못해 깊은 우울에 빠졌고, 가족이 원하는 안정적인 삶을 위해 경영학과에 들어가 자신의 꿈을 포기한 여대생은 자살 시도로 결국 입원을 하고야 말았다. 아이의 재수에 우울해했던 어머니는 꽤 오랫동안 은둔형 외톨이로 지냈고, 비혼 선언을 한 뒤 집을 나온 청년은 소외감과 죄책감으로 무척이나 괴로워했다. 이들에게 가족은 삶을 제약하는 감옥과 같은 것이었다.

뿐만 아니다. 가족주의는 우리가 아닌 다른 가족을 배타적인 집단으로 만들어버린다. 우리 가족은 다른 가족과 구분되고, 사회에서 정상이라 받아들여지는 가족(그러니까 여성인 엄마와 남성인 아빠 그리고 자녀로 이루어진 가족. 이를 '정상가족'이라고 부른다) 외의 다른 가족들은 종종 비정상으로 간주된다. 한부모 가정의 아이들이 가족 그림을 그린 후 수치심을 느끼는 것, 결혼을 하지 않는 사람들을 마치 가족에게 죄진 사람 취급하는 SBS 〈미운 우리 새끼〉 같은 프로그램이 장수하는 것은 이런 정서에 바탕을 두고 있다.

이런 사회의 분위기는 다양한 가족적 배경 속에서 나 자신으로 살고자 하는 개인들을 위축시킨다. 가족이 아닌 나의 꿈이 중요한 사람들은 '내가 너무 이기적인 것은 아닐까' 하고 걱정하고, 정상 가족과 다른 형태의 가족을 이룬 사람들은 스스로가 부적절하다는 느낌을 받는다.

그렇다면 이런 가족주의의 영향으로부터 벗어나 보다 온전한 나 자신으로 살아가려면 어떻게 해야 할까? 드라마 〈나빌레라〉는 심덕출 할아버지의 변화를 통해 가족주의가 해체되고 가족 구성원 각자가 자기 자신으로 살아가게 되는 과정을 잘 그려냈다. 심덕출 할아버지와 그 가족의 여정을 통해 가족주의와 선을 긋고 나를 지켜내는 법을 살펴보자.

일흔에 발레를 시작한 덕출

음악에 이끌려 채록(송강 분) 발레하는 모습을 엿보다 어린 시절 꿈이었던 발레에 다시 빠져버린 덕출. 덕출은 어이없어하는 채록과 채록의 코치 승주(김태훈 분)를 끈질기게 설득해 발레를 배우기 시작한다. 하지만 덕출은 발레하는 자신의 모습을 가족이 알까 봐 전전긍긍한다. 발레를 배우러 가는 걸 들킬까 봐 거짓말을 하고 집을 나서고 아내 해남 몰래 발레복을 빨아 넌다. 그러다 마침내 해남에게 들키고 마는데 해남은 "자식들에게 민폐 끼치지 말아요. 그냥 집에서 텔레비전이나 보면서 동네 산책이나 하면서 그렇게 곱게 늙으라구요!"라며 화를 낸다.

넉출은 이런 해님의 반응에 실망하면서도 채록에게 "지금은 집사람이 싫어하는데 솔직히 반대하는 건 별로 안 무서워"라며 의지를 불태운다. 하지만 여전히 가족들 앞에서는 주눅이 든다. 그러자 채록은 '정면돌파'를 제안하고 덕출이 발레 연습하는 사진을 찍어 가족들에게 전송한다. 덕출은 마침내 가족들에게 선언한다. "나 발레한다!"

그러자 가족들은 덕출이 발레를 하는 것을 주제로 가족회의를 연다. 발레를 덕출이라는 한 사람의 일이 아닌 정상적인 가정에서 일어나서는 안 되는 일로 받아들인 것이다. 때문에 이들은 덕출의 발레가 가족의 망신이 될까 두렵고("남들이 알면 뭐라 하겠어요?") 정상적인 할아버지의 모습에서 벗어난 덕출을 수용하지 못한다("어르신들은 산에 다녀야 해요"). 개인으로서의 심덕출보다 가족 안에서의 역할과 가족의 체면이 우선이라는 가족주의적 사고가 잘 드러나는 부분이었다.

하지만 덕출은 씁쓸한 표정을 지으면서도 결코 발레를 포기하지 않는다. 가족의 반대에 잠시 망설이지만, 살아있음을 느끼게 하는 발레를 묵묵히 계속해나간다. 나는 덕출의 이런 태도가 '자기 존중'의 태도였다고 생각한다. 타인의 시선에 기대지 않고 나 자신에게 소중한 것을 지켜가는 태도는 스스로를 존중하는 자의 모습이었다. 심리학자 칼 로저스는 한 사람이 보다 자기 자신답게 살아가는 변화를 시작하면 이런 변화는 주변의 인물들에게도 전파된다고 했다. 이 드라마에서도 그랬다. 덕출의 자기 존중은 드라마 속 다른 인물들에게 귀감이 되고, 가족 안에서의 역할에만 충실했던 가족 구성원들은 하나둘 자신을 찾아나선다.

각자의 이야기를 되살리다

먼저 변화한 것은 덕출과 오랜 시간 가까이서 지내온 아내 해남이다. 장남 성산은 어느 날 발레복을 입고 있는 덕출을 보고는 "발레보다 자식이 중요하냐"며 선을 넘은 분노를 터뜨린다. 이 장면을 목격한 해남은 가장, 아버지, 할아버지가 아닌 한 사람으로서 덕출이 살아온 과정을 떠올린다. 그리고 평생토록 가족 안에서의 역할에만 충실하게 살아온 덕출의 마음에 자기 자신으로 살고픈 욕구가 꿈틀거리고 있음을 간파한다. 덕출이 지닌 고유한 삶의 이야기를 상기할 수 있었던 해남은 덕출을 이제 한 사람으로 바라본다. 그리고 덕출의 든든한 지원군이 되어 준다.

이렇게 한 사람이 살아온 이야기, 그러니까 그가 태어나서 성장하고 지금까지 살아온 과정들을 떠올리는 것은 그 사람을 역할이 아닌 한 사람으로 바라보게 한다. 덕출이 자기 존중의 태도를 잃지 않을 수 있었던 것도 자신의 삶을 돌아볼 수 있었기 때문일 것이다. 덕출과 해남의 이런 태도는 서서히 다른 가족들에게도 스며들어 각자의 이야기를 써가는 원동력이 된다.

가족의 기대에 부응하기 위해 대기업 입사만을 노렸던 손녀 은호는 아버지 성산의 반대에도 불구하고 나를 행복하게 하는 것을 찾아 나선다. 은호의 엄마 애란(신은정 분)은 엄마와 아내로서의 삶에서 빠져나와 일을 통해 자기를 실현해간다. 덕출의 딸 성숙(김수진 분)은 오랫동안 애써온 임신을 포기한다. 이는 아이를 낳고 남들처럼 정상가족을 꾸려 살고 싶었던 욕망을 내려놓았음을 의미하는 장면이었다. 즉 한계를 수용하며 보다 고유한 삶을 살아가겠다는 다짐으로 볼 수 있다.

의사의 길을 접고 방황하던 막내 아들 성관은 알츠하이머에 걸린 상태에서도 스스로를 포기하지 않는 덕출의 모습을 카메라에 담으며 삶의 의미를 찾아낸다. 아마도 성관이 의사를 그만두었던 것은 원하는 것이 있기보다는 의사로서 느끼는 회의감을 피하기 위한 것이었을 테다. 때문에 성관은 병원을 그만둔 뒤에도 이렇다 할 길을 찾지 못하고 헤매었다. 하지만 덕출을 보며 의사가 삶에 시간을 더해주는 역할을 할 수 있음을 깨닫는다. 의사로서 소명을 찾고 병원으로 돌아간 성관은 분명 좋은 의사가 될 수 있었을 것이다.

가장 완고하게 가족주의를 실천했던 성산도 마침내 변화한다. 드라마의 후반부 성산은 회사에서 어려운 처지에 놓이게 된다. 이 소식을 들은 덕출은 성산에게 야구글러브를 선물한다. 성산은 덕출이 선물한 야구글러브를 통해 야구선수의 꿈을 키웠던 자신이 살아온 이야기를 기억해낸다. 가장 혹은 장남으로서의 역할이 아닌 한 사람으로서의 자신을 돌아본 성산은 아내 애란의 응원에 힘입어 회사에 사표를 낸다. 그는 어릴 적 꿈에 조금 더 가까운 야구단에서 새로운 인생을 시작한다.

시간을 공유하며 서로를 기억해주는 가족

이렇게 심덕출 할아버지의 가족은 '우리'라는 한 덩어리에서 벗어나 '너'와 '나'가 됐다. 그리고 드라마의 마지막 회, 가족들은 덕출의 공연을 관람하며 힘껏 한 사람으로서의 덕출을 응원한다. 이들은 덕출의 모습에 자기 자신의 모습을 비춰보며 나 자신으로 살아가는 것의 의미를 되새겼을 것이다. 성산은 공연을 본 후 딸 은호에게 "너도 네가 좋은 거 해. 네가 행복한 거"라고 말해준다. 이는 자기 존중을 일깨운 가족들이 '타인 존중'으로까지 나아가고 있음을 상징하는 장면이었다.

드라마의 마지막 회. 덕출 할아버지 가족들은 가족 안에서의 역할이 아닌 각자 자기 자신의 행복을 위해 살아간다. 가족들은 서로를 응원해주고 지지해주며 때로는 그냥 지켜봐 준다. 변화한 가족의 모습은 첫 회 "가족이니까"라며 서로 구속했던 때보다 훨씬 더 행복해 보였다. 이렇게 심덕출 할아버지는 자기 자신을 존중하는 모습을 보여줌으로써, 가족들 각자가 자신의 삶의 이야기를 써 내려갈 수 있는 계기를 만들어 주었다. 그리고 가족주의에서 벗어나 '너'와 '나'가 모두 존중받고 서로를 진심으로 지지하고 응원해주는 진정한 가족의 모습을 탄생시켰다.

드라마의 말미엔 3년이 지난 후 알츠하이머 증세가 더욱 심해진 덕출의 모습이 그려진다. 덕출은 해남과 옆집으로 이사 온 딸 성숙의 돌봄을 받으며 지낸다. 덕출은 "내 살 곳은 내가 정한다"며 요양원 입소를 희망했었지만, 아마도 가족의 간곡한 부탁에 그리하지는 못했던 듯싶다. 하지만 덕출을 돌보는 가족의 모습은 그다지 지쳐 보이지 않았다. 이는 가족주의 안에서의 의무가 아닌 한 개인이 자발적으로 선택한 돌봄이기 때문일 것이다.

한편 세계적인 발레리노가 된 채록이 귀국했을 때 이들은 마치 가족을 맞이하는 것처럼 한자리에 모인다. '우리'로서의 가족이 중요했더라면, 가족 안에서의 역할이 없는 채록을 이처럼 환대해 주지는 못했을 것이다. 하지만 '너'와 '나'의 개별성을 회복한 이들에게 할아버지의 시간에 함께한 채록을 가족으로 맞이하는 것은 자연스러운 일이 된다. 이렇듯 가족주의에서 벗어났을 때 우리는 더욱 개방적이고 열린 마음으로 타인을 받아들일 수 있게 된다.

그렇다면 대체 가족이란 무엇일까. 이는 채록의 반복된 대사에 그 답이 있었던 것 같다. 채록은 덕출의 알츠하이머를 알게 된 후 여러 차례에 걸쳐 "할아버지 괜찮아요. 제가 할아버지를 기억하면 돼요"라고 말한다. 아마도 이런 게 가족 아닐까. 나만의 고유한 이야기를 써 내려가는 시간에 함께하며 그 모습을 기억해주는 것. 이럴 때 가족은 한 사람이 써 내려가는 오롯한 이야기의 든든한 지원군이 될 수 있을 것이다.

드라마가 보여줬듯 자기 자신을 존중하는 용기는 각자가 지닌 삶의 이야기를 떠올리게 한다. 가족 구성원 한 사람, 한 사람은 모두 다른 자신만의 삶의 이야기를 써 내려가고 있다. 자신을 존중하면서 다른 가족 구성원의 삶 자체에 관심을 갖는 것은 우리 사회와 마음 속에 깊이 자리 잡은 가족주의에 균열을 낸다. 이런 균열이 많아질 때 가족이 한 개인의 삶에 장애물이 되는 일은 점점 줄어들 것이다.

나의 이야기, 내 가족들의 삶의 이야기가 잘 떠오르지 않는다면 오래전 앨범을 한번 꺼내 보자. 어린 시절부터 현재까지의 모습이 담긴 앨범들을 살펴보면 나만의 이야기들이 새록새록 떠오를 것이다. 할머니, 할아버지, 어머니, 아버지, 형제자매의 모습 역시 앨범 속에서 찾아보자. 거기엔 분명 고유한 한 사람이 있을 것이다. 우리 모두는 역할이기 전에 한 사람이었다. 이를 기억하는 것은 가족주의와 선을 긋고 각자가 나답게 살아가며 동시에 타인의 삶을 존중하는 시작점이 될 것이다.

05

능력에 따른 차별은
당연하다는 믿음

"선생님 저는 취업 준비한다고 졸업 유예 하고는 아무것도 안 하고 있어요. 해야 하는 건 알겠는데 노력해도 안 될까 봐 무서워요."

승우 씨는 상담실에 들어오자마자 이렇게 쏟아냈다. 그의 한숨 섞인 호소는 그가 처한 암울한 현실을 고스란히 담고 있었다.

승우 씨는 1년간 졸업을 유예하고 취업을 준비 중인 취준생이다. 그의 부모님은 요즘도 매일 새벽 5시에 일어나 운동을 하고 자기계발서를 읽을 만큼 부지런하신 분들이다. 승우 씨의 아버지는 작은 시골 마을에서 태어났지만 열심히 공부해 소위 명문대에 진학했고, 대학 졸업 후 곧바로 시중 유명 은행에 취업해 회사의 중간 간부 자리까지 올랐다. 어머니는 승우 씨와 동생이 중학교에 입학할 때까지 육아에 전념하다 뒤늦게 대학원에 진학했다. 하지만 각고의 노력으로 박사학위까지 받고 현재는 대학의 시간강사로 일하며 자신의 꿈을 이뤄가고 있다.

승우 씨는 굳게 믿었다. 부모님처럼 열심히 노력하면 뭐든 이룰 수 있다고 말이다. 이런 믿음으로 그는 차근차근 스펙을 쌓아왔다. 취업이 어렵다는 말을 많이 들었지만 그래도 노력하는 자는 예외일 거라 생각했다. 하지만 그가 대학교 4학년 때 코로나19가 터졌다. 그는 그동안 열심히 노력해서 쌓아온 스펙들을 펼쳐 보일 기회조차 얻어보지 못했다.

그런 그에게 부모님은 '요즘도 아침 8시에 일어나냐. 그렇게 늦게 일어나고 시간을 허투루 쓰니까 취업이 안되는 거다'라며 더 노력하라고 충고했다. 승우 씨는 학교 앞 고시원에서 생활하며 취업 준비를 할 작정이었다. 그런데 '이렇게 노력했는데도 안 되면 어떡하지?' 하는 불안감이 그를 휘감으면서 그는 점점 더 무기력해져만 갔다.

승우 씨뿐만이 아니었다. 나는 10년 가까이 대학 부설 상담센터에서 대학생들을 내담자로 맞아왔다. 내담자들이 호소하는 문제는 다양했지만 이상하게도 시간이 지날수록 무기력과 우울감으로 힘들어하는 학생들이 늘어갔다. 이들 대부분은 '열심히 해야 한다'고 생각하고 있었지만, 막상 무언가를 시작할 수가 없다고 호소했다. 나는 이들에게서 '능력주의의 그림자'를 진하게 느꼈다.

능력주의가 지배하는 사회

능력주의 meritocracy는 영국의 정치가이자 사회학자인 마이클 영이

1958년 펴낸《능력주의의 부상》이라는 책에서 처음 사용한 용어로 '누구나 능력이 있고 열심히 노력하면 성공한다'는 믿음을 일컫는다. 여기서 '능력'이란 배경이 아닌 재능과 노력을 의미한다. 신분이나 재력, 인종 등과 같은 주어진 조건이 아닌 노력으로 성공할 수 있다는 이 믿음은 공평하고 진보적인 사상으로 받아들여졌다. 이는 '아메리칸 드림'이라는 용어로 미국 사회에 이식되었고, 미국의 영향을 많이 받은 한국 사회에도 빠르게 전파됐다.

한국 사회에서 능력주의는 학력주의와 결합됐다. 한국에서 능력은 곧 공부를 열심히 해 좋은 대학에 가고 좋은 직장에 들어가는 것으로 받아들여진다. 실제로 경제개발 시기에 많은 사람들은 이를 악물고 공부해 신분 상승을 일궈냈고 집안의 자랑이 됐다. 가난한 시골 마을에서 검사와 판사, 의사가 탄생하고, 어릴 적 꼬질하게 놀던 아이가 국가와 기업의 고위 간부가 되는 일들이 벌어지자 사람들은 '노력하면 성공한다'는 능력주의야말로 공정한 세상의 기준이라 믿게 됐다.

이렇게 능력주의의 수혜를 받은 이들이 부모세대가 되었고 이제 이들은 자신들의 자녀들이 재능을 꽃피워 성공하기를 바란다. 이들은 어린 시절부터 각종 조기교육을 통해 자녀의 재능을 찾아내고, 온갖 사교육을 활용해 그 재능을 키워내라고 밀어붙인다. 그런데 한국에서 재능은 서열화되어 있다. 공부를 잘하는 재능은 최고로 우대받고 음악이나 미술, 운동을 잘하는 재능은 그다음쯤 된다. 물건을 잘 만들거나 고치는 능력은 위의 능력들보다 덜 인정받는다. 때문에 한국의 부모들은 어릴 때 뚜렷이 두각을 나타내는 분야가 없다면 무조건 공부하는 재능을 키워주려 애쓴다.

이런 분위기 속에서 아이들은 진짜 자신들의 재능이 뭔지도 모른 채 오직 공부만 하며 청소년기를 보내고 공부만이 성공하는 유일한 길이라고 믿고 자란다. 학업성적이 좋은 아이들은 자신이 원하는 분야로 진출하기보다는 사회적 인정과 경제적 부를 동시에 거머쥘 수 있거나, 안정적이라 일컬어지는 소수의 직업을 갖기 위해 또다시 경쟁한다. 결국 직업은 성적순으로 서열화되고 사람들은 자신의 고유한 재능을 꽃피우기보다는 직업 서열의 맨 꼭대기에 있는 곳에 오르기 위해 노력한다. 그 과정에는 각종 사교육을 시켜줄 수 있는 부모의 부와 능력이 큰 영향력을 행사한다. 결국 한국의 능력주의는 '흙수저', '금수저'라는 새로운 계급을 만들어내고 말았다.

능력주의는 정말 공정한 걸까

그렇다면 능력주의는 정말 공정한 걸까? 미국의 사회 심리학자 돌리 추그는 저서《상처 줄 생각은 없었어》에서 작가이자 교육자인 데비 어빙의 말을 빌어 다음과 같이 적었다.

"역풍을 맞으며 달리면 속도가 느려지기 때문에 힘껏 앞으로 내달려야 한다. 역풍은 느낄 수가 있다. 반면 순풍을 맞으면 앞으로 나아갈 더 큰 힘을 얻는다. 순풍은 중대한 역할을 하지만 인지하기 힘들거나 쉽게 잊힌다. 실제로 순풍을 맞으며 달리면 역대 최고 기록을 경신하게 될 텐데, 모두 자신의 기량으로 이룬 것인 마냥 득의양양해질 것이다. 순풍을 맞고 있는 사람은 반대로 역풍을 맞고 있는 사람도 있다는 사실을 인지하지 못할 것이다. 역풍을 맞는 사람은 순풍을 맞는 사람과 마찬가지로, 혹은 그들보다 더 열심히 달리겠지만 훨씬 더 느리고 게으른 사람으로 비춰질 것이다. 그러다 지쳐서 중도에 포기하는 이들은 자기 파괴적인 사람으로 비춰지고 말 것이다."

이처럼 한 개인의 삶에는 순풍과 역풍이 존재한다. 내가 원하는 방향으로 가도록 잘 밀어주는 순풍은 일종의 특권과 같다. 부모의 경제적 능력, 좋은 교육 환경 등은 공부 잘하는 것이 곧 능력인 한국 사회에서 일종의 특권이다. 하지만 이는 나의 뒤에서 밀고 있기에 잘 인식되지 않는다. 반면 역풍은 능력을 발휘하는 데 방해가 되는 장애물이다. 사교육 없이 공부해서는 성공하기 힘든 교육제도, 경제적인 어려움, 빈약한 복지제도 등은 역풍이 된다. 순풍과 역풍은 한 사람이 자신의 능력을 꽃피우는데 엄청난 영향력을 행사하지만 능력주의는 이런 순풍과 역풍을 보지 못한다.

그런데도 우리는 왜 능력주의를 공정하다고 착각하는 걸까? 미국의 사회심리학자 멜빈 러너는 사람들은 대체로 세상이 '공정하다'고 믿고 싶어 함을 발견했다. 이를 '공정한 세상 가설'이라고 한다. 공정한 세상 가설에 따르면 사람들은 불합리한 일이 벌어져도 이는 이를 경험한 사람이 원인을 제공했기 때문이지 세상 자체가 불공정하다고는 생각하려 들지 않는다. 세상 자체가 불공정하다는 걸 인식하는 건 지금까지 내가 살아온 과정에 불공정함이 들어 있음을 인정하는 것이고 이는 크나큰 심리적 불편감을 유발하기 때문이다. 이런 인지적 편향은 능력주의에 따른 불평등을 간과하는 원인이 된다.

게다가 인간의 내면 깊은 곳에는 타인에게 인정받고 싶은 인정 욕구가 자리하고 있다. '열심히 노력하면 인정받을 수 있다'고 말하는 능력주의는 근원적 욕망 중 하나인 인정 욕구를 자극한다. 현실이 어떻든 간에 '열심히 공부하고 조금만 참고 열심히 일하면 인정받을 수 있다'는 능력주의의 속삭임은 달콤할 수밖에 없다.

능력주의가 마음에 미치는 영향

하지만 이 같은 능력주의는 개인에게 과도한 책임을 떠넘긴다. 순풍과 역풍을 제공한 사회적 요인은 전혀 고려하지 않고 성공과 실패의 책임을 개인에게 묻는다. 이는 결국 다양한 심리적인 고통을 유발한다.

승우 씨는 능력주의의 그림자에 갇혀 괴로워하고 있었다. 승우 씨의 세상엔 너무나 많은 역풍이 있었다. 청년 실업은 매년 역대 최고치를 찍고 있는데 코로나19까지 터져버렸으니, 이 역풍은 태풍급이라 해도 과언이 아닐 터였다. 그런데도 능력주의를 신봉해온 어른들은 취업을 바로 하지 못하고 졸업 유예를 한 것이 그가 노력을 안 했기 때문이라고 나무랐다. 어렸을 때부터 능력주의에 길들여 온 승우 씨 역시 취업 문제를 오롯이 자신의 책임이라고 생각했다. 하지만 주변을 돌아보니 정말 열심히 노력해도 성공하는 이들이 별로 없었다. 이를 간파한 승우 씨는 '이렇게 노력하는 게 의미가 있나'라는 생각이 자꾸만 들었다.

이는 일종의 '학습된 무기력' 같은 것이었다. 미국의 심리학자 마틴

셀리그만이 개념화한 학습된 무기력은 아무리 노력해도 고통스러운 상황에서 벗어날 수 없을 때, 노력조차 하지 않으며 무기력해지는 현상을 말한다. 대학 졸업을 앞두고 승우 씨가 돌아본 세상은 어른들의 가르침과는 달리 아무리 노력해도 취업조차 할 수 없는 학습된 무기력을 유발하는 곳이었다. 때문에 그는 무기력해졌으며 동시에 이런 자신을 자책하고 있었다.

능력주의의 문제를 꼼꼼히 짚어낸 책《공정하다는 착각》의 저자 마이클 센델은 능력주의는 성공한 자에게는 교만을, 실패한 사람에게는 모욕감을 선사한다고 지적한 바 있다. 이처럼 능력주의 사회에서 성공한 사람은 자신이 잘나서 성공했다고 믿으며 실패한 사람들에 대한 편견을 정당화한다. 반면 실패한 사람들은 자신이 못나서 실패했다고 믿으며 자신에게 돌아오는 비난의 시선들을 마땅하다 여긴다.

자신의 상황에 대한 책임을 온통 개인의 노력 부족을 돌리는 태도는 불안과 무기력, 자책 등 다양한 심리적 고통을 일으킨다. 또한 우리가 맞고 있는 순풍과 역풍을 알아차리지 못하게 한다. 이는 다시 겪고 있는 모든 문제를 자신 탓을 하도록 하는 악순환만 반복하게 할 뿐이다.

어떻게 하면 이런 능력주의의 그림자에서 벗어날 수 있을까? 그림자를 제거하는 것은 능력주의의 폐해에 대한 사회적 합의가 이뤄진 후에야 가능할 것이다. 하지만 그때까지 기다리기엔 개인이 견뎌야 하는 심리적 고통이 너무나 크다. 나 자신을 위해 능력주의와 선을 긋고 지내는 방법은 없을까? 승우 씨와 나는 능력주의의 영향을 덜 받기 위한 방법들을 찾아 나섰다.

능력주의의 덫에서 벗어나기

승우 씨와 첫 회기를 마친 후, 나는 여러 가지 생각에 잠겼다. 일반적으로 무기력에 시달리는 내담자를 만날 땐, 우울의 정도를 파악한 후 전통적인 인지행동치료의 기법들을 적용하곤 한다. 자신의 기분을 체크하고 아주 작은 것부터 기분이 나아지는 일들을 실천함으로써 무기력의 고리를 끊는 것이다. 하지만 왠지 승우 씨의 무기력은 이런 방법만으로는 나아질 것 같지가 않았다. 그가 무기력에서 벗어나 취업 준비에 매진한다 할지라도 코로나19 상황에서 취업은 쉽지 않을 것이고 자책감만 더욱 커질 터였다. 승우 씨에게는 사회적 맥락 속에서 자신을 이해하고 힘을 키워가는 것이 필요했다.

두 번째 회기에 나는 승우 씨에게 '사회정의상담'의 원리들을 설명했다. 사회정의상담은 사회적인 맥락 속에서 자신을 이해하고, 자신이 속한 사회의 특징이 자신의 삶에 미친 영향을 알아차리도록 돕는다. 그리고 이에 대처할 수 있도록 내담자의 역량을 강화하는 것을 목표로 삼는다. 이는 그동안의 심리상담이 사회가 개인의 내면에 미치는 영향을 간과해왔다는 반성에서 비롯된 새로운 상담의 조류다. 승우 씨와 나는 이런 사회정의상담의 원리에 맞춰 상담을 진행하기로 합의했다.

맥락 속에서 나를 이해하기

이를 위해 먼저 지금까지 능력과 관련해 승우 씨가 사회적으로 받아온 메시지들을 탐색했다. 나는 승우 씨에게 어린 시절부터 능력, 노력, 성공에 대해 자주 들어온 말들이 있는지 물었다. 승우 씨는 잠시 생각에 잠기더니 고등학교 3학년 때의 급훈을 떠올렸다. 그의 고3 교실에 걸려있던 급훈은 이거였다.

'지금 1시간 더 자면 나중에 배달한다.'

우리는 이 메시지를 찬찬히 살펴보았다. 이 메시지 안에는 배달 노동자에 대한 폄하, 성공은 자신의 노력 여부에 전적으로 달려 있다는 것, 공부해서 성공하는 것 외의 다른 일들을 가치 없다는 것 등 획일적이고 서열화된 한국식 능력주의적 사고가 그대로 담겨 있었다. 그는 너무나 당연하게 받아 들여온 이 말이 편견과 차별의 메시지를 담고 있다는 사실에 놀라워했다. 그는 치킨을 배달시켜 먹을 때마다 "배달시켜 먹는 사람이 되는 것과 배달해주는 사람이 되는 차이는 공부에 달려있다"고 하시던 부모님 말씀, 초등학교 때 할머니가 청소 노동자 곁을 지나면서 "우리 승우는 열심히 공부해서 저런 일 하지 마라"라고 했던 일도 떠올렸다. 이 모든 것은 승우 씨에게 공부만이 최고라는 생각을 심어주는 말들이었다.

다음으로 승우 씨가 살면서 경험한 순풍과 역풍을 살펴봤다. 승우 씨는 자수성가하신 부모님의 보살핌을 받으며 자랐고 학창시절 내내 필요한 사교육을 받는 데 전혀 어려움이 없었다. 유치원 때부터 미술, 피아노 등 각종 사교육을 받았고, 초등학교 땐 원어민 강사가 있는 영어학원을 다녔다. 중고등학교 시절 부모님은 성적이 조금이라도 떨어질라치면 좋은 학원들을 수소문해서 등록해 줬다. 주말엔 외식을 했고 1년에 한 번 정도는 해외로 가족휴가를 떠났다. 승우 씨는 이런 것들을 하나하나 적어보면서 인식하지도 못했던 많은 순풍이 자신을 밀고 있음을 깨달을 수 있었다.

하지만 이는 동시에 역풍으로도 작용했다. 승우 씨는 자신이 진정으로 원하는 것을 생각해볼 겨를이 없었다. 일단 공부만 하면 된다는 메시지와 부모님의 부지런한 뒷바라지에 밀려 승우 씨는 그냥 앞으로만 나갔다. 그는 자기 자신만의 길이 아닌 모두가 가는 좁은 길에 들어가기 위해 경쟁에 경쟁을 거듭해왔다. 이는 승우 씨를 계속해서 압박해왔고 불안하고 우울하게 만드는 역풍이 되었다. 높은 청년실업률과 코로나19 상황 역시 이전 세대들은 경험해보지 못한 역풍이었다.

처음 몇 회기 동안 자신을 둘러싼 사회의 메시지, 그리고 순풍과 역풍을 이해하며 사회적 맥락 속에서의 자신을 이해하게 된 승우 씨는 이렇게 말했다.

"이런 것들도 모르고 '내가 못났다'고만 생각해왔다니. 제 자신에게 미안해지는 것 같아요. 그런데 너무 화가 나요. 공부를 하려고 앉아 있으면 이제 무기력해지기보다는 화가 나서 집중이 안 돼요."

분노를 제대로 활용하기

나는 승우 씨의 분노가 반갑게 느껴졌다. 정신분석에서는 무기력과 우울을 갈 곳 잃은 분노가 자기 자신을 향한 것이라고 설명한다. 분노를 유발하는 대상이 너무나 거대하거나 내게 소중한 대상이라 이에 저항할 수 없을 때, 사람들은 분노를 자기 자신에게 돌리고 자신 탓을 함으로써 우울해지고 무기력해진다. 승우 씨 역시 그랬다. 그는 능력주의의 그림자에 갇혀 있었지만 이를 걷어내는 것은 불가능해 보였다. 때문에 스스로가 못난 탓, 노력이 부족한 탓을 하면서 무기력하고 우울해졌다. 그런 그가 분노를 느끼기 시작했다는 것은 우울과 무기력에서 벗어날 준비가 되었다는 반가운 신호였다.

이제부터 중요한 건 분노를 잘 활용하는 것이다. 나는 분노가 그에게 말하는 메시지에 주목해보자고 제안했다. 분노는 무언가 원하는 것이 있을 때 그것이 좌절되어 생기는 감정이다. 분노는 적절히 표현되면서 동시에 그 뒤에 숨은 욕구를 충족해 주어야 근본적으로 해소될 수 있다. 우리는 승우 씨의 분노 뒤에 있는 좌절된 욕구를 찾아보았다. 몇 회기에 걸친 탐색 끝에 그는 '지금 내가 최선을 다하고 있음을 존중받고 싶은 마음, 그리고 능력주의의 기준이 아닌 나만의 기준으로 살아가고 싶은 욕구'라고 정리해냈다.

이제 우리는 이런 욕구를 충족할 수 있는 방법을 찾아 나섰다. 우선 승우 씨는 스스로를 존중해주기로 다짐했다. 자책하고 싶어질 때마다 "내 잘못이 아니야"라고 자신에게 말해주기로 했다. 내게 불어닥친 역풍 속에서 최선을 다하고 있는 나의 수고를 내가 인정해주기로 마음먹은 것이다. 다음으로 그는 자신을 다그치는 사람들로부터 스스로를 보호하고 싶어 했다. 승우 씨는 특별히 부모님이 "취업 준비는 잘 되고 있냐. 대기업이나 공기업에 들어가지 않으면 먹고 살기 힘들다"는 말을 자주 하시는데 그때마다 자괴감에 빠져들곤 했다.

이에 대처하기 위해 우리는 '비폭력대화'와 '심리적 선 긋기'를 연습했다. 비폭력대화는 마셜 로젠버그가 고안한 대화법으로, 나의 욕구와 상대방의 욕구를 존중하면서 자신이 원하는 바를 분명하게 표현하는 대화 방법이다. 이를 위해 승우 씨는 먼저 자신의 마음을 살폈다. 그는 이런 말들을 들을 때 지금까지의 노력을 존중해 주지 않는 것 같아 화가 난다고 했다. 다음으로 이 말을 하는 부모님의 욕구를 생각해보았다. 아마도 부모님은 승우 씨가 잘되기를 바라는 마음에서 그를 다그쳐왔을 것이다. 이를 알아차렸으면 이 두 가지를 모두 포함해 원하는 바를 분명하게 말하면 된다.

"그렇게 말씀하시니, 지금 제가 취업을 못 하고 있는 게 모두 제 탓이라고 하시는 것 같아 속상해요. 물론 저를 사랑하고 잘되기를 바라는 마음에서 하신 말씀이라는 건 알아요. 하지만 지금은 청년들이 취업하기 너무나 어려운 세상이고 취업뿐 아니라 다양한 길들이 있어요. 제가 저만의 길을 찾을 때까지 믿고 기다려주시면 좋겠어요."

대체로 이렇게 나의 욕구와 상대방의 욕구를 모두 짚으면서 하는 말은 잘 받아들여진다. 하지만 모두가 대화에 진지하게 임하는 건 아니다. 그럴 땐 심리적 선 긋기로 대처해야 한다. 부모님이 바라는 삶과 내가 원하는 삶이 서로 다를 수 있음을, 부모님이 나의 삶에 과도하게 관여해 답답해하는 것은 그분들의 몫이지 내가 책임질 일이 아님을 명심하는 것이다. 과제분리의 태도는 여기서도 중요하다.

불편함을 인식하고 자신의 강점을 활용하기

승우 씨는 이런 과정을 통해 무기력과 자책에서 빠져나올 수 있었고 부모님의 일방적인 충고에 대응할 수도 있게 되었다. 하지만 부모님은 여전히 능력주의적 편견이 담긴 말들을 반복하곤 했다. 그는 함께 텔레비전을 보다가 실패한 중년이 나오기라도 하면 "젊었을 때 뭐 하고 저렇게 됐나"라고 비난하는 부모님의 말들이 마음에 걸려 불편하다고 했다. 이는 그가 편견에 대한 감수성을 발달시키고 있다는 증거였다.

나는 승우 씨에게 이런 불편함이 자기 자신은 물론 세상을 조금 더 나은 곳으로 만들어 갈 수 있는 계기가 되어줄 수 있다고 말했다. 불편함을 느낄 때 사람들은 이를 해소하는 방향으로 행동하기 시작한다. 행동과 실천은 자신과 사회에 좋은 변화를 가져올 수 있다. 이런 변화에 자신의 강점을 활용할 수 있다면 조금 더 힘을 낼 수 있을 것이다.

나는 그가 자신의 강점을 보다 명확하게 인식할 수 있도록 돕기 위해 '성격강점검사 CST, Character Strengths Test'를 실시했다. 검사에서 그는 정의의 미덕과 관련된 부분에 뚜렷한 강점을 나타내고 있었다. 특히 정의의 하위 영역 중 공정성 점수가 매우 높았는데, 공정성은 기회의 공정함과 평등을 중시하는 성격 강점이다. 그런 그가 능력주의라는 불공평함을 그대로 받아들이고 살아가고 있었으니 무기력해질 수밖에 없었겠구나 싶었다.

승우 씨는 이런 강점을 살려 청년실업 문제를 고민하는 인터넷 커뮤니티에 가입했다. 서명에 참여하고 의견을 개진하고 다른 이들의 고민에 공감을 표하며 행동하기 시작했다. 또한 취업에 대한 생각의 폭을 넓혔다. 그는 그동안 준비해온 대기업이나 공기업 취업을 포기하지는 않았지만, 자신의 정의감을 실천할 수 있는 사회적 기업이나 NGO 취업도 적극 고려했다.

우리가 상담을 진행한 6개월의 시간 동안 승우 씨가 취업에 성공하지는 못했다. 두 달 후 추후 상담에서 만났을 때도 그는 여전히 취업 준비 중이었다. 하지만 그는 더 이상 무기력하지 않았다. 그는 비슷한 처지의 청년들을 만나, 나만이 겪는 일이 아님을 느끼며 서로 힘이 되어주는 가운데 연대감을 느꼈고, 스스로에 대한 자책에서도 빠져나올 수 있었다.

사실 능력주의는 승우 씨처럼 취업 문이 막혀 능력을 발휘할 기회조차 박탈당한 사람들만 괴롭히는 것이 아니다. 개인의 다양한 재능을 인정해 주지 않고 오직 공부만 중요시하는 한국식 능력주의는, 순풍을 맞아 자신의 능력을 잘 발휘해온 사람들에게조차 때로는 고통을 준다. 성적이 좋다는 이유로 적성에도 안 맞는 학과에 들어가 괴로워하고, 사회적으로 선망받는 직장에서 일해오다 중년 이후에 "내가 누구인지 모르겠다"며 상담실을 찾는 사람들은 또 얼마나 많은가. 결국 능력주의는 자기 자신으로 사는 것을 방해한다. 그러니 순응하기보다는 선을 그어 스스로를 지켜내야 하지 않겠는가.

사회학자 오찬호가 청소년을 대상으로 쓴 인권 책《곱창 1인분도 배달되는 세상, 모두가 행복할까?》에는 다음과 같은 구절이 나온다.

"한국에서는 '별'을 좋아하는 친구에게 어른들은 '공부 열심히 해서 서울대 나와 세계적인 천문학자가 되어라'라고 말을 합니다. 서울대를 나와야지만 과학자가 되는 것도 아니지만, 별을 좋아하니 반드시 과학자가 되어야 한다는 것도 고정관념입니다. 사진작가가 되어 별을 찍을 수도 있고 소설가가 되어 우주를 소재 삼아 글을 쓸 수도 있지요. 아니면 그냥 별이 좋아 등대지기로 평생 살 수도 있습니다. 꼭 관련 직업에 종사하지 않더라고 평생을 우주를 좋아하며 산다면 그 인생은 참으로 소중하지 않을까요?"

저자의 상상이 현실이 된다면 얼마나 좋을까 생각해본다. 획일적인 능력주의의 잣대를 벗어 던지고 개인이 지닌 다양한 꿈들이 평등하게 존중받는다면, 모두가 조금씩 더 진정한 자기 자신에 가까운 모습으로 살아가게 되지 않을까. 그럴 때 무기력과 우울, 자책은 우리를 함부로 침범해 들어오지 못할 것이다. 그리고 아마도 조금 더 행복해질 수 있을 것이다.

07

좋고 나쁜 성격은
어디에도 없다

"선생님 저는 왜 다른 사람들하고 잘 어울리지 못할까요? 얼마 전에 새로 아르바이트를 시작했는데요, 아르바이트생들끼리 다 같이 저녁 식사를 했어요. 다른 사람들은 다 잘 어울리는데 저는 엄청 뻘쭘하더라구요. 그러다 몇 마디 하긴 했는데 집에 돌아와서는 계속 신경이 쓰이는 거예요. 말실수한 건 아닌가, 이상하게 보였던 건 아닌가 계속 걱정이 됐어요. 대학에 온 뒤론 새로운 사람들과 만날 일이 많은데 그때마다 너무 스트레스에요. 전 너무 사회성이 없는 거 같아요. 이래서 취직이나 할 수 있을까요? 제 성격을 좀 고쳐주세요."

상담실을 찾은 재민 씨는 처음 만난 내게 이렇게 털어놓았다. 눈도 잘 맞추고 조근조근한 말투로 자신을 잘 표현하는 재민 씨가 다른 사람들과 이야기를 잘못한다니 상상이 되지 않았지만, 일단 재민 씨의 이야기를 들어보기로 했다.

그는 어린 시절부터 조용한 아이였다. 유치원에 다닐 땐 놀이터에서 뛰어놀기보다는 혼자 레고를 만드는 게 좋았고, 중고등학교 시절엔 점심시간에 교실에 앉아서 책을 읽거나 이런저런 생각들을 메모하는 것을 즐겼다. 학창 시절 고역은 시험이 끝난 날이었다. 반 친구들은 중간고사나 기말고사로부터 해방된 날 PC방이나 놀이공원에 놀러 가곤 했지만 재민 씨는 전혀 즐겁지가 않았다. 만화책을 빌려보며 혼자서 조용히 휴식을 취하는 게 그에겐 진정한 힐링이었다. 하지만 친구들의 제안을 거절하면 이상한 애로 찍힐 것 같아 따라나서곤 했다. 주로 조용하고 혼자 있는 친구들은 따돌림의 대상이 되는 걸 보아왔기 때문이었다. 하지만 그렇게 친구들과 어울리고 난 후에는 모든 에너지가 다 빠져나가는 것처럼 지치곤 했다.

재민 씨는 그렇게 대학생이 되었다. 대학에서는 활달한 사람이 더 대우를 받았다. 프로젝트식으로 진행되는 수업들은 혼자서 공부하기보다는 목소리를 내고 토론하고 발표를 잘해야 좋은 학점을 받을 수 있었다. 동아리와 아르바이트에서도 잘 어울리는 사람들이 늘 더 환영받았다. 재민 씨는 점점 자신의 성격에 문제가 있다고 여기게 되었고, 급기야 "성격을 고쳐달라"며 상담실을 찾은 것이었다.

하지만 이는 문제라기보다는 내향적인 사람들의 특징이었다. 나는 "그러면 성격을 어떻게 바꾸고 싶냐"고 물었다. 그는 말했다.

"처음 만난 사람과도 어색하지 않게 어울리고, 제 의견을 좀 당당히 말할 수 있으면 좋겠어요. 혼자서 이것저것 민감하게 생각하지 않고요."

그가 되고 싶은 사람은 외향적인 사람이었다.

내향성 vs 외향성

내향성과 외향성은 심리적 에너지가 그 사람의 내부에서 비롯되는지, 외부에서 오는지에 따라 성격을 구분한 용어다. 널리 알려진 성격 유형 검사인 MBTI의 토대를 닦은 저명한 정신분석가 칼 융은 심리적 에너지를 내부에서 얻는 사람들을 '내향형', 심리적 에너지를 외부에서 얻는 사람들을 '외향형'으로 구분했다. 내향형인 사람들은 조용히 혼자 있을 때 에너지를 얻기 때문에 홀로 하는 활동을 선호한다. 또한 소수의 사람들과 깊이 있는 관계를 맺는 것을 좋아한다. 반면 외향형인 사람들은 외부 활동을 통해 에너지를 얻기 때문에 여러 사람들과 어울리는 것을 좋아하고, 적극적으로 자기 자신을 표현한다. 융은 이 둘은 단지 다른 것일 뿐이며 좋고 나쁜 것은 아니라고 했다. 그리고 자신이 타고난 성향대로 살아갈 때 행복할 수 있다고 강조했다.

그런데도 나는 상담사로 일하면서 자신의 타고난 성격을 고쳐달라는 내담자들을 꽤 자주 만난다. 특이한 건 성격을 고쳐달라며 상담실에 오는 사람들은 모두 내향적인 사람들이라는 점이다. 내향적인 사람들은 재민 씨처럼 자신의 타고난 성격을 사회생활에 불편을 초래하는 나쁜 것으로 보았다. 반면 외향적인 사람들이 "자신의 성격에 문제가 있다"며 상담에 온 적은 단 한 번도 없었다. 외향적인 사람들은 "성격

좋다는 소리를 많이 듣는다"고 말하곤 했다.

하지만 정말 내향성은 나쁘고 외향성은 바람직한 것일까? 기질적인 성격은 피부색이나 성별처럼 좋고 나쁨의 대상이 될 수 없는 타고난 조건이다. 요즘 세상에 피부색이나 성별로 우열을 가르는 것은 명백히 비윤리적인 행위로 인식된다. 그런데 이상하게도 유독 타고난 성격인 내향성과 외향성에 대해서만은 좋고 나쁨을 따진다. 외향성은 우월하고 좋은 성격이며, 내향성은 열등하고 나쁜 성격이라 여기는 것이다. 나는 타고난 조건, 즉 우리가 바꿀 수 없는 조건으로 '좋고' '나쁨'을 가리는 것은 일종의 편견이자 차별이라고 생각한다. 그렇다면 도대체 왜 우리는 내향성은 나쁜 것이고 외향성은 좋은 것이라는 편견을 갖게 되었을까?

외향성의 신화

내향성을 둘러싼 다양한 맥락을 분석한 책 《콰이어트》의 저자 수전 케인은 내향성에 대한 편견들이 산업사회로 옮아오면서 형성되었다고 분석한다. 케인에 따르면 농경사회였던 시절 사람들은 주변의 소수의 사람들하고만 교류를 했고, 낯선 이에게 자신을 드러내거나 알릴 필요가 없었다. 하지만 산업사회가 되면서 사람들은 도시로 몰려들게 되었고, 낯선 사람과 사귀고 일하며 그 안에서 인정받아야만 했다. 이런 사회에서는 낯선 이들과 쉽게 어울리고 자기 자신을 드러내며 적극적으로 행동하는 사람들이 각광을 받는다.

이와 같은 시대적 흐름 속에서 데일 카네기의 《인간관계론》을 비롯한 자기계발서들이 등장한다. 그런데 이 책들은 대부분 사교적이고 적극적인 사람들, 즉 외향적인 성격을 이상화하며 '자석처럼 끌리는', '마음을 사로잡는', '에너지가 넘치는' 사람이 되라고 독려한다. 이런 분위기는 학교와 일터로까지 이어진다. 미국의 많은 학교에서는 활달하고, 말을 잘하고, 자기주장이 강한 학생들이 높은 점수를 받으며, 기업에서도 조용히 혼자 일하는 사람들보다는 함께 어울려 일하며 목소리를 내는 사람이 더 능력 있다고 평가받는다. 케인은 이런 분위기 속에서 내향형은 문제 있는 성격이라는 오해를 받게 되었다고 주장한다.

한국 사회도 이와 크게 다르지 않다. 나는 아이가 유치원에 다닐 때부터 '혼자 노는 아이들은 잘 어울리지 못한다'고 평가를 받는 경우를 종종 보아왔다. 이런 아이들의 부모들은 "우리 아이는 사회성이 없어서 고민이에요"라며 불안해하곤 했다. 초등학교 때도 마찬가지였다. 모둠 활동에서 적극적으로 의견을 개진하지 못하거나 발표할 때 수줍음을 타는 아이들은 소극적이고 학교생활을 열심히 하지 않는 아이로 평가받기 일쑤다. 나는 아이 학교에서 마련한 공개수업에 참관할 때마다 발표 잘하는 아이를 둔 부모들은 뿌듯한 미소를 짓고, 수줍어하는 아이의 부모들은 주눅 들어 하는 모습을 목격하곤 했다.

중고등학교 때도 이런 경향은 이어진다. 학교생활을 평가하는 중요한 지표 중 하나인 수행평가는 많은 경우 모둠 활동으로 진행된다. 모둠에 적극적으로 참여하지 못하거나 목소리를 내지 못하는 아이들은 좋은 점수를 받기 힘들다. 대학생들도 마찬가지다. 상담실을 찾는 대학생들의 진언에 따르면, 요즘 대학생들은 내가 대학을 다녔던 때보다 분명 훨씬 더 자주 조별과제를 요구받는다. 이런 풍토에서 조용히 혼자서 공부하는 학생들은 자신의 능력을 발휘할 기회를 얻지 못한다. 기업의 근무 환경 역시 크게 다르지 않다. 조용히 일하며 아이디어를 내는 사람보다 화려하고 능수능란한 프리젠테이션 능력을 가진 이들이 더욱 인정받는다.

외향성에 대한 선호는 한국과 미국뿐 아니라 유럽에도 널리 퍼져 있는 모양이다. 오스트리아의 사회학자 라우라 비스뵈크 역시《내 안의 차별주의자》에서 "우리 사회의 시스템은 외향성의 이상에 젖어 있으며, 이로 인해 내향성인 사람들이 차별을 받지만, 이를 사회적 불평등의 한 범주로 보는 시선은 미비하다"고 지적한 바 있다.

나는 이 지적에 전적으로 동의한다. 외향성의 신화에 젖어 있는 사회에서 내향형 성격을 가진 사람들은 타고난 자신의 성향을 존중받지 못한다. 조용하고, 혼자서 집중하기를 좋아하는 이들은 어려서부터 '사람들과 잘 어울려야 한다'는 압박을 받는다. 이런 메시지는 마음 깊은 곳에 내면화되고 내향적인 사람들은 스스로를 '부적절하다'고 느낀다. 결국 이들은 자연스러운 자신들의 성향을 나쁜 것으로 오해하며 스스로에 대한 존중마저 내려놓게 된다.

재민 씨가 바로 이런 경우였다. 외향성만을 높이 평가하는 환경에서 내향적인 재민 씨가 스스로를 문제 있는 사람이라고 느낀 것도 무리는 아니었다. 나는 재민 씨가 느껴왔던 불편감과 고민들에는 적극적으로 공감한다 말했다. 하지만 공감과는 별개로 분명하게 밝혔다. 타고난 성격을 바꾸는 건 불가능하다고. 대신 성격을 사회적인 맥락 속에서 이해하고, 이에 대한 자신의 시각을 변화시켜 가야 한다고 말했다. 그는 의아한 듯한 표정을 지었지만, 외향성의 신화에 젖어 있는 사회 속에서 내향인으로 행복하게 살아가는 법을 함께 찾아보기로 했다.

행복한 내향인으로
사는 법

성격이 정말 문제가 아니라 타고난 것임을 확인하기 위해 나는 재민 씨에게 몇 가지 심리검사를 실시했다. 검사 결과 재민 씨가 현재 겪고 있는 특별한 정서적인 어려움은 없는 것으로 나타났다. 내향적인 성격을 가진 사람임을 알려주는 지표들과 내향형 성격의 특징 중 하나인 대인관계에서 민감도를 나타내는 척도들만이 상승해 있었다. 심리검사 결과들을 함께 살펴보면서 재민 씨는 고개를 끄덕였다.

"저는 정말 홀로 조용히 있는 걸 좋아하는 성격이네요. 제가 타고난 성격들이 이래서 혼자 있을 때가 훨씬 더 편안했던 거군요. 그런데 성격은 정말 바꿀 수 없는 걸까요?"

나는 그에게 이야기했다.

"성격은 타고난 부분과 환경적 영향을 함께 받아 형성돼요. 환경적 영향을 받아 후천적으로 형성된 부분은 변화가 가능하지만, 타고난 성격의 기조는 잘 바뀌지 않아요. 키 크는 것과 비슷해요. 영양 관리와 운동을 통해 키를 자라게 할 수 있지만, 유전적으로 설계된 한계 안에서만 가능하죠. 유전이나 생물학적 조건을 넘어 키가 자라기 힘든 것처럼, 성격도 마찬가지예요. 바탕이 되는 기질적인 면을 이해하고 수용하는 선에서 상황에 맞게 조절해가는 거지요."

그리고 본격적으로 내향인으로서 행복해지는 법을 찾아 나섰다.

나를 둘러싼 메시지들을 이해하기

먼저 우리는 재민 씨가 자라오면서 받아온 메시지들을 탐색했다. 내향적인 성격과 관련된 기억을 묻자, 재민 씨는 초등학교 저학년 때를 떠올렸다. 학교에서 돌아온 후 친구들은 놀이터에서 뛰어놀곤 했었는데 자신은 별로 가고 싶지 않았단다. 하지만 이를 문제라고 여긴 부모님은 그의 성격을 고쳐보고자 사회성 훈련 프로그램에 그를 등록시켰다. 중고등학교 때는 수행평가를 그룹으로 할 때가 많았다. 재민 씨는 친구들의 이야기를 충분히 들은 후 의견을 잘 정리해서 말하려고 했지만, 친구들은 그에게 말할 기회를 주지 않은 채 과제를 서둘러 마무리해버리곤 했다. 부모님과 함께 모임에 갈 때 역시 재민 씨는 조용히 사람들의 말을 듣곤 했지만, 부모님은 "우리 애가 사회성이 좀 없어서요"라며 그의 조용함을 대변하시곤 했다. 재민 씨의 이런 경험들은 외향성의 신화를 그대로 보여주고 있었다.

사실 많은 이들이 외향적인 것을 사회성이 높은 것이라고 오해하곤 한다. 하지만 사회성은 활달하고 남들과 잘 어울리는 것이 아니다. 사회성이란 타인과 함께 살아가야 하는 이유를 알고, 자신뿐 아니라 공동체와 타인의 안녕도 함께 고려해 행동하는 것을 의미한다. 사회성은 내향적인 사람도 충분히 발휘할 수 있다. 타인의 말을 잘 듣고 꼭 필요한 의견만을 개진하는 재민 씨의 태도는 공동체의 안녕을 고려하는 사회성 높은 행동이라 볼 수 있다. 남들과 잘 어울리는 것은 사회성이 높은 것이 아니라 사교적인 외향형 사람들의 특징일 뿐이다.

나는 재민 씨에게 외향성의 신화에 스스로를 가두지 말고, 자신의 성격을 있는 그대로 바라보자고 제안했다. 모임에서 조용히 있는 자신의 모습을 발견했을 때 '나 이러면 안 되는데. 무슨 말이라도 해야 하는데'라며 탓하는 대신 '나는 나서서 이야기하기보다는 다른 사람의 이야기를 듣는 조용한 성격이야'라고 타고난 특징을 수용해보자고 말이다.

부정적인 내면의 언어를 바꾸기

그러기 위해 우리는 상담실에서 언어 바꾸기 연습을 했다. 그동안 자신의 내향적인 성격을 인식할 때마다 떠올랐던 부정적인 표현들을 긍정적이거나 중립적인 언어로 바꾸어 스스로에게 들려주는 것이다.

우선 잘못 이해되고 있는 '사회성'이란 단어 대신 '사교적'이라는 말을 사용하기로 했다. 여러 사람과 어울린 후 피곤하다는 느낌이 들 때, 낯선 사람들과의 만남에서 도저히 할 말을 찾아내기가 힘들 때, '나는 왜 이렇게 사회성이 없지?'라고 탓하는 대신 '나는 사회성이 없는 게 아니라 사교적이지 않은 거야. 사람마다 성격은 다 다르고 모두가 사교적일 필요는 없어'라고 바꿔서 말해주기로 했다.

또한 조별과제에서 쉽게 입이 떨어지지 않을 땐 '나도 뭔가를 말해야 하는데 어떻게 끼어들어서 말을 하지?'라며 초조해하는 대신, '나는 지금 잘 듣고 있잖아. 잘 듣는 건 정말 좋은 특성이야'라고 긍정적인 면을 보기로 했다. 듣기만 하는 자신의 모습이 혹여라도 지루한 사람으로 보일까 봐 걱정될 때는 '나는 사려 깊게 듣고 꼭 필요한 말을 하는 사람'이라고 생각해보기로 했다.

이런 이야기들을 나누는 사이 동아리에서 신입생 환영회가 열렸다. 그는 처음 보는 후배들에게 먼저 다가가 인사를 건네지는 못했지만, 주의 깊게 이야기를 들었고 꼭 필요한 말들만 했다. 그리자 놀라운 일이 벌어졌다. 재민 씨의 잘 들어주는 모습을 눈여겨보았던 한 신입생이 개인적으로 고민 상담을 신청해 온 것이다. 그는 "다음 주에 그 친구를 따로 만나기로 했어요. 저는 일대일 관계에서는 좀 더 잘 집중하고 말할 수 있거든요"라며 뿌듯해했다.

일주일 후 다시 만난 재민 씨는 후배의 고민에 마음을 다해 함께해줬다고 했다. 하지만 걱정이 되는 점이 있다고 했다. 그는 "제가 했던 말들이 자꾸 떠올라요. 정말 후배에게 도움이 되었는지 궁금하기도 하고 혹시 상처가 된 건 아닌지 걱정돼요. 제가 너무 예민한 건 아닐까요?"라고 털어놓았다. 이런 점 역시 내향인들의 특성이다. 내향인은 다른 사람의 감정이나 반응에 민감하게 반응하는 경향이 있다. 이는 감수성이 뛰어나기 때문이기도 한데 이런 점들은 스스로를 피곤하게 하기도

하지만, 타인에게 더 도움이 되는 행동을 할 수 있는 원동력이 되기도 한다.

나는 재민 씨에게 '예민하다'는 표현 대신 '감수성이 높다'는 말로 바꾸어 보자고 했다. 타인의 안녕에 민감하게 반응하는 감수성은 대인관계에서 꼭 필요한 공감 능력의 바탕이 된다. 재민 씨는 감수성을 발휘해 후배에게 "그날 했던 이야기들 중에 혹시 이해가 안 되거나 불편한 게 있었냐"고 솔직히 물어보기로 했다. 후배는 이렇게까지 자신의 마음을 헤아려주는 재민 씨에게 더욱 고마움을 느꼈고, 그는 좋은 선배가 되어 줄 수 있었다.

내향인의 장점 활용하기

이렇게 사회적인 맥락 속에서 자신의 성격을 이해하고 스스로를 있는 그대로 받아들이게 되면서, 재민 씨는 내향형인 자신의 장점들을 인식하기 시작했다.

그는 조용히 듣는 것이 주장을 하고 말을 많이 하는 것보다 훨씬 더 겸손하고 사려 깊은 태도임을, 타인의 기분을 민감하게 살피는 감수성은 공감 능력을 발휘하는 데 꼭 필요한 것임을 알아갔다. 또한 매사에 조심스럽고 섣불리 행동하지 않는 것은 신중하고 안전한 선택을 하도록 하는 강점임을 깨달아갔다. 그렇게 자신의 성격을 받아들이고 내향형이 가진 장점을 활용할 수 있게 되면서 우리는 상담을 종결했다. 종결하는 날 재민 씨는 그동안 상담했던 것들을 정리하면서 이렇게 말했다.

"상담을 시작했을 때는, 저한테 문제가 있는 줄 알았어요. 사람들과 어울리는 게 힘들고 말을 잘못하는 게 문제라고 생각해서, 제 성격이 바뀌면 더 자신감 있고 행복해질 줄 알았어요. 처음에 선생님이 성격은 못 바꾼다고 했을 때 좀 절망스러웠거든요. 그런데 제가 왜 성격이 이상하다고 생각했는지를 알게 됐고, 이런 저를 있는 그대로 받아들이자 변화가 시작된 것 같아요. 성격은 하나도 안 바뀌었지만, 이런 성격을 바라보는 제 시각이 바뀌었고, 지금은 이대로도 사람들과 잘 지낼 수 있다는 걸 알게 되었어요."

그리고 6개월 후 추후상담을 했을 때 그는 동아리의 차기 회장이 되어 있었다. 사실 그렇다. 흔히들 집단의 리더는 외향적인 사람들이 한다고 생각하지만, 내향인 역시 리더가 되기에 전혀 부족하지 않다. 내향인은 자신이 진정으로 관심을 가지는 일에는 그 누구보다 온전히 집중할 수 있고, 이를 위해서라면 여러 사람 앞에서 나서서 일하는 힘을 발휘하기도 한다.

"저의 신중한 태도가 동아리원들에게 신뢰감을 준 것 같아요. 회장 선거에 나갔을 때 좀 떨리긴 했는데, 제가 꼭 하고 싶어서 그런지 앞에서 말하는 걸 잘 해낼 수 있었어요. 물론 선거가 끝나고는 기진맥진해져서 다음 날 종일 집에서 쉬긴 했지만요. 쉬고 나면 또다시 나설 힘이 생기긴 하더라고요."

재민 씨는 내향형의 장점을 살려 리더가 되었고, 내향인으로서 자신의 능력을 발휘하는 법을 익혀가고 있었다. 진정 원하는 일에 몰입하되, 사람들과 어울려 에너지가 소진되었을 때 조용한 나만의 시간을 가지며 회복한다면, 내향인도 얼마든지 리더로 살아갈 수 있다. 나는 자신을 있는 그대로 받아들이고, 자신의 성격을 활용하는 법을 찾아낸 그가 참 멋있어 보였다.

고백하건대 내 아이도 지독한 내향형이다. 나 역시 아이가 어렸을 때 이런 아이의 성격을 고민했던 적이 있었다. 재민 씨의 부모님처럼 사회성 훈련을 알아보기도 했고, 어떻게든 친구들과 어울리는 자리를 만들어 주려 애쓰곤 했다. 그런 내가 편견을 알아챈 계기는 우연히 찾아왔다. 아이가 초등학교 2학년 때쯤이었던 것 같다. 식구들이 모두 일터와 학교로 떠난 조용한 아침. 라디오를 틀어두고 설거지를 하고 있는데 한 청취자가 보낸 사연이 들려왔다.

"학교 다닐 때 친구를 사귀기 위해 엄청 애를 썼었어요. 저는 혼자 있을 때 더 행복한 사람인데 그걸 모르고요. 그때 친구가 없어도 괜찮다는 걸 알았다면 훨씬 더 행복했을 거예요."

나는 정신이 번뜩 났다. '맞아. 사람마다 다르고 모두가 사교적일 필요는 없는데, 상담자로 일하는 나 역시 외향성의 신화에 젖어 아이의 내향성을 존중해주지 못했구나' 하는 깨달음이 왔다. 그 후 나는 외향성의 신화에 아이를 가두지 않기 위해 노력했고, 그러자 내향형인 아이의 장점들이 보였다. 아이는 친구들과 억지로 노는 대신 책을 읽고 음악을 들으면서 지냈고 훨씬 행복해했다.

그리고 몇 년 후 코로나19 사태가 터졌다. 사람들과 어울리기를 좋아하는 나는 단절감에 너무나 힘이 들었다. 외롭고 우울했으며 활력을 잃었고 소화불량과 두통에 시달리기도 했다. 하지만 아이는 달랐다.

온라인 수업을 들으면서 집에서만 지내는 생활을 전혀 힘들어하지 않았고, 자신만의 시간이 많아져 오히려 편안하다고도 했다. 대체로 외향형이 사회 변화에 적응하기 쉽다고들 하지만, 코로나 사태와 같은 환경에서는 내향형이 더 강점이 많은 성격이었던 것이다.

　이렇듯 우리는 타고난 성격마저도 사회와 문화의 흐름에 따라 다르게 평가받는다. 게다가 그 평가 기준이라는 건 무척이나 자의적이고 상대적이다. 그러니 조금 더 넓게 주위를 살펴보아야 한다. 어떤 것들이 지금 나의 마음에 영향을 주는지, 무엇이 나 자신으로 살아가는 것을 방해하는지 보다 큰 맥락에서 조망할 수 있어야 한다. 내게 영향을 주는 사회의 메시지들을 이해하고 그것으로부터 나를 지켜낼 수 있을 때, 진정으로 자기 자신과 타인을 존중하며 살아갈 수 있을 것이다.

나이에 대한 편견은
자신에게 돌아온다

코로나19 바이러스에 모두가 놀라고 당황했던 2020년 봄이었다. 그 어느 지역보다 코로나 바이러스에 강타를 당했던 대구에 사는 나는 당시 타지역에 사는 지인들에게 많은 안부 전화를 받곤했다. 그날도 한 지인이 전화를 해왔다. 자주 만나는 사이가 아니었는데도 나의 안부를 걱정해주는 지인의 다정함에 마음 한편이 훈훈해져 왔다. 이런저런 이야기를 주고받다가 화제는 코로나에 감염된 고령 환자를 의료진의 헌신으로 살려냈다는 뉴스로 옮겨갔다. 그런데 그때까지 따스하게 대화를 이어왔던 지인이 대뜸 이렇게 말했다.

"고령환자 살린 게 정말 자랑거리라고 생각해요? 그 사람에게 매달린 의료진들이 다른 젊은 사람들을 돌봤다면 젊은이들 여럿은 살렸을 텐데. 노인은 완치돼도 얼마 안 살고 곧 죽을 거잖아요.”

나는 순간 따뜻했던 마음이 차갑게 식어버리는 걸 느꼈다. 노인의 생명은 젊은이의 생명만큼 소중하지 않다는 논리가 무척이나 불편했다. “당신이 노인이 되었을 때도 그런 말을 할 수 있겠느냐, 그 노인이 당신의 부모라도 그런 소리가 나오겠냐”고 따지고 싶었지만, 선의의 대화를 망치고 싶지 않아 입안의 말들을 꿀꺽 삼켜 넘겼다. 지인과의 통화는 잘 마무리되었지만 불편함은 꽤 오랫동안 계속됐다.

며칠 후 남편의 생일이었다. 생일 전날 남편은 거울에 늘어난 흰머리를 비춰보다 문득 말했다. “이제부터 생일날 초는 하지 말자. 나이를 세고 싶지 않아!” 나는 남편에게 맞장구를 쳤다. 그리고 우리는 정말로 일반 초 대신 숫자 모양의 초를 사서 ‘2020’ 이렇게 만들어 케이크에 꽂았다. 나이 대신 ‘2020년의 생일’임을 강조한 셈이었다.

그런데 문득 궁금해졌다. 도대체 왜 우리는 이토록 나이 듦의 흔적을 받아들이기 힘든 걸까? 나이 듦은 거부할 수 없는 인간의 조건인데 왜 사람들은 노년이 오지 않을 것처럼 살아갈까? 늙은이보다 젊은이들의 생명을 우선시해야 한다는 사고는 어디서 비롯된 것일까?

그해 봄 이런 질문들에 대한 답을 찾던 나는 내 마음에도 불안이 가득 차 있음을 깨달았다. 나이 들어간다는 느낌과 코로나19로 인해 자주 접하게 된 죽음에 대한 소식들은 묘하게 하나로 겹쳐졌고, 나는 마침내 알 수 있었다. 나이 들어간다는 건 죽음에 가까워지는 것이고 결국, 죽음에 대한 불안이 나이 듦을 혐오스럽게 생각하는 ‘연령차별주의’를 만들어내고 있음을 말이다.

나이 듦에 대한 혐오 : 연령차별주의

연령차별주의 ageism는 1960년대 미국인 의사 로버트 버틀러가 최초로 언급한 용어다. 버틀러는 사람들이 노년에 대해 나쁜 이미지를 가지고 있는 현상에 관심을 가졌는데 이런 풍조를 '연령차별주의'라고 명명했다. 버틀러의 정의에 따르면 연령차별주의는 '사람을 단지 나이가 많다는 이유만으로 정형화된 틀에 가두고 차별하는 것'을 의미한다.

연령차별주의는 초창기에는 나이 듦에 대한 차별만을 의미했지만, 요즘엔 나이를 이유로 누군가를 차별하는 모든 사고와 행동을 포함하는 용어로 확대되었다. 식당에서 소란을 피울까봐 아이들의 입장 자체를 막는 '노키즈존', "요즘 젊은 애들은 다 그래"라며 다짜고짜 비난하려 드는 것 등도 나이만으로 사람을 판단하는 연령차별주의에 기댄 태도들이다. 하지만 여전히 연령차별주의가 가장 크게 작동하는 대상은 나이 든 사람들, 즉 노년계층이다.

이는 개인적으로는 '나이쯤은 잊고 살자'는 다짐이나 노화의 흔적을 지우려는 노력들로 나타난다. 나와 남편처럼 나이를 인식하지 않으려 애쓰는 것, 흰 머리를 염색하고, 피부과에서 주름 개선 시술을 받으며, 탄력 있는 몸을 유지하기 위한 노력을 자기관리로 칭송하는 것 등에는 모두 연령차별주의가 잠복해있다.

사회적으로도 연령차별주의는 만연해있다. 노인 인구가 많아지는 현상을 '실버 쓰나미'와 같은 재앙으로 표현하는 것, 활력 있게 노년을 보내는 사람들을 '대단한 어르신'이라고 부르는 것 등은 모두 노년에 대한 부정적인 편견을 담고 있는 말들이다. 화장품, 식품 광고 등에서 제품의 좋은 특성을 알리기 위해 얼마나 자주 '안티 에이징'이라는 말을 사용하는지를 떠올려보자. '안티 흑인', '안티 여성', '안티 장애인'이라고 하면 "개념 없다"는 비난을 듣게 될 터이지만, 나이 듦에 대해 '안티 에이징'이라고 표현하는 것에는 아무런 거리낌이 없다. 이는 우리 사회 전반에 연령차별주의가 살아 숨 쉬고 있다는 증거들이다.

왜 우리는 나이 듦을 혐오하는 걸까

우리 모두는 일찍 사망하지만 않는다면 언젠가 노인의 반열에 오른다. 그럼에도 연령차별은 매우 당연한 것으로 받아들여진다. 대체 왜 연령차별주의로부터 자유로워지기가 이토록 힘든 걸까?

미국의 철학자 마사 누스바움은 솔 레브모어와 함께 쓴 책 《지혜롭게 나이 든다는 것》에서 이를 '혐오'라는 키워드로 설명한다. 누스바움에 따르면 혐오는 체액, 배설물, 냄새, 부패한 모습, 시체 등으로 인한 오염을 두려워하는 마음이다. 이는 인간이 지우고자 하는 동물성에 대한 거부와 관련된다. 인간이 혐오감을 느끼는 체액, 배설물, 시체, 죽음 등은 동물의 육체를 떠올리게 하는 특성들이고 이는 인간 역시 다른 동물과 마찬가지로 죽고 부패한다는 사실을 인지시킨다. 하지만 스스로를 다른 동물 종과는 다른 반열에 있다고 여기는 인간들은 이런 동물적인 특성들을 떠올리는 것만으로도 혐오감을 느낀다. 누스바움은 이를 '원초적 혐오'라고 명명했다.

인간은 원초적 혐오를 피하고자 애를 쓰는데 역설적으로 이런 마음은 혐오를 확대시킨다. 이제 사람들은 자신의 동물성을 상기시키는 집단에 혐오를 투사하고 완충지대를 만들려고 한다. '우리와 우리 자신의 동물적 악취, 부패 사이에 저 유사 동물을 세워둔다면, 우리는 동물적이고 유한한 존재로부터 그만큼 멀어질 거야'라고 여기는 것이다. 죽음에 가까워져 있는 노인집단은 바로 이런 혐오를 투사하기에 가장 적절한 집단이 된다. 이렇게 노인집단을 혐오하고 거리를 두고 배제함으로써 인간의 동물적 속성(그러니까 언젠간 죽고 부패한다는 진실)을 통제할 수 있을 거라 착각한다. 누스바움은 이를 '투사적 혐오'라고 불렀다.

하지만 앞서 언급했듯이 충분히 살 수만 있다면 누구나 노인이 된다. 30대 이후의 삶은 매일 매일 노화가 진행되는 과정이고 40대에 이르면 뚜렷한 노화의 징후들과 마주한다. 이는 자신 역시 어쩔 수 없이 죽어가는 동물임을 상기시키게 한다. 결국 나이 듦을 혐오했던 마음은 이제 자기 자신에 대한 혐오로 바뀐다. 때문에 우리는 그토록 열심히 내 몸에 새겨진 노화의 징후를 지우려 하고, '나이를 잊고 살자'고 다짐하는 것이다. 결국 연령차별주의는 자기혐오를 만들어내고 이는 나 자신을 있는 그대로 존중하며, 온전한 한 사람으로 살아가는 것을 불가능하게 한다.

연령차별주의와 선 긋기

그렇다면 연령차별주의와 선 긋기 위해서는 어떻게 해야 할까? 우선 나를 둘러싼 사회적 맥락을 비판적으로 바라보는 것이 필요하다. 내가 가지고 있는 나이 듦에 대한 혐오들이 사회적 구성물임을, 그러니까 진리가 아닌 단지 산업화된 사회에서 만들어낸 것임을 기억하는 것이다. 돌아보면 전통적 사회에서는 노인들을 마을의 어른이자 지혜로운 자로 존경하지 않았던가. 이에 대해 마거릿 크룩섕크는《나이 듦을 배우다》에서 다음과 같이 적었다.

"스스로 주체로서 늙어가려면 비판적인 사고능력이 필수적이다. 그 것이 있어야 자신이 몸담은 공간의 문화적 구속력을 똑바로 파악하 고, 입 다물고 있었다면 우리 내부에서 당연시되었을 차별적 태도나 문제성 많은 가설들에 문제의식을 갖고 도전할 수 있기 때문이다."

다음으로 혐오와 편견에 벗어나는 가장 빠른 길 중 하나인 '다양성 존중'의 마음을 갖는 것이다. 이는 노인을 집단이 아닌 서로 다른 개성을 지닌 한 개인으로 바라보는 노력에서 시작된다. 사실 노인집단만큼이나 다양성의 편차가 큰 연령대도 없다. 노년의 시작에 대한 의견마저 분분할 뿐 아니라 은퇴 후의 삶은 매우 다채롭다. 어떤 이는 새로운 일이나 공부를 시작하기도 하고, 또 다른 이들은 손주들을 돌보거나 여행을 즐기며 살아가기도 한다. 이는 젊은이들이 그 시기에 해야 할 공부, 취업, 결혼 등 생애 과제에 맞추어 살아가는 것과는 대조적이다. 즉 노년기는 생애 과제에서 벗어나 자유롭게 자신만의 삶을 가꾸어 가는 시기인 것이다.

상담사로 일하는 나는 운이 좋게도 매우 다양한 사람들을 만난다. 노인 상담을 주로 하는 것은 아니지만, 내담자의 보호자로 때로는 내담자로 상담실을 찾는 고령의 사람들은 한결같이 나이 듦 자체를 문제

삼지는 않았다. 이들은 젊은이들과 똑같이 일상에서 겪는 다양한 감정들과 사건들로 인한 문제들을 호소했다. 노년의 사람들 역시 저마다 서로 다른 개성을 지니고 있었다. 나는 이런 모습들을 인식할 때마다 내 눈가의 주름이 조금은 편안하게 느껴지곤 한다.

마지막으로 기억해야 할 것은 노년이야말로 자기 자신으로 살아가는 시기라는 것이다. 중년 이후의 삶에 많은 관심을 갖고 있었던 정신분석가 칼 융은 노년이야말로 사회적 자아, 그러니까 '페르소나'로부터 벗어나는 시기라고 했다. 젊은이들은 여러 가지 가면을 바꿔쓰며 가족, 직장, 소속된 공동체에서 요구하는 역할에 맞춰 살아간다. 융은 이렇게 자기 자신이 아닌 주어진 역할대로 살아가는 것을 가면을 쓴 자아, 페르소나라고 불렀다. 하지만 중년 이후가 되면 사람들은 가면 속에 숨겨두었던 진짜 자신의 모습을 드러내려는 욕구를 강하게 느낀다. 대표적인 것이 남성 안에 숨어있는 여성성인 '아니마'와 여성 안에 숨어있는 남성성인 '아니무스'다. 중년 이후 의존적인 남성이 많아지는 반면 여성은 독립적이 되어가는데, 이는 꼭꼭 숨겨두었던 자신의 또 다른 모습을 표현하기 때문이다.

가정과 사회에서 요구하는 역할에서 벗어나 진짜 나를 찾고자 하는 욕구를 실현할 수 있는 시기가 바로 노년기다. 노년기에 사람들은 직장에서 은퇴하고, 전통적인 성역할과 부모라는 역할에서 해방되어 보다 유연한 나 자신으로 살아갈 수 있게 된다. 노년기야말로 그토록 원했던 자기 자신이 될 수 있는 시기인 것이다. 이런 시기를 연령차별주의 때문에 자기혐오로 채워간다면 그것이야말로 억울한 일 아닐까.

이런 개개인의 노력에 더해 사회적으로도 연령차별주의가 사라진다면 더욱 좋을 것이다. 사회 전반에 노인들을 다양한 특성을 가진 온전한 한 사람으로 대하는 태도가 퍼져나간다면 연령차별주의와 선 긋는 일은 훨씬 쉬워질 것이다. 그럴 수만 있다면 생일 케이크에 꽂힌 초의 개수가 불안을 유발하지 않을 것이며 보다 마음 편하게 나이들어갈 수 있을 것이다. 하지만 불행히도 사회 구조적인 변화는 언제나 더디다. 눈만 돌리면 안티에이징을 외치며 나이 듦을 혐오하는 세상에서 나 역시 얼마나 연령차별주의와 선을 그을 수 있을지 자신이 없다.

그럴 때 나는 74세에 아카데미 여우 조연상을 수상한 배우 윤여정이 기자간담회에서 한 다음 말을 기억하려 한다.

"육십 전에는 성과가 좋을 것 같은 작품을 했는데 환갑 넘어서부터 혼자 약속한 게 있어요. 사람을 보고 사람이 좋으면 한다는 거예요. 내 인생을 마음대로 할 수 있으면 사치스럽게 사는 거 아니에요?"

사실 이상하지 않은가. 인류가 수천 년 동안 그토록 간절히 바라온 것이 바로 무병장수였다. 그런데 오래 살아 나이가 많아진 상태를 혐오하는 연령차별주의가 우리 마음을 지배하고 있다니 이런 말도 안 되는 상황이 또 어디 있겠는가. 가면을 벗고 내 인생을 내 마음대로 할 수 있는 노년기를 맞게 된다면 그 자유를 마음껏 사치스럽게 누려보겠다고 다짐해본다. 그래서 보다 온전한 나 자신으로 삶을 마무리할 수 있다면 정말 좋겠다.

10

커버링하지 않는
삶을 위해

 지금까지 우리 사회에서 당연시되는 통념과 편견들이 개인의 마음에 미치는 영향에 대해 살펴보았다. 사회 깊숙이 뿌리박힌 편견들로부터 나를 지켜내는 건 어느 사회든지 쉽지 않은 일이다. 하지만 한국에서는 유독 편견들을 인지하고 이의를 제기하는 일이 더 어려워 보인다. 이는 서로의 다름을 존중하는 태도를 막는 그 오래된 사고방식, 그러니까 '남도 나와 같을 것'이라는 전제가 사회 전체에 깔려 있기 때문이다.

 우리 사회가 얼마나 같음에 전제해 있는지는 일상 속에서 쉽게 발견할 수 있다. 나는 이 장의 첫머리에 울릉도 여행 중 일어났던 일을 적은 바 있다. 울릉도 여행에서 돌아오는 배 안에서 코로나 확진자가 속한 집단 전체를 싸잡아 비난하는 목소리에 나는 괴로웠었다. 하지만 이보다 더 괴로웠던 것은 따로 있었다. 바로 객실 안에 큰 소리로 틀어놓은 텔레비전이었다. 포항과 울릉도를 왕복하는 여객선의 객실에는 승객들의 시선이 닿는 곳마다 텔레비전 모니터가 설치되어 있었다. 그런데 배가 출발한 직후부터 도착할 때까지 여러 개의 모니터에서 일제히 같은 텔레비전 프로그램이 계속해서 흘러나오는 거였다. 그것도 꽤 큰 소리로 말이다. 당시 큰 인기를 누렸던 〈놀면 뭐하니?〉라는 MBC 프로그램이었는데 가수 엄정화와 이효리의 이야기가 3시간 반 내내 배 안에 울려 퍼졌다. 아마도 객실 서비스 담당자는 인기 많은 프로그램은 누구나 좋아할 것이고 이 프로그램을 상영하는 것이 장시간 항해의 지루함을 달래줄 거라 생각했을 것이다.

배멀미가 심해 멀미약을 먹은 데다 조용히 쉬면서 잠을 자고 싶었던 나는 텔레비전 소리가 무척이나 거슬렸다. 잠을 잘 수도 휴식을 취할 수도 없었고, 배에서 내릴 즈음에는 두통까지 동반되는 듯했다. 내 주위 사람들도 비슷했는지 옆자리의 아이는 "엄마 시끄러워"라고 칭얼댔고, 몇몇 사람들은 이어폰을 낀 채 억지로 눈을 감았다. 하지만 그 누구도 승무원에게 "텔레비전 소리 좀 줄여주세요"라는 말을 하지 않았다. 나 역시 다수가 가만있는 일에 혼자 나서서 이의를 제기할 용기가 나지 않아 그냥 불편을 감수했다.

울릉도 여행에서뿐만이 아니다. 한국의 많은 식당에는 늘 텔레비전이 틀어져 있다. 대부분의 경우 손님들에겐 채널 선택권이 없으며 모두가 같은 텔레비전 프로그램을 시청하며 식사를 해야 한다. 이는 대화에 집중하는 것을 방해하기도 하고 고요하게 식사하고픈 손님들에게는 침해가 되는 일이다. 그런데도 많은 한국인들은 이를 호의로 받아들이고 불편을 내색하지 않는다. 하지만 나는 다른 나라를 여행할 때, 월드컵 같은 특수한 이벤트가 있을 때를 제외하고는 식당에서 대화에 방해가 되도록 TV를 틀어놓은 것을 본 적이 없었다.

인기가 많은 프로그램은 모두가 좋아할 것이라고, TV 시청을 하고 싶지 않은 사람은 없을 것이라고 가정하고 획일적인 방송을 틀어놓는 걸 당연시하는 문화. 이는 '남도 나와 같을 것'이라는 전제가 한국인의 일상 속에 깊숙이 파고들어 있음을 잘 보여주는 예이다.

그렇다면 남도 나와 같을 것이라는 사고방식은 개인의 심리에 어떤 영향을 미칠까? 나는 앞서 다름을 전제하지 않는 사고가 사회적으로는 차별받고 소외되어 보이지 않는 사람들을 만들어낸다고 말한 바 있다. 하지만 이런 사고방식의 영향은 여기서만 그치지 않는다. 일상화된 같음에 대한 강요는 각자의 다름을 드러내지 못하게 막는다. 즉 우리 모두를 '커버링'하며 살게 하는 것이다.

커버링을 권하는 사회

'커버링'은 법학자이자 성소수자인 일본계 미국인 켄지 요시노 교수가 사회학자 어빙 고프만의 저서 《낙인 stigma》에서 빌려온 개념이다. 요시노 교수는 개인이 자신의 독특한 정체감을 수용하고 나아가 사회적으로 용인되는 과정을 다음의 3단계로 설명한다.

1단계는 '전환 conversion'인데 자신의 정체감을 스스로가 받아들이지 못하는 단계다. 예를 들면 자신이 성소수자임을 깨달았다 하더라도 나는 아닐 것이라고 부인하는 것을 말한다. 2단계는 '패싱 passing'이다. 패싱은 자기 자신의 정체성을 받아들이되 이것을 숨기는 단계다. '나는 게이다'라고 정체화는 했지만, 주변 사람에게 알리거나 공식적으로 선언하지는 않는 단계다. 마지막 3단계가 바로 '커버링 covering'이다. 이 단계에 이른 사람들은 자기 자신의 독특한 정체성을 받아들이고 타인에게도 알릴 수 있다. 하지만 공적인 장소에서 자신의 정체감을 표현하거나 드러내는 것은 삼간다. 이는 주로 주류가 아닌 정체감을 지닌 사람들이 주류처럼 행동하는 방식으로 나타난다. 이성애자 커플은 공공장소에서 가벼운 신체접촉을 자연스럽게 할 수 있으나, 게이나 레즈비언 커플은 자신들의 관계를 드러내지 않으려 하는 모습이 대표적인 커버링의 예이다. 즉 자신의 정체감을 숨기고 주류와 유사하게 행동할 것을 요구받는 것이다.

요시노 교수는 저서 《커버링》에서 성소수자뿐 아니라 우리 사회의 많은 집단이 커버링을 요구받고 있다며 다음과 같이 설명한다.

"모든 민권 집단이 커버링 요구로 상처받는다. 아프리카계 미국인은 백인처럼 입고 뒷골목 비속어를 쓰지 말라는 말을 듣는다. 아시아계 미국인들은 아시아에서 온 티를 내지 말라는 말을 듣는다. 여성에게는 직장에서 남자처럼 행동하고 육아에 대한 책임감을 숨기라고 한다. 유대인에게는 너무 유대인처럼 보이지 말라고 한다. 무슬림에게는, 특히 9.11 이후 베일을 사용하지 말고, 아랍어를 쓰지 말라고 한다."

나는 이번 장에서 언급한 한국 사회의 여러 통념과 편견들 역시 우리에게 커버링을 강요하고 있다고 생각한다. 가부장제는 남성에게 자신이 지닌 관계적이고 부드러운 특성들을 드러내지 못하게 한다. 또 여성에게 직장에서는 어머니임을 티 내지 말라 하고, 집에서는 주체적이고 독립적인 면을 숨기라고 요구한다. 즉 여성은 이중으로 커버링을 해야 한다. 가족주의는 가족이 요구하는 것과는 다른 자기 자신의 꿈과 개성을 표현하지 못하게 한다. 외향성의 신화는 내향적인 사람들에게 내향성을 커버링하고 외향적인 듯 행동할 것을 강요한다. 획일적 잣대의 능력주의는 공부가 아닌 다양한 능력을 지닌 사람들이 자신의 재능을 알아차리는 것조차 방해한다(이는 커버링이 아니라 전환이나 패싱을 요구하기도 한다. 즉 운동을 잘하더라도 나는 '공부를 잘해야 해'라고 생각하게 하거나 운동 잘하는 나를 부인하게 만들기도 한다). 연령차별주의는 우리 몸에 자연스레 새겨지는 노화의 흔적들을 각종 의술의 힘을 빌어 커버링하게 한다.

있는 그대로 존중받는 사회

이처럼 한국 사회에 뿌리 깊게 새겨진 편견들은 커버링을 강요하고 개인의 고유성을 드러내지 못하도록 막는다. 즉 진정한 나 자신으로 살아가는 것이 불가능해지는 것이다. 대상관계 이론가 도널드 위니컷에 따르면 이를 '참자기'와 '거짓자기'로 설명할 수 있을 것 같다. 위니컷은 참자기는 진짜 나라는 느낌을 주는 자아이며, 참자기로 살아갈 때 생생한 나로 살아갈 수 있다고 했다. 반면 거짓자기는 사회에 적응하기 위해 발달시킨, 진짜 나와는 다른 모습의 자기를 말한다. 거짓자기는 실재하지 않는다는 느낌, 즉 허무감과 공허감을 준다.

위니컷은 거짓자기를 나쁜 것으로만 보지는 않았다. 사회 환경에 따라 참자기를 보호하기 위해 거짓자기를 발달시키는 것도 필요하다고 보았다. 하지만 딱 여기까지여야 한다. 참자기를 드러내도 되는 환경인지 살펴보고 참자기를 보호하는 정도까지만이 거짓자기의 역할이어야 한다. 안정성이 확보된 후에는 참자기를 드러낼 수 있어야만 나 자신의 진짜 모습을 잃어버리지 않을 수 있다. 그런데 사회가 안전하게 느껴지지 않는다면 어떨까? 참자기를 내보인 사람들이 존중은커녕 다르다는 눈총을 받는 사회에 살고 있다면 그 누구도 참자기를 드러내기가 쉽지 않을 것이다. 애써서 참자기를 커버링하며 거짓자기로 살아가게 될 것이다. 이런 상황이 오랫동안 지속된다면 결국 우리는 내가 누구인지를 잃어버리게 된다. 이는 우리를 만성적으로 허무하고 공허하게 만들며, 우울과 불안 등 다양한 심리적 고통에 시달리게 한다.

과연 한국 사회는 거짓자기가 참자기를 보호하는 긍정적인 역할을 하도록 허용하는 사회일까? 아니면 평생을 커버링하며 거짓자기로 살도록 유도하는 곳일까? 나는 앞서 언급했던 각종 편견들과 획일성에 대한 강요가 사라지지 않는 한, 한국 사회는 커버링과 거짓자기의 삶을 유도하는 곳이 될 거라고 확신한다.

따라서 개인이 심리적으로 건강하게 살기 위해서는 커버링하지 않고 참자기를 표현할 수 있는, 그러니까 개인의 다양한 정체성이 존중받을 수 있는 사회가 전제되어야 한다. 그렇다면 커버링하지 않아도 되는 사회를 만들려면 어떻게 해야 할까?

　바로 '차별받지 않을 권리'와 '차별을 좌시하지 않을 의무'를 기억하고 실천하는 것이다. 내가 이 두 말을 처음 들은 곳은 캐나다 밴쿠버에 거주할 때였다. 당시 아이는 캐나다 공립초등학교의 4학년에 다니고 있었는데 그곳 사회 수업에서 처음으로 배운 것이 바로 캐나다 시민의 4대 권리와 4대 의무였다. 인상 깊었던 것은 4대 권리 중 하나가 차별받지 않을 권리였고, 4대 의무 중 하나가 차별을 좌시하지 않을 의무였다는 점이다. 즉 개인에게는 차별받지 않고 자신의 정체감을 드러낼 수 있는 권리가 있으며, 동시에 차별을 보거나 당했을 때 이에 의무적으로 저항해야 한다는 뜻이었다.

　나는 우리 모두가 자신만의 색을 드러내고, 있는 그대로를 존중받기 위해 바로 이 두 가지를 실천해야 한다고 생각한다. 우리 각자는 차별받지 않을 권리가 있는 소중한 존재임을 명심하고 부당한 대우에 맞설 의무를 행동으로 보여줘야 한다. 이런 것들을 실천할 수 있을 때, 지금까지 이야기해온 심리적 거리두기 역시 그 효과를 발휘할 수 있을 것이다. 그러기 위해 우리는 비판적으로 사고하고 저항해야 한다. 자신을 둘러싼 사회적 맥락들을 읽어내고, 어떤 편견과 통념들이 내게 영향을 미치고 있는지 알아차려, 이와 선을 긋는 용기를 발휘해야만 한다.

　다시 울릉도와 포항을 왕복하는 배 안으로 돌아가 보자. 그날 누군가가 "텔레비전 소리가 너무 크다"고 목소리를 내고 이를 승무원들이 받아들였다면 어땠을까. 아마도 텔레비전 소리는 줄어들었을 것이고, 눈을 감고 쉬고 싶거나, 책을 읽고 싶거나, 다른 음악을 듣고 싶었던 승객들 모두가 좀 더 편안하게 여행을 할 수 있었을 것이다. 더 나아가 다양성을 미리부터 고려해 텔레비전 소리는 없애고 개인이 소지하거나 지급한 이어폰과 연결해 소리를 들을 수 있도록 했다면, TV를 시청하고픈 승객들과 자기만의 방식으로 항해하고 싶었던 손님들 모두가 다양성을 존중받을 수 있었을 것이다.

지금의 한국 사회는 공공장소에서 큰 소리로 텔레비전을 틀어놓고 있는 상황과 유사하다. 그 소리에 맞춰 살지 않거나 익숙해지지 않으면 이상한 사람이 되고 만다. 누군가가 용기 내어 부당하다고 외치면, "남들 다 참는데 혼자만 예민하다"는 비난이 일곤 한다. 하지만 지금 우리에게 필요한 건 바로 이런 예민한 감수성이다. 나와 타인이 지닌 고유한 개성을 드러내지 못하도록 막는 통념과 편견들에 우리는 날 선 감수성으로 대응해야 한다. 선을 긋고 목소리를 내고 연대해야 한다. 그럴 때 우리는 커버링하지 않으며 자기 자신으로 살아갈 수 있을 것이다. 자기 자신으로 살아가는 사람들이 많아질 때 우리 사회 역시 구성원 각자가 지닌 다양하고도 고유한 색으로 칠해진 아름다운 곳이 될 수 있으리라 믿는다.

선을 그어야 연결할 수 있다

이 책을 쓰는 동안 오래전 기억 하나가 떠올랐다. 장애인 인권 동아리에서 활동하던 대학 시절의 일이다. 그때 나는 내가 좋은 사람이라고 생각하고 있었다. 학업에서도 완벽해지려 했었고, 동아리 활동도 그 누구보다 열심히 했다. 특히 남을 돕는 동아리 활동을 하면서 스스로가 좋은 사람이 된 것처럼 느꼈다. 그래서 일요일마다 재활원을 방문해 아이들과 시간을 보내는 일에 열정을 쏟았다. 동아리 친구들과의 관계에서도 나는 최선을 다했다. 항상 친구들의 의견을 우선시했고, 누군가 봉사활동에 빠진다고 하면 대신 뛰기도 했다.

그러던 어느 날 한 선배가 내게 불쑥 이런 말을 했다.

"주연아, 세상은 너를 중심으로 돌아가는 것이 아니야."

스스로를 좋은 사람이라고 여겨왔던 당시에 이 말은 꽤 충격이었다. 그 후 20년이 넘는 시간이 흐르는 동안 이 말은 문득 떠올랐고, 나는 그 이유가 궁금해지곤 했다.

그런데 이 책을 쓰면서 마침내 이 말의 의미를 알게 되었다. 내가 원하는 것을 하기보다는 동아리원들을 먼저 살피고, 재활원 아이들의 안위를 우선시했던 나의 모습이 자기중심적이었음을 말이다. 나의 이런 모습 속엔 나는 이 모든 걸 잘 해낼 수 있는 중요한 사람이라는 생각이 들어있었다. 때문에 동아리의 일들과 재활원 아이들의 행복이 마치 내게 달려있는 것처럼 행동했던 것이다. 그 선배는 이런 나의 내면을 읽어냈다. 좋은 사람이고자 했던 내 마음은 실은 중요한 사람으로 인정받고 싶은 자기중심성의 발로였다.

나를 위할 때 진정으로 이타적일 수 있다

나의 자기중심성이 더욱 극적으로 발휘된 것은 결혼한 후였다. 나는 결혼을 통해 새롭게 부여받은 아내와 엄마라는 역할을 잘 해내려고 무척 애를 썼다. 남편의 식사, 옷, 스케줄을 모두 챙겼고 아이의 일거수일투족을 책임지려 했다. 가끔 집을 비울 때면 은근히 내가 없는 게 티가 나기를 바랐다. 이는 모두 자기중심성의 표현이었다. 당시 나는 식구들에게 특별하고 중요한 존재이고자 했다.

결혼 후 잠깐은 가정에서 중요한 사람이 된 듯한 느낌에 우쭐해지기도 했다. 하지만 이런 생활이 계속되자 나는 숨이 막혀왔고, 아무도 내가 원하는 것을 알아주지 않는 것 같아 서운하고 서러웠다. 결국 그토록 좋은 아내, 좋은 엄마이고자 했던 나는 집에서 짜증만 냈고, 남편과 다투는 일이 잦아졌다.

나는 그때 깨달았다. 나의 욕구는 무시하고 타인에게 좋은 사람이고 자 했던 것이 결국엔 더 자기중심적인 것임을. 그리고 이는 나에게도 타인에게도 좋지 않은 결과를 가져옴을 말이다.

이후 난 조금씩 나를 표현하기 시작했다. 식구들 입맛에만 맞추지 않고 내 입맛도 고려해 음식을 했고, 하고 싶은 공부와 일을 할 수 있게 가사와 육아를 분담하자고 말했다. 내가 나의 욕구를 알아주고 이를 채워주자 가족들 역시 나를 존중해 주었고, 가족관계도 편안해졌다. 내가 나에게 좋은 사람일 때, 가족에게도 더 좋은 사람일 수 있었다.

오랫동안 우리는 나를 먼저 챙기는 것을 이기적이라고 배워왔고 이는 나쁜 것이라고 여겨왔다. 하지만 나의 지난 경험들이 보여주듯, 스스로를 행복하게 해주는 것이야말로 가장 이타적인 결과들을 가져온다. 나를 자비롭게 대하는 태도는 타인에 대한 자비로 이어지고, 나의 행복을 책임지는 태도는 타인에게 자신의 감정들을 전가하지 않게 하며, 세상의 편견에 도전해 나답게 살아가려는 시도들은 세상을 조금 더 나은 곳으로 만들어 줄 테니 말이다.

선을 그을 때 연결된다

나는 지금까지 스스로의 행복을 지키는 방법으로 선을 긋고 거리를 두라고 이야기해왔다. 가장 먼저 과거의 상처들, 강박적인 사고와 습관들, 스스로 만들어 낸 나에 대한 고정관념 등 내 안의 것들과 선을 그어야 한다고 말했다. 또한 관계 속에서 적당한 거리를 두고 나 자신을 지키는 법에 관해서도 살펴보았다. 나아가 우리의 사고를 지배하고 있는 사회의 통념이나 편견과도 거리를 두고 나답게 살아가자고 이야기했다. 편의상 이 세 가지를 구분해서 적었지만, 사실 이것들은 서로 긴밀하게 얽혀 있다. 편견으로부터 자유로울 수 있는 조건이 만들어질 때 타인과의 관계에 선을 긋고, 나를 통합적으로 이해하게 될 수도 있고, 반대로 나 자신 혹은 타인과의 관계를 변화시킴으로써 사회적 통념에 도전할 수도 있다. 그러니 어느 것에서 시작해도 괜찮다. '이기적인 것이 나쁘다'는 마음의 편견을 깨고, 나를 지키는 첫걸음을 내딛는다면 결국 세 가지 영역에서의 변화는 함께 일어날 것이다. 그리고 나를 지키는 것이 결국엔 타인을 존중하는 가장 이타적인 길임을 깨닫게 될 것이다.

사실 그렇다. 우리는 무엇인가를 연결할 때 선을 긋는다. 선을 긋지 않으면 어떤 점들도 연결할 수 없고, 어떤 모양도 만들어 낼 수 없다. 선을 그어 나의 행복을 스스로 지킬 때, '남에게 중요한 사람'이 아닌 '나에게 좋은 사람'이 될 때, 우리는 서로 연결될 수 있다. 이렇게 나를 잘 지킨 사람들이 도움을 주고받을 때 진정한 이타성이 발휘될 것이다. 스스로를 존중할 수 있는 사람들은 굳이 남에게 중요한 사람이 되고자 할 필요가 없을 것이고, 이는 자기중심성에서 벗어나 보다 순수한 의도로 남을 도울 수 있게 하기 때문이다.

이 책을 쓰는 동안 나는 참 많은 선을 그어왔다. 글을 쓰는 동안 식구들에게 방해하지 말라며 방문을 잠가 걸었고, 원고에 집중하고 싶은 날엔 휴대폰을 방해금지 모드로 해두고 지냈다. 친구들에게는 책이 마무리되고 나면 만나자고 했다. 선을 지키면서 기다려준 많은 이들의 도움 덕분에 이 책을 완성할 수 있었다. 나를 있는 그대로 바라봐주고 늘 응원해주는 나의 평생 친구 남편, 자신만의 경계를 열심히 만들어 가고 있는 나의 아들, 글을 쓰는 동안 늘 내 곁을 지키면서도 선을 넘어 방해하지는 않았던 나의 반려견 은이에게 감사와 사랑을 고백한다.

무엇보다 선을 지키면서 자신들의 마음을 나누어주고, 기꺼이 이 책의 소재로 활용할 수 있도록 허락해준 내담자들이 없었다면 이 책은 탄생하지 못했을 것이다. 이들과 함께하면서 나 역시 성장했고 그 이야기를 정리하면서 또다시 배웠다. 끝으로 심리학의 세계로 인도해준 가톨릭대학교 심리학과 이희경 교수님과 대학원 동기, 선후배들에게도 깊은 감사를 전한다. 함께 공부하고 수련하면서 이은 선들은 고비때마다 나를 지켜주는 힘이 되어주었다. 덕분에 상담자의 길을 계속 걸어올 수 있었다.

이 고마운 사람들이 몸소 실천해 보여줬듯, 우리가 그은 선들은 서로를 지켜주면서 동시에 연결해 준다. 그러니 선 긋기를 주저하지 말자. 선을 그을 때 우리는 진정으로 연결될 수 있다. 선을 잘 그은 '나에게 좋은 사람들'이 연결되어 함께 할 때 우리가 사는 세상도 조금 더 '좋은 세상'이 될 수 있으리라 믿는다.

이 선 넘지 말아 줄래요?

초판 1쇄 인쇄 2021년 11월 01일
초판 1쇄 발행 2021년 11월 08일

지은이 송주연
펴낸이 이부연
책임편집 김수연
마케팅 백운호
디자인 김윤남, 김숙희

펴낸곳 (주)스몰빅미디어
출판등록 제300-2015-157호(2015년 10월 19일)
주소 서울시 종로구 내수동 새문안로3길 30, 세종로대우빌딩 916호
전화번호 02-722-2260
인쇄·제본 갑우문화사
용지 신광지류유통

ISBN 979-11-91731-09-5 03190

● (주)스몰빅미디어는 여러분의 원고 투고를 기다리고 있습니다. 출판하고 싶은 원고가 있는 분은 sbmedia15@gmail.com으로 기획 의도와 간단한 개요를 연락처와 함께 보내주시기 바랍니다.
● 한밤의책은 (주)스몰빅미디어의 자기계발 브랜드입니다.

"당신에게 불행한 관계를 허락하지 마라!"

자존감을 지키며 건강한 인간관계를 맺는 10가지 방법

"관계의 결정권은 당신에게 있다!"
바로 당신이, 행복한 관계의 시작이 되어라!

★★★ 이 책을 읽어본 독자들의 찬사 ★★★

타인에게 휘둘리지 않으면서 나를 지키는 법을 터득했다!

제때 솔직하게 말하는 것이 관계에서 얼마나 중요한지 배웠다!

당장은 불편해도 내 목소리를 내는 게 꼭 필요하다는 걸 느꼈다!

내가 먼저 당당해야 다른 사람도 나를 존중한다는 것을 깨달았다!

사람에 휘둘리지 않고 나를 지키는 법
불행한 관계 걷어차기

장성숙 지음 | 15,000원